新编21世纪高等职业教育精品教材 · 通识课系列

U0461970

职场沟通技巧

ZHICHANG
GOUTONG
JIQIAO

（第三版）

主 编◎陶 莉 蒋 奇

中国人民大学出版社

· 北京 ·

图书在版编目(CIP)数据

职场沟通技巧/ 陶莉，蒋奇主编. -- 3版. -- 北京：
中国人民大学出版社，2024.1
新编21世纪高等职业教育精品教材. 通识课系列
ISBN 978-7-300-32310-7

Ⅰ.①职… Ⅱ.①陶… ②蒋… Ⅲ.①人际关系学—
高等职业教育—教材 Ⅳ.①C912.11

中国国家版本馆CIP数据核字（2023）第215507号

新编21世纪高等职业教育精品教材·通识课系列

职场沟通技巧（第三版）

主　编　陶　莉　蒋　奇

Zhichang Goutong Jiqiao

出版发行	中国人民大学出版社			
社　　址	北京中关村大街31号		邮政编码	100080
电　　话	010-62511242（总编室）		010-62511770（质管部）	
	010-82501766（邮购部）		010-62514148（门市部）	
	010-62515195（发行公司）		010-62515275（盗版举报）	
网　　址	http://www.crup.com.cn			
经　　销	新华书店			
印　　刷	北京溢漾印刷有限公司		版　　次	2014年7月第1版
开　　本	787 mm×1092 mm　1/16			2024年1月第3版
印　　张	15.5		印　　次	2024年1月第1次印刷
字　　数	330 000		定　　价	45.00元

党的二十大报告指出："科技是第一生产力、人才是第一资源、创新是第一动力。"培养造就一批德才兼备的高素质人才，是国家和民族长远发展大计。新时代，职业教育要培养高素质技术技能人才。受教育者既要学习职业岗位所需的专业知识和技术技能，又要夯实职业道德、职业素养基础，养成良好的职业行为习惯。从内涵上讲，职业素养包含敬业精神及合作态度两个重要因素。敬业精神是在职业活动中树立责任感和进取心，包含精益求精、踏实肯干的工作态度；合作态度是包容开放、贵和乐群的人际交往心态。在职场中，想要拥有乐于奉献、团结合作的团队精神和积极向上、勇于拼搏的价值取向，构建和谐融洽的人际关系，离不开职场沟通技巧的训练和养成。

教材是专业（群）建设的基础。教材改革是"三教"改革的重要环节。本教材编者坚持"内容与职业标准对接""模块与工作流程吻合"的理念，从岗位需求出发，与校企合作单位如星巴克、苏宁易购、苏州市会议中心、苏州市拙政园管理处等多家企事业单位共同开发教学资源、制定课程标准、开展教学实践，体现出新工艺、新流程和新规范。在适应性方面，本教材以立德树人为根本，在有效沟通基本功、沟通心态、团队合作等各方面融入爱国敬业、奋进拼搏和精益求精的工匠精神等思政元素。

本教材全面解构了沟通技巧课程实践教学内容，根据沟通技巧形成规律，基于项目化理念，设计教学内容和知识模块，构建"专业基础技能—专业综合技能—创新实践技能"一体化教学内容。本教材共包括9个项目：职场沟通基本功、与同事和睦沟通、与上司有效沟通、与下属高效沟通、跨部门有效沟通、与客户有效沟通、商务谈判技巧、跨文化沟通技巧、职场沟通综合实训。同时，本教材将与项目、任务相关的教学情境、真实典型案例等以二维码的形式呈现，学生可以通过交互式的电子界面，体验工作情境，实现时时可学。

本教材重视沟通心态的养成，在引导学生提高职业技能的同时重视强化学生内涵建设，通过项目化训练，助力学生养成谦虚稳重、宽容开放的沟通心态，提高人际交往能力。在教学过程中，本教材将引导师生"教""学""做""评"融合，开展"全方位动态体验式教学"，做到"三结合一融汇"：单项任务与综合项目相结合，课堂内外与社会实践相结合，实训教学与实践实习相结合，文化素质"软能力"和职业技能"硬能力"相融汇。

本教材设计了适用于沟通实训课程的实践环节，通过系列的工作任务式的项目集训，注意从沟通方式等方面科学引导，创新行动导向型教学模式，多角度改革考核方式，从而与理论课程相结合，提高沟通课程的整体教学质量和教学效果。本教材在实训教学内容上强调实践性与应用性统一，在实训教学方法上注重以学生为主体、教师为主导，以充分调动学生学习积极性和参与性为目的，注重养成教育，充分强调内涵建设和良好的沟通心态的培养。

本教材是苏州市职业大学沟通类课程教学团队数年来实施课程改革的成果总结，第三版在第二版基础上增加和修订了部分工作案例，使内容更具有时代性。陶莉、蒋奇负责全书统稿工作，具体项目的撰写分工如下：

项目一　职场沟通基本功　　徐　静、蒋　奇

项目二　与同事和睦沟通　　徐　静、蒋　奇

项目三　与上司有效沟通　　徐　静、陶　莉

项目四　与下属高效沟通　　杨　靖

项目五　跨部门有效沟通　　管文娟

项目六　与客户有效沟通　　蒋　奇

项目七　商务谈判技巧　　　陶　莉

项目八　跨文化沟通技巧　　吴蕴慧

项目九　职场沟通综合实训　徐　静、陶　莉

在本教材的编写过程中，编者参考了大量文献，吸收了最新的职业教育教研成果，并摘引了部分网络资料，在此特作说明，并对原作者表示真诚的感谢！感谢上海星巴克咖啡经营有限公司、苏州苏宁易购销售有限公司等合作企业提供了大量的工作案例。同时，衷心感谢中国人民大学出版社对本教材出版的大力支持和帮助。

由于编者水平有限，书中难免存在疏漏与不足，还请专家、同行和广大读者批评指正。

编者

2024 年 1 月

Contents 目 录

项目一　职场沟通基本功

沟通名言

沟通最大的问题在于，人们想当然地认为已经沟通了。

——萧伯纳

当我们面对重要问题保持沉默时，我们的生活便开始上演悲剧了。

——马丁·路德·金

言语之力，大到可以从坟墓唤醒死人，可以把生者活埋，使侏儒变为巨人，也能将巨人彻底打垮。

——海涅

沟通从心开始。

——中国移动广告语

世界上没有不好的人，只有不好的心态。

——无名氏

学习导航

沟通能力是现代职场人士综合能力的重要组成部分。本项目紧密结合基层管理人员职业沟通能力的岗位要求，通过沟通基础技巧训练，指导学生深入理解职场沟通基本功的理论知识，培养职场沟通的基本素质和基本技能，锻炼团队合作能力。

◆ 知识能力目标

1. 理解和领悟职场沟通的内涵，识别人际沟通的障碍，学习克服障碍的技巧；

2. 理解和领悟职场沟通的基本功在于调整心态，具备"五心"（尊重之心、真诚之心、认同之心、欣赏之心、分享之心）；

3. 理解和领悟"倾听"这种沟通形式的内涵与作用，能运用倾听技巧进行职场沟通；

4. 理解和领悟"说话"在职场沟通中的重要性，学会"说话"技巧，进行职场有效沟通。

◆ 素质素养目标

1. 理解和领悟职场沟通从"心"开始，努力修炼尊重之心、真诚之心、认同之心、欣赏之心、分享之心这"五心"；

2. 能够自觉参加小组项目研讨与操作，具有团队合作精神；

3. 具有灵活机智的沟通情商和应变素质；

4. 理解人际沟通经常会受挫的现实，自觉培养逆商，提高心理素质，锻炼意志力。

任务一　领悟职场沟通的内涵

 案例导入

案例1："有空"的时候

某大公司 HR 小江刚工作的时候，曾经在沟通上犯了一个大错。

那天中午，经理来找小江："小江，有空时你帮我把报表送到财务部。"小江爽快地答应："放心，这事交给我吧！"

那时，小江刚入职，还在熟悉新项目的技术内容，每天都被代码缠得昏天黑地，那一天也不例外。拿过报表之后，她就把它扔到了角落里，继续忙着和代码纠缠，不仅如此，她还帮同事打印材料，打算忙完手头的这些活儿后，"有空"的时候再去帮经理交报告。

当天晚上，小江加班后疲惫地回到家里，却接到了经理打来的电话。他在电话那头大发雷霆："你为什么到现在还没把报表交上去，财务已经关账了，你知道你耽误了整个部门这个月的报销吗？"原来，当天财务部门的同事在整理完这个月的账目时，发现唯独缺了小江部门的报销。小江当时又着急又委屈，忙碌了一天还被经理训一通，经理明明说让她"有空"才去的啊，如果当时他强调了今天财务就要关账，无论如何她也会在下班前把报表交上去。

后来，随着工作经验的丰富，她逐渐理解了这件事情发生的原因。经理说的"有空"和她以为的"有空"并不是一回事儿，他们的沟通存在偏差。但是，作为下属的她，当时并没有主动明确这个偏差。如果她当时了解如何高效沟通，就应该和经理确认一下，他的"有空"的时效最晚到什么时候，就能在有效期内递交财务报表，这样就不会耽误整个部门的报销了。

案例2：耕柱和墨子的故事

沟通能化干戈为玉帛，协调人与人之间的关系。

春秋战国时期，耕柱是一代宗师墨子的得意门生，不过，他老是挨墨子的责骂。

有一次，墨子又责备了耕柱，耕柱觉得自己非常委屈，因为在许多门生中，大家都公认耕柱是最优秀的人，但他又偏偏常遭到墨子指责，让他没面子过不去。

有一天，耕柱愤愤不平地问墨子："老师，难道在这么多学生当中，我竟是如此的差劲，以至于要时常遭您老人家责骂吗？"

墨子听后，平静地说："假如我现在要上太行山，依你看，我应该要用良马来拉车，还是用老牛来拖车？"

耕柱回答说："再笨的人也知道要用良马来拉车。"

墨子又问："那么，为什么不用老牛呢？"

耕柱回答说："理由非常简单，因为良马足以担负重任，值得驱遣。"

墨子说："你答得一点也没有错，我之所以时常责骂你，也只因为你能够担负重任，值得我一再地教导与匡正你。"

在工作中，像耕柱和墨子这样关系的不在少数，如果不沟通，耕柱可能直接离墨子而去，造成耕柱和墨子双输的局面。现实中，我们管理者也要经常和员工沟通，解释安排任务的原因，让员工不要产生误解。

💬 **案例讨论：**

1. 案例1："有空的时候"这个错误出现是因为什么？职场中，对话双方或多方对同一个词语，甚至更多词语的偏差应当如何避免？

2. 案例2：墨子和耕柱之间的矛盾是如何化解的？在日常生活和工作学习中遇到矛盾时应该如何处理？

🖥 **知识链接**

一、职场沟通的重要性

沟通无处不在，我们所从事的任何职业都离不开沟通，职场人士更需要有效沟通。

（1）善于沟通交流是国际公认的六项职业核心技能之一，并且列于首位。这六项职业核心技能是：与人交流、数字应用、信息处理、与人合作、解决问题、自我学习。

（2）许多用人单位在招聘管理人员时，能力要求上都不约而同地列上一条：有较好的沟通协调能力。因为基层管理岗位需要与方方面面进行沟通，有效沟通是管理岗位的核心能力。

（3）人才市场调查结果显示，"智慧""专业技术""经验"只占成功因素的25%，75%取决于良好的人际沟通。沟通能力已经成为现代职场人士成功的必要条件。

二、什么是沟通？

（一）沟通的过程

沟通，简而言之就是传递信息的过程：发送者发出信息、传递信息 → 接收者接收、反馈信息。由沟通的一般过程，可以概括沟通的基本内涵：沟通，就是传递、反馈信息。沟通是一个完整的行动过程。沟通的过程包括信息发送者、信息、发送信息的媒介、信息接收者、信息反馈等基本要素。完整的沟通不是单向性的信息传递，而是需要信息反馈，传、收双方在传递、反馈等一系列过程中获得信息，包括情感的交流。通过双向的信息互动、情感交流，传、收双方的认识趋于一致，行动也趋于协调。

（二）沟通的特点

（1）沟通需要媒介。信息是通过媒介来传递的。沟通媒介主要有口头语言、书面语言、非语言、电子媒介等。选择何种媒介进行沟通，对沟通效果有直接影响，因此，选择沟通媒介要恰当。

（2）沟通是双向的。完整的沟通过程，不仅要接收信息，还要反馈、给予信息。

（3）沟通具有情绪性。人都具有情感，人际沟通并不是单纯的信息交流，还包括情感、态度、思想和观念的交流。

（三）沟通的类型

沟通的种类很多。根据不同的视角，可以把沟通分为不同的类型，如表1-1所示。

表1-1　主要沟通类型

沟通分类	沟通方式	具体表现形式
按沟通媒介划分	口头沟通	面谈、讲话、演讲、讨论会等
	书面沟通	各种文件、信函、备忘录、告示等
	非语言沟通	手势、眼神、表情等体态语言
	电子媒介沟通	电话、传真、手机、电子邮件、即时通信工具等
按沟通范围划分	自我沟通	自我内在沟通
	人际沟通	与他人的沟通
	团队沟通	组织内部的沟通
	公众沟通	公众范围的沟通

续表

沟通分类	沟通方式	具体表现形式
按沟通方向划分	上行沟通	组织内自下而上的沟通
	下行沟通	组织内自上而下的沟通
	平行沟通	组织内同一级别的横向沟通

三、什么是职场沟通？

职场沟通是指工作中，人与人之间通过恰当的沟通形式，充分而有效地把工作信息传递给对方，并与对方达成某种意义上的共识，从而使双方增进理解，减少误会，达到合作的目的。

（一）职场沟通是一种价值

📖 **小案例**

你到底想说什么？

某下属向老板汇报某个问题，说了几句后，就将问题引向自己所熟悉的具体事务，这时老板打断他："你到底想说什么？"老板所谓的"想说什么"，指的就是价值。

当你向领导汇报工作时，你首先要做的就是申明这一价值，老板会根据你所申明的价值来决定他的投入程度。职场中，对于同事、下属也是一样。例如：你作为人力资源部经理与同僚沟通、争取其支持，首先必须说明白的不是他如何支持你，而是他为什么要支持你，这就是价值。

无论使用什么样的渠道，职场沟通的第一步必须是传递的信息有价值，所谓价值，就是通过沟通能为企业、对方、自己带来什么，这是沟通存在的前提，是沟通的标志。

（二）职场沟通是一种感知

📖 **小案例**

秀才买柴

一位秀才去买柴，他对卖柴的人说："荷薪者过来。"卖柴的人听不懂"荷薪者"（担柴的人）三个字，但他听懂了"过来"两个字，于是把柴担到秀才面前。

秀才问他："其价如何？"卖柴的人听不太懂这句话，但他听懂了"价"这个字，于是就告诉秀才价钱。秀才接着说："外实而内虚，烟多而焰少，请损之。"（木柴的外表是干的，里面是湿的，燃烧时会浓烟多、火焰少，请减些价钱吧。）卖柴的人实在听不懂秀

才说什么，于是担着柴就走了。

这位秀才太过迂腐，买柴时没有说对方熟悉的大白话，而用对方听不懂的晦涩语言与卖柴人进行沟通，导致沟通失败。

职场沟通是否有效，取决于发送者所发出的信息是否在接收者的接收范围之内，对方能否感知到你所发出的信息。如果所发出的信息超出了对方的感知能力，则意味着沟通无效。对方听不懂、不理解，还怎么与你沟通？因此，要使沟通有效，应该使用对方熟悉的语言，所传递的信息不仅要被对方感知，还需要被对方理解。

（三）职场沟通是一种期望

📋| 小案例

换岗沟通

一位经理需要安排一名主管去管理一个生产车间，但是管理该车间这样混乱的部门是件费力不讨好的事。于是经理要了解主管的期望，如果这位主管是一位积极进取的年轻人，经理就应该告诉他，管理生产车间更能锻炼和反映他的能力，今后还可能会得到进一步的提升；相反，如果这位主管只是得过且过，经理就应该告诉他，由于公司精简人员，他必须去车间，否则只能离开公司。

职场沟通必须了解对方的期望，以便利用其期望来进行有针对性的沟通；同时，管理者对对方的期望要合理，切实可行。

（四）职场信息不是沟通

职场沟通以工作信息为基础，但信息本身不是沟通。信息不是人际关系，但沟通的背后都隐藏着职场人的目的，职场沟通由于信息发送者和接收者的认知和意图不同显得多姿多彩。尽管工作信息对于职场沟通来说必不可少，但信息过多也会阻碍沟通。

四、克服职场沟通的障碍

准确的沟通应该是：接收者得到的信息与发送者发出的信息完全一致。但在实际沟通过程中，常常会产生一些问题，形成沟通的障碍。

📋| 小案例

小王不在人事了

小王在公司 10 楼人事部门工作，一个月前，被调到 9 楼行政部门去了。

这天，小王的同学打电话到人事部门找他："小王在吗？"

接电话的同事说："小王已不在人事了。"

小王的同学："啊？！不在人世了？！什么时候的事啊，我怎么不知道呀，还没来得及送他呢！"

接电话的同事："没关系，你可以去下面找他呀。"

◆ **课堂互动**

你觉得造成"小王不在人事了"这一通电话的沟通障碍的主要原因是什么？如何改善？

在沟通过程中，由于自身、对方、外界干扰等各种原因，经常会造成信息丢失或被曲解等各种沟通障碍。表1-2列出的是常见的沟通障碍。

表 1-2　常见的沟通障碍

障碍主体	存在问题	改善措施
发送者	思路不清，语言不通	厘清思路，选择最佳的信息发送方式
	表达不清，信息传送不全	准备充分，条理清楚，选择恰当的沟通媒介
	信息传递不及时或不适时	考虑接收者的情况，及时发送信息并倾听反馈
接收者	忽视信息	克服偏见，对接收的信息给予足够的注意
	信息理解不准确	积极倾听，及时询问，避免出现臆断
	拒绝接收信息	摆脱心理障碍，主动接收信息
外部干扰	沟通媒介不合适	考虑信息和接收者的特征，选择恰当的媒介
	几种媒介相互冲突	考虑信息内容的特征
	沟通渠道过长，中间环节过多，信息在传递过程中歪曲、走样	考虑信息传递的效果

👥 **技能实训**

1. 实训任务

任务1：认识你自己

（1）上网查询"自我沟通"的相关资料，花点时间进行自我沟通，对自己进行全面认识，包括自身的形象、情商和心理承受力等方面。扪心自问：若自己就业时，遇到案例1的情况，自己能够从容应对吗？通过自我反省与沟通，在认识自我的过程中学习和培养悦纳自身、提升自我并超越自我的能力，树立一种积极向上的人生价值观。

（2）上网查询"职场沟通的定义"等与沟通有关的理论知识，进一步学习和领悟什么是职场沟通，怎样才能在工作中进行有效沟通。结合自己平时的沟通实例，检查自己在与家人、同学或他人沟通的过程中，存在什么困难，主要的沟通障碍是什么，如何改善。请制作一张表格详细列出，以便自我督促。

任务2：《"有空"的时候》案例分析和操作

（1）案例分析：以小组为团队，分组研讨本案例沟通失败的缘由。运用所学的关于沟通的知识点进行分析，为什么一个简单的信息既未被清楚地传递又未被充分地接收呢？每组制作一份本案例的分析报告；派1名代表登台演讲，时间不超过5分钟。

（2）案例操作：从有效沟通的角度，分组进行情境模拟演示，并撰写书面沟通台词。

2. 实训提示

《"有空"的时候》案例分析重点：

归根结底，"有空"的时候这个错误出现的原因是职场沟通不够明确，双方未能达成共识，对话的双方或多方对同一个词语甚至更多词语出现了理解偏差。对于同一个词语，我说的是A，你理解的却是B，这种沟通的偏差几乎每天都在我们的生活和工作中发生。同学们在实训的时候可以模拟探讨在职场中，还有哪些容易引起歧义的语境，并探讨避免的方式方法。

3. 任务评价

任务1：学生自我评价任务的完成情况、所获体验等。

任务2：各组评价＋教师评价。评价要点：对各组任务实施的目标、计划、过程和效果进行评判，肯定成绩，提出建议，指导学生进一步总结和提高。

4. 评分参考

《"有空"的时候》案例分析和情境模拟。

内容	分值	占比
案例分析报告书面文本	30分	50%
案例分析登台演讲	20分	
案例操作情境模拟演示	30分	50%
情境模拟沟通脚本	20分	

任务二 职场沟通从"心"开始

案例导入

案例1：加班惹的"祸"

某天晚上，李某要向经理提交一份市场调查报告。他检查这份报告后，第二天还需要向 CEO 汇报。但时间已经接近晚上 10 点了，他的同事还没有整理好市场调研的数据。这时的李某十分着急，气急败坏地打电话给负责数据的两位同事。

"Wilson，老板明天要给 CEO 汇报市场调查结果。我正在给他做准备资料。你怎么搞的？""Jone，不是早就跟你说了今天下班前就给我数据，你看都 10 点了，还让不让人睡觉啊？"

Wilson 说："我又不是故意不给你，是因为……"然后带着怨气低效率地工作。

Jone 是一个脾气同样暴躁的人，他干脆回应："你算老几啊，我大半夜地加班工作，你还站着说话不腰疼。"

然后，一场激烈的争吵不可避免地开始了。

案例2：到底是谁的错？

20×× 年 12 月，作为分管公司生产经营副总经理的我，得知一较大工程项目即将进行招标，由于向总经理以电话形式简单汇报时未能得到明确答复，我误以为被默认，在情急之下便组织业务小组投入相关时间和经费跟踪该项目，最终因准备不充分而失败。事后，在总经理办公会上陈述有关情况时，总经理认为我"汇报不详，擅自决策，组织资源运用不当"，并当着部门所有人的面给予我严厉批评，我反驳认为是"已经汇报、领导重视不够、故意刁难，是由于责任逃避所致"。由于双方信息传递、角色定位、有效沟通、团队配合、认知角度等存在意见分歧，致使企业内部人际关系紧张、工作被动，恶性循环，公司业务难以稳定发展。

案例讨论：

1. 案例1：你对李某、Wilson 和 Jone 的言辞有什么看法？如果换了你应该怎么说？

2. 案例2：本案例双方主要问题是什么？问题是出在沟通"技巧"上吗？

一、职场沟通以修身为本

沟通的基本问题是"心态"，基本原理是"关心"，基本要求是"主动"。

沟通最重要的基本功是调整沟通心态，保持良好的心态。这不仅是技巧问题，更需要具备良好的人文素养——"以人为先，修身为本"，这是有效沟通的基础，是建立有效人际关系的首要条件。

有效沟通的"以人为先，修身为本"具体而言是指具有"五心"，即尊重之心、真诚之心、认同之心、欣赏之心、分享之心。如果具备这"五心"，沟通就会有效并取得好的效果。

二、职场沟通应具备"五心"

（一）尊重之心

心理学家马斯洛认为，人类有五种不同层次的需求，从低级到高级依次是：生理需求、安全需求、爱和归属（社交）需求、尊重需求和自我实现需求。尊重作为人类一种高层次的需求，它所引发的动机是主导性动机，具有很大的强度和激励力量，因此，它对人们行为的激励作用也是巨大的。人都有渴望被尊重的需求。唯有从内心尊重他人，才会赢得持久而有效的人际关系。有了尊重，沟通就有了良好的基础。

古人云："尊人者，人尊之。"人与人之间只有相互平等，才会有真正的彼此尊重。人与人之间虽然有职位的高低、分工的不同，但人格是平等的。管理者在沟通中不耐心、态度不友善，总是以领导者自居等，是对沟通对象缺乏尊重的表现，难免会引起沟通对象的对抗情绪，增加沟通难度。

（二）真诚之心

沟通是达成共识的过程。要做到职场有效沟通，我们同样需要将真诚注入沟通。真诚可以赢得真心，创造一种和谐的氛围。"精诚所至，金石为开"，说的就是做事要诚心诚意。与人相处也是如此。以诚待人会让你在人际关系中取得成功，没有人会拒绝真诚，他们也会用真诚回应你。

（三）认同之心

职场沟通需要把黄金法则和白金法则结合起来。黄金法则是你希望别人怎样对待你，你就怎样对待他；白金法则是别人希望你怎样对待他，你就怎样对待他。换言之，职场沟通需要学会换位思考和角色转换，也就是变换一下自己与关系对象的角色。比如，企业管理者在管理中不能以自我为中心，认为自己的行为才是好的，总是习惯于用自己的观点和习惯去衡量、评判员工。所谓认同，就是一种换位思考方式。通过换位思考，企业管理者在面对员工的时候，能够设身处地地站在员工的角度考虑问题："如果我是对方，我希望得到什么样的态度和待遇。"经过这样的换位思考，棘手的问题往往可以得到很快的解决。

（四）欣赏之心

职场沟通需要学会欣赏和赞美对方。每个人都希望自己在周围人群和社会中成为一个重要人物，并且希望被赞美。因此，适时、适度的真诚赞美往往能满足被沟通者的心，让沟通和谐而顺畅。

微课：职场沟通基本功

人世间并不缺乏美，缺乏的只是发现美的眼睛。与人相处，需要培养一种懂得赞同他人的态度，养成一种懂得赞同他人的性格，促使自己成为一个自然而然地赞同别人和认可别人的人。赞美对方口才真好，赞美对方有进步，赞美对方诚实可信……当你说出这些赞美的时候，你会由衷地感受到一种快乐，你的心态也就随着赞美的话语而怡然和谐了。在你发现每一个优点的同时，别人在你面前也变得优秀可爱、容易相处了。

（五）分享之心

很多时候，没有办法沟通是因为我们不愿意分享。不愿意分享，就会形成冷漠，慢慢地就会造成疏离，最后就是破裂。因此，人际沟通从愿意分享开始。分享是最好的学习态度，也是最好的企业文化氛围。要学会与对方在工作中不断地分享知识、分享经验、分享目标、分享一切值得分享的东西。

技能实训

1. 实训任务

任务 1：自我认识具有多少沟通素养

上网查询更多关于有效沟通的知识，对照自身，衡量自己是否具有及具有多少有效沟通的素养；针对存在的问题，提出改善的具体措施。

任务 2：《加班惹的"祸"》案例分析和操作

（1）案例分析：以小组为团队，分组研讨本案例中沟通失败的缘由。李某和同事的沟通方式和言行有什么问题？为什么这份焦虑能在同事之间不断传递，并不断升级？本案例对我们有什么启示？每组制作一份本案例的分析报告；派1名代表登台演讲，时间不超过5分钟。

（2）案例操作：从职场有效沟通的角度，分组进行情境模拟，演示李某应该如何沟通，比如，在同样加班加点的情况下，李某应该如何与同事交谈；同事应该如何回应，回应时应该如何措辞等。制作情境模拟沟通脚本。

2. 实训提示

《加班惹的"祸"》案例分析重点：

从职场沟通的内涵和基本功的角度进行案例分析，抓住"心态"这一关键词，深入分析其缘由：主要不是沟通技巧的问题，而是双方的心态出了问题，进而导致严重的沟通障碍。

公司职员应该具备足够的人文素养，懂得沟通应具备"五心"，尤其是对同事应该尊重、真诚，做到用"心"去沟通，这样才不会引发沟通障碍，才能使沟通有效，解决问题。

卡耐基说过这样一句话：在我们生命中的每一天，每个人首先面临的就是情绪管理。作为职场人，要善于克制自我，用理智控制自己的喜怒哀乐，尤其是要管理好自己的不良情绪，因为情绪往往会影响你的判断力。出现矛盾和问题时，应该先处理个人心情，再处理具体事情。一定要清醒地意识到，在职场竞争中，你最大的敌人是你自己，不要被自己的情绪打败，要有勇气和意志，控制好自己的情绪，成为情绪的主人。尤其是与上司沟通，一定要调整好沟通心态。即便对方态度冷淡，甚至有些蛮不讲理，也不可意气用事，横眉冷对，甚至大动干戈。积极的态度应当是保持良好的心态，选择一个好时机，心平气和地主动找上司进行巧妙沟通，解除误会，化解矛盾，为自己建立一个融洽和谐的工作环境。

沟通要开放，不要预设立场。一旦情绪不良或预设对方有恶意，心中就会充满防卫的念头，拼命找对方话里的问题，歪曲理解对方的意图，导致误会越来越深，障碍愈加严重，结果不可收拾。实际上，很多时候，人们预设的立场是错的。

3. 任务评价

任务 1：学生自我评价任务的完成情况、所获体验等。

任务 2：各组评价＋教师评价。评价要点：对各组任务实施的目标、计划、过程和效果进行评判，肯定成绩，提出建议，指导学生进一步总结和提高。

4. 评分参考

《加班惹的"祸"》案例分析和情境模拟。

内容	分值	占比
案例分析报告书面文本	30分	50%
案例分析登台演讲	20分	
案例操作情境模拟演示	30分	50%
情境模拟沟通脚本	20分	

职场沟通技巧1：学会倾听

案例导入

案例1：摩斯代码报务员招聘

在熙攘的人生中，倾听有时是多么重要，多么难能可贵啊！

很久以前，电报是最快捷的长距离通信手段。有一位年轻人去应聘摩斯代码报务员的职位。依照招聘广告上的地址，他来到一个宽敞的大房间，里面人来人往，声音嘈杂，"嘀嘀嗒嗒"的发报声不绝如缕。

接待员给每位应聘者一张表格，要求他们先把自己的履历填好。这位年轻人填写完表格后与先到的7名应聘者一起坐着等候。过了几分钟，这名年轻人突然站起来，径直走入老板办公室。其他应聘者都感到奇怪：没见接待员出来通知，他为什么擅自闯进去？他们都暗暗高兴，心想这位年轻人冒冒失失的，肯定要被老板淘汰。

然而，没过一会儿，老板就笑吟吟地陪着这位年轻人走出办公室，同时宣布："先生们，报务员这个职位已经找到了人了。谢谢你们的光顾。"其他7名应聘者既纳闷又不服气，其中一人问老板："他是最后一个到这里的。可您连面试的机会都没给我们，就把工作交给了他。这显然不公平！"

老板答道："非常抱歉。你们坐在这里等待的时间确实不短，但发报机一直在用摩斯代码的嘀嗒声向你们传递如下消息：如果你听得懂发报机发出的信号，你就直接进入我的办公室。但你们当中没有一个人听到或听懂发报声，只有这位年轻人做到了。理所当然，这个职位是属于他的。"

案例2：安静的调解员

纽约电话公司数年前应付过一名咒骂接线生的险恶顾客。他咒骂、发狂，恫吓接线生要拆毁电话，他拒绝支付某种他认为不合理的费用。他写信给报社，还向公众服务委员会屡屡申诉，使电话公司引起数起诉讼。

几天后，公司中的一位最有技巧的调解员被派去访问这位暴戾的顾客。这位调解员静静地听着，并对其表示同情，让这位好争论的老先生发泄他的满腹牢骚，调解员表示十分同情他的遭遇。

"他继续喋喋不休，我倾听了差不多3小时。"这位调解员继续叙述他的经验道，"以后我再到他那里，再听他发牢骚，我访问他4次，在第4次访问结束以前，我已成为他正在创办的一个组织的会员，这个组织被他称为'电话用户保障会'。我现在仍是该组织的会员。有意思的是，据我所知，除了该先生以外，我是世上罕有的会员了。"

"在这几次拜访中，我倾听，并且同情他所列举的任何一点。他从未与电话公司的人做过那样的谈话，他的态度几乎变得友善了。我要见他的意图，在第一次访问时没有提到，在第二、第三次访问时也没有提到，但在第四次，我结束了这个案件！他付清了所有欠账，在他与电话公司交涉的过程中，他第一次撤销了他对公众服务委员会的投诉。"

💬 **案例讨论：**

1. 案例1：最后到来的年轻人却应聘成功对我们有何启示？本案例中其他7名应聘者为什么没有听到"嘀嘀嗒嗒"的发报声？其倾听障碍是什么，应如何克服？

2. 案例2：这位调解员具有怎样的倾听技巧？请具体分析其成功缘由。

🖥 **知识链接**

一、倾听的内涵

有观点认为，学会倾听，把说话的权利让给别人，这是学会人际沟通的第一步。因为沟通首先是倾听的艺术。倾听是沟通双方、尊重对方的桥梁；倾听是取人之长、补己之短的良方；倾听是沟通的大智慧。因为善于倾听能激发对方的谈话欲，可以深入探测到对方的心理及其思维逻辑，这样才能更好地与之交流，促成更深层次的沟通，从而达到沟通的目的。因此，善于沟通的管理者必定是善于倾听的行动者。

倾听与听是不同的，听的层次如表1-3所示。

表1-3 听的层次

序号	层次	描述
1	听而不闻	心不在焉地听，心里考虑着其他毫无关联的事情
2	被动消极地听	只听到表面内容，未理解真正的内涵
3	有选择地听	只注意自己感兴趣的部分

续表

序号	层次	描述
4	主动积极地听	专注于对方的讲话，听清楚真正的内涵
5	同理心倾听	从对方的角度倾听，用心倾听，将心比心去感受、理解对方

◆ **课堂互动**

想一想繁体字"聽"的含义。

古人造字常用"会意"的方法。拆一下"聽"字不难发现其深刻的内涵："听"不仅要用耳朵去感知，还要同时用"眼睛"去交流，更要重视对方，全神贯注用"心"去设身处地地理解。

二、倾听的作用

（1）保持友好的沟通氛围；

（2）让对方感觉被尊重；

（3）可以获得更多有用的信息；

（4）有助于发现对方的真实需要；

（5）平息怒气，化解矛盾冲突；

（6）有助于发现问题，处理不同的意见。

三、倾听的障碍

（1）当别人讲话时，心不在焉，想着自己的事；

（2）很容易被其他的背景或声音分散注意力；

（3）只被动地听对方讲述内容，而不积极响应，沉默不语；

（4）只听对方讲，但不了解对方的感受；

（5）听别人讲话时，不断比较与自己想法的不同点，一心想着辩驳，随意插话，打断别人；

（6）专注点在谈话内容的某一细节上，而忽略对方所要表达的整体意义，抓不住要点；

（7）仅听那些自己想听的或希望听的事和内容；

（8）听到自己所期望听到的东西，而不是对方实际谈话的内容；

（9）在未听完并了解事情的全貌前，急于做出评价，或者表现出不耐烦；

（10）只关注别人的话表面的意义，而不去了解隐藏的意义。

◆ **课堂互动**

对照上述倾听障碍，检测一下自己是否存在这些不良的倾听习惯。认识到自己存在的倾听障碍有助于克服障碍。有效的倾听技巧是可以通过学习训练而获得的。

四、倾听的技巧

（一）要有诚意，身心投入

倾听不是简单地用耳朵来听，还需要身心投入地去感受对方在谈话过程中表达的语言信息和非语言信息。积极的倾听要求暂时忘掉自我的成见和愿望，全神贯注地理解讲话者的讲话内容，与之一起去体验、感受整个过程。

（二）要有耐心，抓住要点

良好的沟通，需要耐心地聆听对方，了解对方心中的感受。即使对方的谈话比较零散或混乱，观点不是那么突出或逻辑性不太强，也要鼓励对方把话说完。也许对方的观点和看法不符合你的意见，但应试着去理解别人的心情和情绪。一定要耐心地把话听完，才能抓住要点，达到倾听的目的。

（三）要避免不良习惯

既然是诚心诚意地倾听，就要全神贯注，避免以下不良小动作：不时看表；心不在焉地翻阅文件；拿着笔乱写乱画；随意打断说话者。

（四）适时询问，有效反馈

倾听不是"沉默是金"。简化字"听"字以"口"字为偏旁，足以说明光"听"还不够，还要适时"反馈"，即不仅要听、要看、要想，还要使用简洁而具体的语言来进行有效反馈："我明白""你说得没错""对的""是这样""你说得对"，或者点头微笑表示理解，鼓励说话者继续说下去，并引起共鸣。

技能实训

1. 实训任务

任务 1：自我检测

上网查询更多关于有效倾听的理论知识，认真思考并检查自己在日常生活中存在哪些倾听障碍。请制作一张表格列出自己在沟通中存在的倾听障碍以及克服障碍的训练措施，以便自我督促。

任务2：《安静的调解员》案例分析和操作

（1）案例分析：以小组为团队，分组研讨本案例对我们的启示。重点分析那位调解员前后的变化以及变化后的他具有怎样的倾听技巧。每组制作一份本案例的分析报告；派1名代表登台演讲，时间不超过5分钟。

（2）案例操作：根据现有案例内容，从有效沟通的角度进行补充或改编，分组进行情境模拟演示，并制作情境模拟沟通脚本。

2. 实训提示

《安静的调解员》案例分析重点：

心理学研究表明，人在内心深处，都有一种渴望得到别人尊重的愿望。倾听是尊重对方的具体表现。倾听是一种修养，也是一项沟通的技巧，甚至是一门艺术。学会倾听应该成为每个渴望事业有成者必不可少的素质和必须掌握的技能。尤其是与人打交道的职业，包括销售员，更应该把倾听客户作为一种责任，一种职业自觉。不懂得倾听容易招致失败，懂得倾听就有可能获得成功。

懂得倾听，就是具有同理心，能够换位思考和理解、关爱对方，体会到对方对于倾诉的渴望，安心从容地做一名出色的听众。人在烦恼不快时常常要找人倾诉，希望倾听者能给予理解。此时此刻，你只需认真而耐心地听对方倾诉，听他愤愤不平地诉说，让他把情绪宣泄出来，当他倾诉完内心的不满后，心情就会平静许多，然后问题很可能就自然而然地解决了。这就是倾听的好处，能让倾听者了解更多的细节，理解对方真实的想法，更是调节双方关系的润滑剂，有助于圆满地解决问题。

3. 任务评价

任务1：学生自我评价任务的完成情况、所获体验等。

任务2：各组评价＋教师评价。评价要点：对各组任务实施的目标、计划、过程和效果进行评判，肯定成绩，提出建议，指导学生进一步总结和提高。

4. 评分参考

《安静的调解员》案例分析和情境模拟。

内容	分值	占比
案例分析报告书面文本	30分	50%
案例分析登台演讲	20分	
案例操作情境模拟演示	30分	50%
情境模拟沟通脚本	20分	

任务四　有效沟通技巧2：学会说话

案例导入

案例1：招聘面试沟通

1月17日，S市双选会春季人才交流大会在国际博览中心举行。460多个摊位、近万个岗位——赶在春节前端出的这场盛宴，为正处在寒潮中的毕业生就业市场打了一剂"强心针"。逾7万名学子赶赴双选会求职。本年度被称为"史上最难就业季"，毕业生最多，而经济未见明显回暖，企业用人需求不旺。"危机当前，我不在招聘会上，就在去招聘会的路上。"双选会上，一名大四学生这样调侃自己的求职状态。求职就业究竟有多难？用一句流行话语说：没有最难，只有更难。

招聘宣传板中央有一幅画，画的是1只盛有小半桶水的破木桶。旁边写着一句话："您是哪一块？"这家咨询公司的摊位有点别致，其招聘岗位是市场开发、商业策划。

"企业不养庸人，经济不景气，招人只招关键人才。参会前有个小策划，这幅画能检验应聘者的灵感、创意和发散思维能力。"该公司的经理告诉记者。

平均每七八分钟接待1名应聘者，桌上已积有七八十份简历。又一名应届毕业生A上前应聘。

公司经理问："请看图回答'您属于哪块'？"

A答："这还用问吗？当然是最短的那块。这个岗位的薪水是多少？你们公司前景好不好呀？"

显然，A不属于该公司要招聘的关键人才。

应届毕业生B上前应聘。

公司经理问："请看图回答'您属于哪块'？"

B答："我想自己属于填补木桶缝隙的那一块。希望自己融进去，彼此没有隔阂，和这个团队一起形成一只没有缝隙的'塑料桶'，而不是一只残缺的木桶。"

公司经理问："如果有家开发商要做一个楼盘营销方案，怎样做才能体现独特性？"

B答："我想，首先要对目标客户进行详细调研，找准楼盘与客户的结合点。由此才能形成有创意的方案。"

"现场招聘不可能——展开，简短的回答却一样能点中要害，这名同学的答案告诉我，他正是我需要的关键人才。"该公司的经理告诉记者，人才是企业发展的后盾，虽然经济不景气，但企业对关键人才的需求有增无减。企业可利用当前的机会，物色更多优秀毕业生，为未来发展进行人才储备，为长远发展打下坚实的基础。

案例 2：应聘面试时的自我介绍

小张和小林均为刚毕业的大学生，所学专业为中英文秘书，学习成绩都很突出，二人同时应聘一家外向型企业的高级秘书职位。人力资源部经理看了他们二人的简历以后，难以取舍。于是通知两人面试。考官让他们分别做一个自我介绍。

小张说：我今年22岁，刚从某大学毕业，所学专业是中英文秘书，浙江人。父母均是高级工程师。我爱好音乐和旅游。我性格开朗，做事一丝不苟，很希望到贵公司工作。

小林说：关于我的情况，简历上都介绍得比较详细了。在这里我重点汇报两点：第一，我的英语口语不错，曾利用假期在旅行社做过导游，带过欧美团，评价为优；第二，我的文笔较好，曾在报刊上发表过6篇文章。我都带来了，您若有空请审阅。

最后，人力资源部经理录用了小林。

💬 **案例讨论：**

1. 两个案例均为应聘面试，同样都是应届毕业生，A和B、小张和小林，他们的差别在哪里？请具体分析。

2. 在沟通交流中应该如何说话？如何把话说对、说准、说到位？

🖥 **知识链接**

一、说话的作用：语言的魔力

职场处处皆学问，如何说话更是重中之重。有效沟通不仅要会倾听，还要讲究"说话"技巧。所谓"一言能使人笑，一言也能使人跳""良言一句三冬暖，恶语伤人六月寒"。

📄 **小案例**

"让地三尺"的故事

古时候，一个丞相的管家准备修一座后花园，希望花园外留一条三尺之巷，可邻居是一名员外，他说那是他的地盘，坚决反对修巷。管家立即修书京城，看到丞相回信后的管家放弃了原计划。员外颇感意外，执意要看丞相的回信。原来丞相写的是一首诗："千里家书只为墙，让他三尺又何妨。万里长城今犹在，不见当年秦始皇。"

员外深受感动，也主动让地三尺，最后三尺之巷变成了六尺之巷。

由此可见，会不会"说话"是一个人内在素质的外在表现，通过"说话"，别人能很清晰地看到你的个人素质和内在涵养。

"说话"是多种能力构成的综合能力。会不会说话与知识储备、思维判断能力、语言感受能力、观察应变能力、自我调节能力密切相关。

二、怎么说话：语言沟通要诀

（一）信息清楚

说话之前先要想清楚：我要让对方知道什么？有效沟通意味着把自己的思想整理得井然有序并将其进行适当的表述，传递信息要清楚，条理清晰，简洁明确。

（二）浅显易懂

口头表达不同于书面语言，不仅要清楚，还要浅显易懂，使别人一听就明白，确保别人接收到和弄懂你想告诉他们的信息。

（三）言简意赅

说话不要啰唆，力求言简意赅。一般人的注意力范围有限，因此，所传递的信息要篇幅短小，以确保对方接收到准确的信息。错综复杂只会引起麻烦并且使沟通的效率下降。

（四）运用魔术语言

学会使用有效沟通中的关键词语：

5个字：我以你为荣。

4个字：你的看法？

3个字：是否请……

2个字：谢谢！

1个字：请！

三、美化声音：使说话更具吸引力

声音是语言的物质外壳，是一种威力强大的媒介，通过它可以赢得别人的注意，能创造有益的氛围，并鼓励他们聆听。要相信，每一个人的声音都拥有与生俱来的特色，即每个人都有最适合自己的一套"声音"。这套"声音"是你独有的，若能加强训练，练出独具魅力的"声音"，则能为你的说话内容增色许多。

（1）口齿清晰。说话吐字清晰，表达流畅，注意尾音更要表达清楚。

（2）音色优美。说话声音适中，嗓音圆润悦耳，给人以美感。

（3）语速适中。急缓适度的语速能吸引住听者的注意力，使人易于吸收信息。

（4）重音强调。重要的内容可适时、适当地用重音来强调关键词语，以突出重点、加深印象。

技能实训

1. 实训任务

任务1：联系工作进行自我介绍

（1）以自己的姓名为素材，设计一个"巧报家门"的自我介绍词。模拟情境：到某企业单位去联系业务，在向对方递上你的名片时，巧报家门作自我介绍。时间：1～2分钟。

（2）每人先在小组内进行自我介绍情境模拟，各组选出优秀者在全班进行"巧报家门"的自我介绍。

任务2：《招聘面试沟通》《应聘面试时的自我介绍》案例分析和操作

（1）案例分析：以小组为团队，分组研讨两个案例中A和B、小张和小林应聘面试时失败和成功的缘由。说话时应该如何把话说对、说准、说到位？每组制作一份本案例的分析报告；派1名代表登台演讲，时间不超过5分钟。

（2）案例操作：根据案例内容，进行补充细化，分组进行情境模拟演示，制作情境模拟沟通脚本。

2. 实训提示

《招聘面试沟通》《应聘面试时的自我介绍》案例分析重点：

专家认为，一次面试最重要的是开始的3分钟。如果在开始的3分钟里你不能吸引住面试考官，想被录取就比较难了。因此，怎么说最能吸引人，需要下功夫研究。有负责招聘的人事经理介绍说：我们招聘新人时，评价他能力的高低，主要是看他说话水平的高低。说话不难，但是要把话说对、说准、说到位，非常难。说话能力是一个人内在素质的外在表现，人心里的想法、思考和思维的运行往往通过"说话"表现出来。通过"说话"，别人能很清晰地看到你的个人素质和内在涵养，因此，"说话"往往成为评价的重要指标。案例1中同样是应届毕业生，A和B的差别主要体现在职业素质和综合能力方面。A的问题不仅表现在专业水平十分平庸，而且他最关注的是应聘岗位的薪水。一开口就急于问薪水多少，传递给招聘者的信息就是"我只关心我想要什么，我不关心你想要什么"，这样的素质当然不符合公司的要求。而B则完全不同了，在回答"您属于哪块"时，不仅准确，而且生动，更体现出一种团队合作的境界，故B被该公司录用。要提高说话能力，最关键的是要提升我们的素养，提高对事物的判断和认知能

力，要把话说到点子上。如果你性格内向、话不多，不见得是坏事，只要话能说到点子上，未必需要舌灿莲花。

一般求职面试，最先被问及的问题往往就是"请做自我介绍"。这个问题看似简单，但求职者一定要慎重对待，它是你突出优势和特长，展现综合素质的好机会。回答得好，会给人留下良好的第一印象。案例 2 中小张的问题还是没有把话说到点子上，简历上已有的内容何必再说？而且自我评价"我性格开朗，做事一丝不苟"也是泛泛而谈，缺乏说服力。案例 2 中的小林则冰雪聪明，不仅深刻领悟此次"自我介绍"的关键是展示自己与所应聘职业密切相关的优势和特色，而且善于用生动具体的实例来佐证自己的特长，语言朴素、语气委婉，给人留下了深刻的印象。

3. 任务评价

任务 1：学生自我评价任务的完成情况、所获体验等。

任务 2：小组评价 + 教师评价。评价要点：对各组任务实施的目标、计划、过程和效果进行评判，肯定成绩，提出建议，指导学生进一步总结和提高。

4. 评分参考

《招聘面试沟通》《应聘面试时的自我介绍》案例分析和情境模拟。

内容	分值	占比
案例分析报告书面文本	30 分	50%
案例分析登台演讲	20 分	
案例操作情境模拟演示	30 分	50%
情境模拟沟通脚本	20 分	

任务五　有效沟通基本功综合实训

 实训案例

求职应聘面试

场景一：看到招聘广告后

小张下午 5 点多在报摊上买了份招聘类报纸，查阅到了一个心仪职位。为在第一时间与招聘方取得联系，她立刻拨通了对方电话："喂，请问是××公司吗？我看了报纸广告，想来应聘……"还没等她说完，对方就表示人力资源部负责人正在开会，且下班时间快到，没空详聊，但还是记下了她的手机号码，表示有需要会联系她。然而，小张一直没有等到该公司联系她的电话。显然，这是一次失败的电话求职。

场景二：突然的电话面试

小李正在逛街，突然接到A公司的电话面试。此时，周围有商场背景音乐和人群的嘈杂声，对面试十分不利，于是小李非常礼貌地告诉对方："不好意思，我正在外面，环境比较吵闹，能否过10分钟给您打回去？"对方应允。小李快速找到僻静处，拿出包里准备好的简历，整理好思路，主动回电，流利地回答了A公司电话面试的几个问题，态度谦虚，语言简洁，口齿清晰，给对方留下了很好的印象。

场景三：参加第二轮面试

A公司通知小刘第一轮电话面试已顺利过关，让他到公司参加第二轮面试。小刘准备工作做得很充分，在应聘面试时与考官沟通交流得十分顺畅，巧妙地回答了考官的6个问题，成功被公司录取。招聘面试的6个问题颇具代表性：

- 请你做一个自我评价，包括优点和缺点。
- 谈谈你的家庭情况。
- 谈谈你的业余爱好。
- 你为什么选择我们公司？
- 你希望与什么样的上级共事？
- 你是应届毕业生，缺乏经验，如何能胜任这项工作？

场景四：最后一轮面试失败

小王去公司应聘创意策划职位。经过几轮角逐后，终于到了最后一轮面试，考官是公司的创意总监。一番问答之后，创意总监对小王的专业水平十分满意，谈到后来，创意总监的态度显然已把小王当作自己人了。可是，不曾料到，小王谈论最后一个话题时出了大问题。创意总监谈起一则广告，问小王感觉如何。小王心想到了最后时刻，一定要显示出自己超凡的水平，于是就把这个广告全方位批判了一通。创意总监的眉头越皱越紧，小王还以为自己的话一针见血，引导创意总监进入了深度思考状态，哪晓得这则广告就是这位创意总监的得意之作！结果可想而知，小王因最后一轮面试失败而没有被公司录用。

实训任务

任务1：案例分析。分组研讨本案例四个场景，详细分析小张、小李、小刘、小王求职应聘面试或成功或失败的缘由。就场景三中关于招聘面试时颇具代表性的6个问题应该如何巧妙回答展开研讨。以小组为团队，每组制作一份案例分析报告；派代表登台

演讲，时间不超过 10 分钟。

任务 2：案例操作。从有效沟通的角度，结合案例内容，进行改编、细化，分组进行情境模拟，演示求职应聘面试应该如何进行，并制作情境模拟沟通脚本。

💡 **实训提示**

《求职应聘面试》案例分析重点：

（1）场景一：小张没有在合适的时间找到合适的人，主动致电变成了被动等候，是一次很失败的电话求职。电话求职应聘应该注意：第一，选择恰当的通话时间，要避开临近下班的时段。第二，找到合适的人，要注意广告上的联络人姓名，避免转接或误接。第三，找到安静的环境，不要在喧嚣的马路或吵闹的环境下打电话，以免漏听或听不清楚。第四，准备通话要点。虽然是简单应聘，但还是需要准备好问题，以免遗漏。

（2）场景二：一些企业在收到许多求职者的简历后，为节约时间，会先通过电话面试做初步筛选。电话面试的主要目的是核实求职者的背景，考查求职者的语言表达能力。因此，简历投出后，求职者应该做好充分的准备以备不时之需。这样，当突然接到来电时就可顺畅对话。正如场景二中的小李随身带着简历，时刻准备着。小李的优秀还表现在非常沉稳、机智，接到面试电话时因为环境嘈杂对面试不利，小李就非常礼貌地告诉对方 10 分钟之后回电话过去。一方面找到僻静处，另一方面正好利用"时间差"来厘清思路，而且"您好""谢谢"等礼貌用语也能给自己增加良好的印象分。

（3）场景三：小刘在第二轮面试时与考官沟通交流得十分顺畅。所谓巧妙地回答考官的问题，其要点如下：

1）请你做一个自我评价，包括优点和缺点。这道题 90% 以上的用人单位都会问，应聘者事先最好以文字的形式写好熟记。其实，应聘者的基本情况用人单位已经掌握，考这道题的目的是考核面试者的职业素养、语言表达能力、逻辑能力以及诚信度。因此，应聘者自我介绍的内容要有特色，语言简明扼要，切中要害，不谈无关、无用的内容，时间一般不超过 2 分钟，最好把握在 1 分钟左右。关于自己的优、缺点怎么说要慎重考虑，优点可用感恩、乐观等品性来点缀形象；不能说自己没有缺点，但也不能说令人不放心、不舒服的缺点。可以说一两个与应聘岗位无关紧要的缺点。

2）谈谈你的家庭情况。应聘者应简单地介绍家人，一般只需介绍父母，如果亲属和应聘的行业有关系的也可介绍。回答时，要注意突出温馨和睦的家庭氛围，父母对自己教育方面的重视，各位家庭成员的良好状况，以及家庭成员对自己工作的支持和自己对家庭的责任感。

3）谈谈你的业余爱好。企业主要想通过"业余爱好"来了解应聘者的素质和个性，比如性格是否开朗，是否具有团队精神。因此，应聘者不宜说自己没有业余爱好，更不能说自己有一些庸俗的、令人感觉不好的爱好。谈爱好时，也不要说自己仅限于读书、听音乐、上网等一个人做的事，这样可能会令面试官怀疑应聘者性格孤僻，最好能有一些突出自己合群性和协作能力的爱好。

4）你为什么选择我们公司？面试官问此题目是试图从中了解应聘者求职的动机、愿望以及对此项工作的态度。应聘者不宜说看中公司的待遇好之类的说辞，可以说贵公司的前景好，贵公司十分重视人才，而且这项工作很适合自己，相信自己一定能做好。

5）你希望与什么样的上级共事？此项考题要慎重对待。通过应聘者对上级的"希望"可以判断出应聘者的素质、对自我要求的意识，这既是一个陷阱，又是一次机会。应聘者的回答可以抽象一些，诸如希望得到上级指导之类，要回避对上级具体的希望与要求，而要多谈对自己的要求，要求自己尽快熟悉环境、适应环境。

6）你是应届毕业生，缺乏经验，如何能胜任这项工作？回答此题应充分表现出应聘者的诚恳、机智和敬业。首先，承认作为应届毕业生，自己在工作经验方面的确会有所欠缺；其次，强调自己在读书期间一直利用各种机会在这个行业里做兼职以及兼职的感悟和成果，以此体现自己的责任心、适应能力和学习能力等，表明经过努力一定能胜任这个职位。

（4）场景四：小王在最后一轮面试失败的主要原因是境界不高和判断失误。创意总监最后的提问更多的是考察小王的人品与境界。小王的失败启示我们，无论面对怎样的情况，都应注意多角度分析问题。要想在紧要关头不说错话，看问题的角度要正确，要拥有一个正确的态度。不管那则广告是谁的创意，小王都应该多角度进行评价。首先，谈这则广告在创意上的优点——只要你客观地审视，优点总是有的，并且指出大家不注意的亮点和特色在哪里；其次，谈其可能存在的缺陷——不是一味指责和批判这则广告有多么不好，而是以委婉的态度提出改进的方法，提出建设性意见。然而，小王缺乏辩证看待问题的高度，尽管专业水平很高，对同行的作品进行全盘否定实在有失偏颇，就算这则广告不是创意总监的作品，也会给对方留下攻击性太强、能力很强却很难与之共事的印象，不用也罢。

📋 任务评价

各组评价＋教师评价。评价要点：对各组任务实施的目标、计划、过程和效果进行评判，肯定成绩，提出建议，指导学生进一步总结和提高。

📅 评分参考

《求职应聘面试》案例分析和情境模拟。

内容	分值	占比
案例分析报告书面文本	30 分	50%
案例分析登台演讲	20 分	
案例操作情境模拟演示	30 分	50%
情境模拟沟通脚本	20 分	

项目二 与同事和睦沟通

沟通名言

如果你要得到仇人，就表现得比你的朋友优越；如果你要得到朋友，就让你的朋友表现得比你优越。

——罗西法古

最真诚的慷慨就是欣赏。

——歌德

好话不花钱，一句值千金。

——乔治·赫伯特

失败的团队中没有成功者，成功的团队中没有失败者。

——大卫·豪斯

我们要么拧成一股绳，要么一个一个地被绳子吊死。

——本杰明·富兰克林

你愿意他人如何待你，你就应该如何待人。

——无名氏

学习导航

与同事和睦相处并有效沟通是现代职场人士综合能力的重要组成部分。本项目紧密结合基层管理人员职业沟通能力的岗位要求，通过对与同事和睦沟通技巧的训练，指导学生深入理解与同事和睦沟通的理论知识，培养自身的有效沟通素质，培训与同事和睦沟通的技巧，锻炼团队合作能力。

◆ 知识能力目标

1.理解与同事和睦沟通的意义，领悟与同事和睦沟通之道；

2.掌握与同事和睦沟通的技巧，谨防祸从口出；

3.理解团队合作与沟通的重要性，锻炼团队合作与沟通技巧。

◆ 素质素养目标

1. 深刻领悟有效沟通从"心"开始，努力修炼"五心"（尊重之心、真诚之心、认同之心、欣赏之心、分享之心）；

2. 具有谦虚稳重、宽容开放、换位思考的沟通素养；

3. 能够自觉参加小组项目研讨与实际操作，强化团队意识，具有团队合作精神；

4. 理解职场中人际关系的相处之道，共创文明和谐的交流氛围。

 **领悟与同事和睦相处之道**

案例导入

案例1：沟通不畅，同事反目成仇

A是公司销售部的一名销售员，人比较随和，与同事的关系都不错。但是，最近一段时间，不知道为什么，同一部门的销售员B忽然处处和A过不去，两人合作的工作任务也故意拖着让A多承担，有时候还在办公室在同事面前指桑骂槐，甚至还抢了A的好几个老客户。

起初，A觉得都是同事不好意思计较，忍一忍就算了，但是，发现B越来越嚣张，于是，A也不肯忍了，一赌气告到了经理那儿。经理把B批评了一通，但结果是，B和A从此成了冤家对头。

案例2：企业总经理助理林女士的沟通感悟

林女士说，有些总经理助理觉得自己是老板身边的红人，把周围的同事不放在眼里，动辄颐指气使，把自己当成所谓的领导，这样往往导致自己人缘极差。不尊重别人，自然也就得不到别人的尊重。我们是大型国企，我给公司总经理做助理近6年了，无论是资历，还是人际关系，自以为很有心得。我觉得与同事和睦相处要做到谦和、真诚、友善、宽厚。

总经理助理整天围着领导转，难免会给其他同事造成一些压力和误解。当你与他们沟通时，他们往往会把你看成是"领导的人"，对你有畏惧感，不向你说实情，导致有些实际情况你无法了解，也就不可能如实地反映给领导了。这个时候，你要把握好自己的身份和说话的方式，让同事感觉到你是在平等友善地跟他沟通交流，而不是替领导发号施令。有时候，还要站在对方的立场考虑问题，因为沟通的目的是解决问题。比如，有些事情的确存在客观困难，一时半会儿不好解决，而领导又要求尽快解决，怎么办？换位思考，理解同事的难处，然后通过沟通一起找解决办法。这样不但能赢得好人缘，还能得到同事的尊重和感激。

案例讨论：

1. 案例 1：导致 A 和 B 成为冤家对头的主要原因是什么？

2. 案例 2：林助理为什么如此重视与同事和睦相处？如何理解林助理与同事和睦相处之道？这对我们有何启示？

知识链接

一、与同事和睦相处十分重要

职场人士在工作中，更多的时候要面对同事。与同事和睦相处，建立良好的工作关系，有利于提高工作效率。如果与同事关系不好、沟通不畅，工作就不会顺心。而沟通技巧较差者常常会被同事误解，留下不好的印象，甚至无意中对同事造成伤害。这样，就难以提高组织的凝聚力，难以发挥团队合作效应。因此，与同事和睦相处、有效沟通十分重要。

案例 1 中销售员 A 所遇到的麻烦，在工作中常常会出现，关键在于如何妥善解决。在一段时间里，同事 B 对他的态度大有改变，A 理应有所警觉，应该考虑是不是哪里出了问题，是不是 B 对自己产生了误会。此时，正确的做法应该是主动及时地与 B 进行一次坦诚的沟通，问问 B，是不是自己什么地方做得不对。若能及时沟通，他们之间的误会和矛盾可能就会烟消云散。但是，A 只是一味忍让，忍不下去就去找经理告状。而经理的一番批评反而加剧了两人之间的矛盾。同事之间成为冤家对头，对个人身心健康、对工作、对公司都会造成不良影响。

二、与同事和睦相处之道

（一）克制自我，情绪管理

卡耐基说过这样一句话：在我们生命中的每一天，每个人首先面临的就是情绪管理。每个人都是独一无二的，与同事相处不能以自我为中心，"率性而为"会让自己养成一种任性的坏毛病。因此，与同事和睦相处之道首先表现为情绪管理，要用理智来努力克服消极情绪，保持良好的心态，避免矛盾和冲突。

（二）谦和待人，避免炫耀

与同事相处，谦和低调是很重要的品质。每个人都有优点，同样，是人也都有缺点。人和人的能力是不一样的，你在某一个方面或许很突出，而你的同事就可能在其他方面比你好。与同事相处一定要注意不能显示出过强的优越感，更不能卖弄炫耀。要保持谦虚谨慎、友善待人的相处之道，有时简单的一声问候就能营造同事之间和谐的氛围，使工作顺利开展。

（三）真诚合作，克制嫉妒

在工作中，同事之间经常要合作，正确的态度是工作要积极主动，同事之间要互通有无，相互配合，同甘共苦，学会双赢。当然，同事之间难免有竞争。竞争是进步的动力，是一种积极因素。但是，竞争不等于嫉妒。出现嫉妒心时，有必要进行情绪的自我管理，嫉妒心理既不利于智能发展，也不为职业道德所容。正当的办法是竞争，最可取的态度是向别人学习，对别人友好，相互谅解和支持，在互帮互学中共同进步。

（四）容忍差异，宽以待人

世界上不会有两片相同的树叶，同样也不会有完全相同的两个人，即使是双胞胎。因此，与同事相处，要学会容忍差异，接受不同的个性，不要在背后议论他人，不吹毛求疵。宽以待人，不仅可以放松心情，而且会让周围的人更加尊重你，营造良好的工作环境，从中获得快乐与收获。

（五）关心他人，提供帮助

俗话说："天有不测风云，人有旦夕祸福。"人在工作和生活中难免会遇到一些波折和困难。平时要关心同事，乐于助人；当同事遇到困难时，应该主动关心、热情帮助，这样，会让同事认为你是一个很好的合作伙伴，从而愿意与你共事，工作效率也会提高很多。而且，帮助别人，自己也会感到温暖。

技能实训

1.实训任务

任务1：自我检查

（1）根据与同事和睦相处之道的理论知识，自我检查与同学、与室友的相处是否和睦友好。

（2）针对存在的问题有何改善措施？请制作书面文本以便自我督促。

任务2：《企业总经理助理林女士的沟通感悟》案例分析与情境模拟

（1）案例分析：以小组为团队，分组研讨本案例中企业总经理助理林女士的沟通感悟。林女士与同事和睦相处之道为什么会成功，对我们有何启发？每组制作一份本案例的分析报告；派1名代表登台演讲，时间不超过5分钟。

（2）情境模拟：根据案例内容，结合与同事和睦相处之道的理论知识，合理设计具体情境，分组制作情境模拟沟通脚本，并登台进行情境模拟演示。

2. 实训提示

《企业总经理助理林女士的沟通感悟》案例分析与情境模拟重点：

林助理是一位有品位、有境界的白领。身处高位却依然谦虚谨慎、待人随和，因而在公司里博得了好人缘。林助理的经验是，与同事相处一定要注意不能显示出过强的优越感。如果你的优点是显而易见的，别人都可以清楚地看到，你没有必要再为自己申明什么。在工作中取得好的成绩，是一件让人非常高兴的事情，好成绩代表你的努力最终获得了回报，也代表了领导对你工作的肯定。作为助理，你一定会感到喜悦。这时你需要注意的是，千万不要在同事面前炫耀卖弄。如果在同事面前过多地谈论自己的成绩和功劳，会让同事觉得你是在有意地抬高和显示自己，甚至会觉得你是在轻视或贬低别人，这会引起别人的反感。因此，在沟通工作中不要卖弄玄虚，否则会造成沟通障碍。

由于总经理助理的位置特殊，经常会有人求你帮忙办事。无论是对公司内部的职员，还是对公司外部的客户，对不合理的或自己办不到的请求，当然要拒绝，但是在拒绝之前，最好先耐心听对方把话说完，不要让人觉得你是在敷衍搪塞。对于有些人的要求，你虽然拒绝了，但可以针对他的情况，提出自己的建议。如果能够提出有效建议或替代方案，对方一样会感激你。另外，拒绝时除了提出替代建议，还可以每隔一段时间去问问对方的情况，让他们也了解你的苦衷与立场，这样就可以减少因拒绝而带来的负面影响。如果只是敷衍了事，不仅会让人觉得你不诚实，也会堵死自己的后路。敷衍别人的确很轻松，既不必费心，也不会有什么损害。但是，你今天敷衍人家，人家明天肯定也会敷衍你。因此，与同事相处乃至处理各种人际关系，都应该从长计议。

3. 任务评价

任务 1：学生自我评价任务的完成情况、所获体验等。

任务 2：各组评价＋教师评价。评价要点：对各组任务实施的目标、计划、过程和效果进行评判，肯定成绩，提出建议，指导学生进一步总结和提高。

4. 评分参考

《企业总经理助理林女士的沟通感悟》案例分析和情境模拟。

内容	分值	占比
案例分析报告书面文本	30 分	50%
案例分析登台演讲	20 分	
案例操作情境模拟演示	30 分	50%
情境模拟沟通脚本	20 分	

任务二　与同事有效沟通之说话技巧

案例导入

广告公司的 A、B、C、D、E

A 是广告公司的总经理助理，B 是 A 负责引进的公司合伙人，C 是公司前台接待，D 是设计部经理秘书，E 是行政部秘书。

场景一

年初，广告公司与电视台签订了一份合同，承办电视台半个小时的汽车栏目。为了将栏目办好，公司引进了一个新的合伙人 B。B 非常有能力，进入公司后，电视栏目的业务发展得很不错。但优点明显的人，缺点往往也同样明显。总经理助理 A 与新合伙人 B 在工作中产生了一些摩擦。一天，A 代表总经理与 B 讨论一个策划方案，两个人产生了争执。因为 B 太过固执，A 有点恼火，随口说了句："不行就散伙吧。"B 听了后不再说话，拂袖而去。A 立刻意识到自己失言了，马上追回 B，诚恳地向对方道歉。在进一步的沟通中，B 对 A 讲述了自己的看法，觉得 A 说出"散伙"两个字让他听起来特别刺耳。原来 B 才离婚不久，所以对"散伙"一词特别敏感，特别伤心。A 再三表示歉意，请求他的谅解，B 也冷静下来，也觉得自己有点偏执。于是，两人心平气和地继续讨论策划方案，找出解决问题的更好方法。接下来的沟通非常顺畅，合作也很愉快。A 越来越聪明，不失时机地对 B 的好点子和好方案表示认同并感谢，经常说一些赞美的话："B 先生，我们很需要您的帮助，依您的经验和能力，这个计划一定能够顺利实施并获得成功。"受此鼓励，B 也越发卖力，广告公司承办的电视栏目越办越好。

场景二

公司前台接待 C 比较时髦，爱打扮。一天，C 穿着新买的衣服走进公司，总经理助理 A 看到她由衷地赞美道："今天好漂亮哦，穿了件新衣服。这衣服的颜色很适合你，穿在你的身上显得很清爽！"C 很开心，道了声"谢谢"。设计部经理秘书 D 看到 C 也上前搭讪："今天穿新衣服哦！"C 正要开心回应，却听见秘书 D 紧接着问："又是在步行街淘的吧？"C 灿烂的笑容立刻冻结在脸上。虽然 C 一向爱去步行街淘便宜衣服穿，但是她很介意别人当面这样说，感觉特别没面子。更让她不爽的是，行政部秘书 E 看到她的新衣服竟然直截了当地说："这衣服的款式不适合你，你胖了点，穿这种款式绷得太紧，不好看。"C 一时间脸涨得通红，一整天不开心。

💬 **案例讨论：**

1. 如何评价本案例两个场景中 A、B、C、D、E 各自的表现？
2. 根据本案例，概括和总结与同事和睦、有效沟通的说话技巧。

🖥 **知识链接**

一、与同事沟通的说话技巧要点

职场上，我们每天都要与同事沟通说话。说什么、怎么说，什么话能说、什么话不能说，都应十分讲究。要注意言辞得体，以免不必要的麻烦。很多时候，有些人吃亏就是因为没能管住自己的嘴巴。

（一）办公室不是倾诉心事的场所

📖 **小案例**

小惠的困惑

近几天，小惠情绪低落，陷入困惑之中。她在一家广告公司工作，与公司几个同事相处得很好，大家在一起直言不讳，有啥说啥，成了铁姐们儿。可最近发生的事让她很心寒。3月份公司内部竞聘部门负责人，小惠顺利通过并进入聘任公示期，但是，最后没有被顺利任命。公司人力资源部反馈说，部门的同事对小惠升职的意见很大，而其中她的铁姐们儿的反对呼声最高，说她还不成熟、工作方式不对等。特别让小惠困惑不解的是，她们私下里还表示支持小惠竞聘，说如果升职一定要照顾众姐们儿。难道职场上就没有真正的朋友吗？

这是一个非常典型的职场案例。这里，暂且不去谴责小惠的"铁姐们儿"如何虚伪，问题的关键还是小惠自身没有判断力。其实，职场中的朋友关系和生活中的朋友关系不是一回事。尤其是同一个单位、同一个部门的同事，应该友好相处，但是，不适合结盟。即便结成"铁姐们儿"也很脆弱，因为有利害关系，同事之间经常会成为竞争对手。因此，在办公室与同事讲话不能随便，办公室不是一个倾诉心事的场所。小惠可能是一个爱说、性子直的人，喜欢把自己内心的想法甚至于家庭隐私毫无保留地告诉同事，喜欢向同事倾诉衷肠、倾吐苦水，虽然这样的交谈富有人情味，能使同事之间变得亲密无间，但是研究调查指出，只有不到1%的人能够严守秘密。所以，同事之间一旦有利害冲突，你的心直口快就有可能招来非议，变成"不成熟"的例证。

（二）三思而后言

古人云：谨言慎行。就说话而言，要三思而后言。在沟通说话之前，应该认真思考自己想说什么、该说什么，对方能够接受什么样的语言。职场中有些人往往心直口快，说话不经过大脑思考，以致犀利的言辞对别人造成伤害。因此，在与同事沟通说话之前，先换位思考一下："如果别人对我这样说，我会作何感想？"如果能多花一些时间，设身处地为他人着想，就不会因为说话不当而引起对方不悦了。

（三）失言时立刻致歉

每个人都会犯错，偶尔也会说错话。如果发现自己说得不恰当惹对方生气了，那就坦诚地向对方道歉。说声"对不起"、承认"我错了"并不代表自己真的犯了什么天大的错误，也不代表自己的软弱和退缩。从有效沟通的角度看，道歉的意义在于它可以修补关系。在沟通过程中，当双方的关系因其中一方的冒犯而产生裂痕时，及时道歉可以弥合这种裂痕。道歉是沟通的消毒剂、软化剂，也能体现道歉者的修养与境界。

（四）学会表达感谢

德国文学家歌德曾说："成大事者，长存感念之情。"心存感激是一种积极的生活态度，也是成功的重要因素。拥有一颗感恩的心，我们生命的每段历程才会充满温馨。心存感激，你会明理；心存感激，你会开心；心存感激，你会说出暖人的话语；心存感激，你会更加珍惜生命的宝贵。在同事交往的过程中，免不了互帮互助，所以要学会表达感谢。哪怕是一件微不足道的小事，也不要忘记说声"谢谢"。

（五）学会适当赞美

人性中有渴望被承认、被尊重的欲望，所以在适当的时候、适当的场合，表达真诚的赞美往往能温暖被沟通者的心，使沟通和谐而顺畅。赞美是对他人的尊重，在一定程度上，满足了对方自我价值实现的高层次需求，能激起对方内心的愉悦感受，从而使双方在愉快中得到交流。所以，我们应该充分利用自己的赞美之声为自己的人缘服务。赞美不等于恭维，只要赞美发自内心，出自真诚，就能有助于我们和同事之间建立和谐的关系。

二、管住嘴巴，谨防祸从口出

（一）有些"实话"不必说

一般同事关系，有关健康的问题，最好不要问，也不要泄露。比如，你问同事："你最近在掉头发吗？"听起来很关心同事，却可能戳到了别人的痛处。也许对方正在苦心掩盖掉发的状况，却被你一语道破，难免心中不悦。职场上，与同事相处，务必要管住自己的嘴巴，以免莫名其妙地得罪人，甚至触犯到别人的利益，犯下职场大忌。

（二）揭短的难听话不能说

📖 **小案例**

说话爱揭别人的短

小张是办公室文员，性格内向，不太爱说话。可每当就某件事情征求她的意见时，她说出来的话总是很刺人，而且她的话总是在揭别人的短。一天，办公室的同事穿了件新衣服，别人都称赞"漂亮""时尚"之类的话，可当人家问小张感觉如何时，小张就直接回答说："你身材太胖，穿这衣服显得特别臃肿，不适合。"紧接着还补充了一句："这颜色你穿有点艳，根本不适合。"这话一出口，搞得当事人很生气，而且周围大赞衣服如何如何好的人也很尴尬。虽然小张也会因为自己说出刺耳的话不招人喜欢而后悔，但她就是管不住自己的嘴巴，照样说一些让人接受不了的话。久而久之，同事们都把她排除在集体之外，不愿意搭理她了。

其实，日常生活中衣着之类的琐碎小事，完全不必太过认真，不应该以自己的审美观来揭别人的短、说难听话，让同事觉得你生性刻薄、难以相处。要明白，赞美与欣赏他人，是人际关系的点缀与润滑，而能够真诚地赞美与欣赏他人，也是自己美德的体现。

（三）招惹是非的话不要说

📖 **小案例**

职场新人嚼上司私生活被批

小邓性格外向，十分开朗，有话藏不住，喜欢发布新闻，进入职场没多久，就与办公室里的同事打成了一片。一天，她和同事下班回家，看见上司的车里坐了一个年轻漂亮的女孩。第二天一上班，小邓就在办公室大声公布了她的新发现，引得大家哈哈大笑。没想到当天下午，上司就召见她单独训话，严肃地告诫她以后在上班时间少说与工作无关的事。小邓闷闷不乐地回到自己的办公室，令她伤心的是，没有一个同事过来安慰她。小邓逐渐发现，办公室里除了她，别人几乎很少说与工作无关的话，更别说提及别人或自己的私事了。

人多的地方，难免会有闲言碎语。比如领导喜欢谁、谁最吃得开、谁又有绯闻等，这就是招惹是非的话。作为职场新人，应该谨言慎行，管好自己的嘴巴，坚决不说招惹是非的闲话。

👥 **技能实训**

1. 实训任务

任务1：小组活动

互相寻找组员身上值得赞美的优点或特长，当面赞美对方。

任务 2：《广告公司的 A、B、C、D、E》案例分析与情境模拟

（1）案例分析：以小组为团队，分组研讨本案例中的两个场景，概括和总结与同事和睦有效沟通之说话技巧的要点。每组制作一份本案例的分析报告；派 1 名代表登台演讲，时间不超过 5 分钟。

（2）情境模拟：从有效沟通的角度，根据与同事沟通的说话技巧，结合本案例以及本项目中几个"小案例"的内容，进行补充细化，分组进行情境模拟，演示如何与同事和睦、有效地沟通，制作情境模拟沟通脚本。

2. 实训提示

职场上，"说话"是重要的沟通艺术。与同事沟通时，说什么、怎么说，什么话能说、什么话不能说，都应十分讲究。沟通之前应该多花一些时间，设身处地为他人着想，了解别人的感觉，思考对方能够接受什么样的语言，三思而后言，讲究言辞得体，不说错话，这样就能与对方建立起良好的互动关系。

当然，是人就难免会犯错、讲错话，关键在于一旦失言应该立刻致歉。勇于认错很重要，此乃人际沟通的消毒剂和软化剂，使同事关系转危为安。案例中 A 的聪明还表现在善于不失时机地对 B 的好点子、好方案表示认同并感谢，经常说一些赞美的话，巧妙地打动对方的心灵，满足对方的心理需求——渴望被承认、渴望被尊重、渴望成为重要人物，满足了对方自我价值实现的高层次需求，就能激起对方内心的愉悦感受，从而使双方在愉快中得到交流。所以，我们应该充分利用自己的赞美之声为自己赢得好人缘。

与 A 的聪明相反，场景二中，设计部经理秘书 D 和行政部秘书 E 实在不会说话，所谓心直口快，喜欢说一些揭人短的难听话，无端招惹是非。职场上，很多时候，有些人吃亏就是因为没能管住自己的嘴巴，"讲错话"常常会给自己带来不必要的麻烦。其实，人的审美观不一样，日常生活中的琐碎小事，完全不必过于认真，即便不愿意宽宏大量地赞美与欣赏他人，也不应该刻薄地揭人短、说一些刺耳的难听话，导致同事关系紧张。

3. 任务评价

任务 1：学生自我评价任务的完成情况、所获体验等。

任务 2：各组评价＋教师评价。评价要点：对各组任务实施的目标、计划、过程和效果进行评判，肯定成绩，提出建议，指导学生进一步总结和提高。

4. 评分参考

《广告公司的 A、B、C、D、E》案例分析和情境模拟。

内容	分值	占比
案例分析报告书面文本	30分	50%
案例分析登台演讲	20分	
案例操作情境模拟演示	30分	50%
情境模拟沟通脚本	20分	

任务三　团队沟通与合作技巧

案例导入

华为"铁三角"销售团队模式

　　早期，华为各地代表处并没有提供统一解决方案的销售部，如果客户需要综合解决方案，华为各个产品线就都要派人去，而华为的竞争对手——爱立信只需要一两个解决方案专家就可以解决客户的所有问题。从某种意义上来说，销售团队代表着公司在客户心目中的最终形象，如果销售团队整体能力不强，给客户的印象和服务不够好，即便产品再出色，客户可能也不会购买。因此，一个强有力的销售团队对公司来说至关重要。

　　让华为彻底醒悟，决定组建一线"铁三角"销售团队的事件发生在2006年华为苏丹的代表处。当时，华为的竞争对手采用的是太阳能和小油机发电的"光油站点"，而华为采用的是大油机。其实这次失利非常遗憾，因为客户在和华为销售代表沟通的时候，已经说过这个要求了，但是销售代表没有很好地把客户的要求传达到产品设计和交付的团队，这是一次信息沟通的失利和遗漏。之后，华为立即吸取了教训，组成了三人小组，就是客户经理、产品经理和交付经理三个人要拧成一股绳，也就是华为"铁三角"团队。

　　在"铁三角"中，客户经理是项目运作、整体规划、客户平台建设、客户满意度提升、经营指标实现的第一责任人；解决方案专家负责项目的整体产品品牌和解决方案，从解决方案角度来解决客户需求，帮助客户实现商业目标，对解决方案的业务目标负责；交付专家是项目整体交付与服务的第一责任人。"铁三角"是三种职责的融合，使一线的最小作战单位目标一致、分工明确。围绕着"铁三角"的核心作战团队，客户关系、产品与解决方案、交付与服务等部门在一旁提供协同支持。

华为"铁三角"模式的团队角色职责分工明确，客户经理、解决方案专家、交付专家各司其职，在各自的职位上发挥自己的作用和功能，使得团队内部的每项工作落实到位、井井有条。不同于传统组织内部的部门之间可能存在沟通壁垒等问题，"铁三角"模式以项目为中心组建，能够快速响应客户需求，做到与客户之间的高效对接，能够实现与客户的双赢。

"铁三角"模式解决了华为传统团队沟通过程中出现的团队沟通失利和遗漏问题，通过指令性调配人才，从不同的岗位按需调配到这个"铁三角"小组当中。这三个人从此以后就形成一个非常紧密的"作战小组"——一起去见客户，一起去做产品，一起去谈交付，一起工作，甚至要一起生活，形成了一个非常严格的绑定关系，促进了团队的交流和合作。传统公司往往会犯一个通病：会议上、流程设计时，大家都会念叨以客户为中心，要形成"铁三角"，可一到具体工作时，又变成"你们销售部，我们生产部，他们研发部"。但是华为的"铁三角"模式因完备的内部分工制度和高效的沟通方式，面向客户时体现了作为一个团队的整体，在沟通过程中只用一个词——"我们"。因为无论是销售、研发、生产还是哪个部门，在客户那儿只有一个名词——那就是公司的名字。

"铁三角"模式的核心在于突出销售团队中核心成员的作用和功能，明确每个团队角色的责任，在面对客户需求的时候能够以高效率的反馈带给客户良好的销售服务体验。

资料来源：周庆．群狼战术：华为销售团队建设与激励法则 [M]. 北京：中国人民大学出版社，2018.

💬 **案例讨论：**

1. 本案例中华为为什么能够目标一致，分工明确？
2. 本案例对我们有何启示？

🖥 **知识链接**

一、团队的内涵

个人单打独斗的时代已经远去，如今是团队合作的时代。"人"的结构就是相互支撑，"众人"的事业需要每个人的参与。

（一）什么是团队

团队是指由两个以上的，相互作用、相互依赖的个体，为了特定目标而按照一定的规则结合在一起的组织。乔恩·R.卡曾巴赫所著的《团队的智慧》一书认为团队的构成需具有以下要素：

（1）共同的奋斗目标。
（2）团队成员的个人成功要依靠团队其他成员。
（3）一致认可的行动策略。

（4）团队成员的知识与技能互为补充。

（5）人数不多，一般少于 20 人。

（二）团队的特征

团队具有以下八个基本特征：

（1）明确的目标。团队成员清楚地了解所要达到的目标，以及目标所包含的意义。

（2）相关的技能。团队成员具备实现目标所需要的基本技能，并能够进行良好的合作。

（3）相互的信任。每个人对团队内其他人的品行和能力都确信不疑。

（4）共同的诺言。这是团队成员对完成目标的奉献精神。

（5）良好的沟通。团队成员间拥有畅通的信息交流。

（6）谈判的技巧。高效的团队内部成员间角色是经常发生变化的，这要求团队成员具有充分的谈判技巧。

（7）公认的领导。团队的领导担任的往往是教练的角色或者起后盾的作用，他们对团队提供指导和支持，而不是试图去控制下属。

（8）内部与外部的支持。这既包括内部合理的基础结构，也包括外部给予必要的资源条件。

（三）团队精神的内涵

团队精神是团队所有成员都认可的一种集体意识，是大局意识、协作精神和服务精神的集中体现。团队精神的基础是尊重个人的兴趣和成就。核心是协同合作，最高境界是全体成员的向心力、凝聚力，反映的是个体利益和整体利益的统一，并进而保证组织的高效运转。团队精神是高绩效团队的灵魂，反映团队成员的士气，是团队所有成员价值观与理想信念的基石，是凝聚团队力量、促进团队进步的内在力量。

二、优秀的团队成员应具有的品格

（1）谦虚豁达，使你赢得团队成员的尊重。

（2）着力小事，使你在团队中出类拔萃。

（3）坚持创新，使你所在的团队与众不同。

（4）善于思考，使你带领的团队走出困境。

（5）热忱工作，使你在团队中绩效最高。

（6）诚信为本，使你带领的团队无往不利。

（7）敬业精神，使你在团队中展现潜力。

（8）尊敬领导，使你得到更多的机会。

（9）忠贞不贰，使你与团队共命运。

三、团队沟通与合作

沟通是团队合作的关键。在团队管理中，沟通就好比人的血脉，假如沟通不畅，就像血管栓塞，最后会导致严重的后果。没有沟通就没有团队精神。团队沟通就是积极倾听、有效表达和求同存异。

（一）团队成员的沟通合作技巧

（1）愿意接受并遵守团队决定。

（2）主动表达高度合作的意愿。

（3）重视其他成员的利益。

（4）肯定其他成员的成就。

（5）提出建设性的批评。

（6）主动承担解决问题的责任。

（7）帮助其他成员完成工作。

（二）在团队中不受欢迎的人

（1）缺乏职业素养的人。

（2）优越感过强的人。

（3）只会说"是"的人。

（4）偷懒的人。

（5）片面而孤傲的人。

（6）僵化死板的人。

（7）感情用事的人。

（8）多嘴多舌与固执己见的人。

（9）虚伪的人。

👤 技能实训

1. 实训任务

任务1：打造高效团队

（1）上网查阅关于打造高效团队的知识与案例，小组研讨本项目小组在团队沟通与合作方面存在什么问题，制定解决问题的措施。

（2）结合所学的关于团队的理论知识，小组研讨确定本项目小组的团队目标、团队口号，凝聚团队人心，鼓舞士气。

任务 2：《华为"铁三角"销售团队模式》案例分析与情境模拟

（1）案例分析：以小组为团队，分组研讨本案例中华为成功的缘由。运用所学的关于团队沟通与合作的知识进行分析，每组制作一份本案例的分析报告；派 1 名代表登台演讲，时间不超过 5 分钟。

（2）情境模拟：各组根据案例内容，合理设计正、反面情境，编写情境模拟沟通脚本，分组进行情境模拟演示。

2. 实训提示

《华为"铁三角"销售团队模式》案例分析重点：

每个人都有自己不同的能力，也拥有不同的视角以及不同的获取信息的渠道，所以彼此之间的有效沟通非常重要。沟通与合作是团队运作的基础。作为优质团队人，必定有着与人沟通与合作的高度诚意。

在现代信息社会，企业做任何项目都很难由一个人去完成。需要团队合作，大家一起想办法。如果总是凭借个人的判断，往往会犯下"盲人摸象"的毛病。学会团队沟通与分享，可以把事情做得更加完善。人人都喜欢乐于助人的同事，在工作进行中，要学会关心团队其他成员的工作状况，如果有任何帮得上忙的地方，要主动伸出援手，提供资料。在一个团体中，帮助小组成员成功，就等于帮助自己成功。

3. 任务评价

任务 1：项目小组自我评价任务的完成情况、所获体验等。

任务 2：各组评价＋教师评价。评价要点：对各组任务实施的目标、计划、过程和效果进行评判，肯定成绩，提出建议，指导学生进一步总结和提高。

4. 评分参考

《华为"铁三角"销售团队模式》案例分析和情境模拟。

内容	分值	占比
案例分析报告书面文本	30 分	50%
案例分析登台演讲	20 分	
案例操作情境模拟演示	30 分	50%
情境模拟沟通脚本	20 分	

任务四　与同事和睦沟通综合实训

实训案例

A 助理和 B 助理

A 助理和 B 助理同时进入某电子公司。刚开始，A 是市场部经理助理，B 是销售部经理助理。她俩都是名牌大学高才生，专业知识丰富、职业能力强、办事效率高，但两人性格迥异，为人处世的方式不同。A 助理比较谦虚温和，B 助理性格外向好强、脾气火爆。

场景一

A 助理每天上班到公司，碰到同事，总是主动打招呼，说一句"早上好"，下班时同样很自然地与同事说一句"再见"或者"明天见"。公司里的同事不管是熟悉她的还是不熟悉她的，都感觉她为人不错，很懂礼貌，自然对她加深了印象。加之她工作作风踏实，业务水平高，办事能力强，又乐于助人，公司上上下下都对她评价颇高。

场景二

B 助理本人办事能力很强，加之销售部在公司的地位比较特殊，因此她的脾气比较大。在公司里，她一般不主动理睬人，对那些能力不如她的人更是不屑一顾。她性格直爽，喜欢实话实说，有一次，她跟同事聊天时说："这个月的工资拿到 20 000 元，哈哈！""老板星期天打电话叫我出来陪酒，一位重量级客户哦！"……她经常这样在办公室炫耀，同事对她越来越反感。

场景三

公司前台接待秘书小丽比较时髦。一天，小丽穿着一件民族风新款旗袍走进公司，A 助理看到她由衷地赞美了一句："小丽今天好靓哦！"小丽很开心地道了声"谢谢"。B 助理看到小丽的新衣服却脱口说道："哎呀，什么审美观呀！你这么胖乎乎的，怎么能穿旗袍？瞧你臃肿的，难看死了！"说得小丽一阵脸红，一整天不开心。

场景四

A 助理能力超强，办事稳妥，深得市场部经理信任，却在无意中得罪了市场部经理原来较为依赖的资深员工王萍。王萍是一位阿姨级的中年女性，工作多年，经验丰富，一向颇得经理信赖。而如今经理总是找 A 助理商量工作，有点冷落王萍。王萍心中很是不爽，开始找碴儿，冷嘲热讽 A 助理。A 助理的心胸开阔，依然十分尊重王萍。一天，王萍在电脑上工作，忽然电脑出了状况，上不了网，十分着急。A助理见状，赶紧主动过来帮忙。A助理的计算机技术水平很高，很快解决了问题。这下子，王萍倒感觉十分过意不去，连忙道谢，心头的结就此解开。

场景五

两年之后，A助理由市场部经理助理晋升为公司总经理助理，B助理却仍然保持原位。B助理心中愤愤不平，整天想："凭什么我就不能升职？我做的哪样比她差？"这种心理一直伴随着B助理的工作和生活。她总是带着怨气，工作也没有以前勤奋了，甚至她还因为不服气，有意无意地挑起与A助理的正面冲突，动不动就朝A助理发脾气，好像肚子里永远装着一大桶火药，随时会爆炸。但是，A助理并没有与B助理一般见识，A助理做人颇有境界，一向宽以待人，因为她懂得人与人之间是不一样的，同事相处要学会容忍差异。其实，她心里也觉得B助理的能力很强，不能升职主要还是与同事沟通有问题，因此试着劝说B助理，希望她改一改自己的脾气，但是却招来B助理的嘲讽。久而久之，终于有一天，B助理被叫到了总经理办公室，争强好胜了半天，却争来总经理的一句话："你收拾东西走人吧！"B助理忽然觉悟了……

微课：团队沟通模拟案例

实训任务

任务1：案例分析。 分组研讨本案例的五个场景，比较分析A助理和B助理与人沟通或成功或失败的缘由。其成功的经验或失败的教训对我们有什么启示？以小组为团队，每组制作一份本案例的分析报告；派代表登台演讲，时间不超过5分钟。

任务2：案例操作。 分组进行情境模拟。场景五的最后写道"B助理忽然觉悟了"，以此为主题，根据与同事和睦沟通的理论知识合理想象，设计B助理觉悟之后到另一家公司任职（销售部经理助理）后是如何与同事有效沟通的情境模拟沟通脚本，并且进行情境模拟演示。

实训提示

《A助理和B助理》案例分析重点：

经理助理是经理身边的人，谦和低调是很重要的品质。而寒暄、招呼往往能在沟通过程中发挥很大的作用。一句简单的"早上好"，代表了你对同事一天的祝福，让同事感受到你的真诚。简单的一声问候就能营造和谐的氛围，使工作顺利展开。还有，同事相处要学会容忍差异，宽以待人，当别人有困难时主动伸出援手帮助其解决问题，这样可以巧妙化解矛盾，营造良好的工作环境。

在工作中取得好成绩，固然令人非常高兴。不过，需要注意的是，千万不要在同事面前炫耀卖弄。如果在同事面前过多地谈论自己的成绩和功劳，会让同事觉得你是在有意抬高自己，甚至会觉得你是在轻视或贬低别人，这样难免会引起别人的反感，造成沟通障碍。其实，每个人都有优点，每个人也都有缺点。人和人的能力是不一样的，你在某一个方面或许很突出，而你的同事可能在其他方面比你好。作为助理，谦和低调是美德，不可在办公室当众炫耀自己，当众炫耀只会招来麻烦。

同事相处要友善。适当的赞美也是友善的表现。赞美是对他人的尊重，在一定程度上满足了对方的需求，能激起对方内心的愉悦感受，从而使双方在愉悦中交流。这就是A助理的聪明之处。与之相反，B助理总是自以为是，总是看到别人的缺点，又管不住自己的嘴巴，爱说揭人短的难听话，所以，就让同事感觉她为人刻薄而难以相处。

竞争是进步的动力。但是，竞争不等于嫉妒。嫉妒心理既不利于智能发展，也不为职业道德所容。看到别人晋升而自己得不到提拔，正确的态度是自我反省，积极的态度是向别人学习，同别人友好，相互谅解和支持，在互帮互学中共同进步。反之，狂妄自大，见不得别人晋升，嫉妒心强烈，导致言行举止失范，时间一长，自然会使领导对你产生意见，从而断送自己的前程。

📋 任务评价

各组评价＋教师评价。评价要点：对各组任务实施的目标、计划、过程和效果进行评判，肯定成绩，提出建议，指导学生进一步总结和提高。

📅 评分参考

《A助理和B助理》案例分析和情境模拟。

内容	分值	占比
案例分析报告书面文本	30分	50%
案例分析登台演讲	20分	
案例操作情境模拟演示	30分	50%
情境模拟沟通脚本	20分	

项目三　与上司有效沟通

🗨 沟通名言

自然赋予我们人类一张嘴，两只耳朵，就是让我们多听少说。

——苏格拉底

一个人必须知道该说什么，一个人必须知道什么时候说，一个人必须知道对谁说，一个人必须知道怎么说。

——彼得·德鲁克

在要说一些事之前，有三件事要考虑：方法、时间、地点。

——萨迪

说话不考虑，等于射击不瞄准。

——塞万提斯

如果你仅仅提出建议，而让别人自己去得出结论，让他觉得这个想法是他自己的，这样不更聪明吗？

——戴尔·卡耐基

感激也是沟通的一种方式，懂得感恩，知道表达谢意的人，才能成为沟通的高手。

——佚名

🖥 学习导航

在现代职场中，理顺与上司的关系是职场人必须熟记的生存法则。与上司进行有效沟通，可以避免误会，减少矛盾冲突，促进关系和谐融洽，有利于获得晋升机会。本项目紧密结合职场人士与上司进行有效沟通的能力要求，通过技巧训练，指导学生学习和掌握与上司有效沟通的策略和方法，锻炼与上司进行有效沟通的职业能力。

◆ 知识能力目标

1.理解和领悟与上司有效沟通的重要性；

2.理解和领悟与上司有效沟通的策略；

3.理解、领悟并掌握向上司请示汇报的技巧；

4.理解、领悟并努力学习有效说服上司的技巧。

◆ **素质素养目标**

1.理解和领悟与上司有效沟通对个人职业生涯的重要意义，端正态度，准确定位；

2.能够自觉地参加小组项目的研讨与操作，具备团队合作精神；

3.具有灵活机智的沟通情商和应变素质；

4.认识到与上司沟通经常受挫的原因，自觉培养反思意识，强调履职尽责，爱岗敬业。

任务一 领悟与上司有效沟通的策略

📞 **案例导入**

案例1：企业白领A、B、C的不同

A在合资公司做白领，觉得自己满腔抱负没有得到上级的赏识，经常想：如果有一天能见到老总，有机会展示一下自己的才干就好了！

A的同事B也有同样的想法，他进了一步，去打听老总上下班的时间，算好老总大概会在何时进电梯，他也在这个时候去坐电梯，希望能遇到老总，有机会可以打个招呼。

他们的同事C更进一步。他详细了解了老总的奋斗历程，弄清了老总毕业的学校、人际风格、关心的问题，精心设计了几句简单却有分量的开场白，在算好的时间乘坐电梯，跟老总打过几次招呼后，终于有一天跟老总长谈了一次，不久后就争取到了更好的职位。

案例2：深受器重的总经理助理

林女士是一家大型企业总经理助理。

整天和总经理打交道，林助理的策略是"多听，少说，多做"。她深切体会到，总经理助理的主要工作就是上传下达，按照总经理的指示行事。作为助理，学会主动倾听是一种关键能力，因为在绝大多数情况下，很多决策与规定都是总经理已经拍板了才会告诉助理。这个时候，作为助理只要听明白总经理的话，准确领会他的意图，然后去执行即可。比如，总经理交代重要事情时，林助理总是洗耳恭听，从来不会轻易地打断他，而是集中精力倾听，中间适当用"嗯""好的"之类的词语，伴随着适当的表情神态，来回应总经理的话。总经理在吩咐完后会问是否清楚了，此时如果确实有些话没有听明白，林助理会适时提出来，及时确认指令。正是因为善于主动倾听，尊重总经理，当好总经理的得力助手，林助理逐渐得到了总经理的信任和器重。

当然，金无足赤，人无完人，在总经理身边工作的林助理有时也难免会说错话、办错事。有一次，林助理在给总经理起草的讲话稿中把一个重要数据搞错了。其实是财务部门上报的材料本身有错，她未能核实纠正，导致总经理在与客户的商务沟通中非常尴尬。回来后，总经理把她叫到办公室，批评了几句，见她没有任何辩解，总经理就不批评了："你先回去吧，以后注意。"林助理诚恳地说了句"谢谢总经理指教"便悄然退出了。

在自己因犯错挨总经理骂时，林助理的经验是千万不要多说话，只要站在那里，表现出悔改的神态，尽管让总经理骂就是了。一般情况下，总经理在批评你几句后，见你没有辩解，会主动收住话的。林助理并未辩解是财务部上报的材料本身有错，她的观点是，出了差错不要把时间浪费在抱怨别人上，而是要低下头自我检讨为什么先前没有想好如何把工作做好。

与领导沟通，主动的态度十分重要。总经理助理的工作是以总经理工作为轴心进行上下、左右、前后同步运行的辅助性工作。辅助性决定了助理工作的被动性，怎样变被动为主动？林助理的经验有四个方面：一是争取同总经理一样了解和掌握全局性工作；二是争取同总经理一样了解和掌握每个时期的中心工作，能够分清工作的轻重缓急，主动排除干扰中心工作的事项；三是研究总经理工作的思路，分析总经理的意图，并加以理解、完善和落实；四是积累和储存相关工作资料，该记住的要记熟，该保存的要保存。有了这四个方面的基础，工作中才能与总经理有一致的认识、有共同的语言，商量工作时，补充和修正的意见才能提到点子上。日常工作中，要善于将总经理的决策内容、实施方案和一个时期的中心工作进行分解、立项，明确先做什么、后做什么和怎样做等，按计划列出一个明细运行图。

因为公司的规模日趋庞大，公司管理也产生了一些新问题。有时候总经理还主动征求林助理对一些问题的看法。林助理发现，总经理性格直爽，比较开明，是个善于沟通、乐意与下属沟通的领导。于是，她会注意场合，选择时机，讲究技巧，巧妙地建言献策，向总经理阐明自己对事情的看法，并提出建议。尤其是当总经理偶有疏忽、决策失误时，林助理会十分巧妙地给总经理补台，以高度的责任感鼎力相助。

一天上午，林助理接到总经理的电话，总经理让林助理去他办公室。进门一看，总经理像是刚跟谁吵过架似的，脸色非常难看。原来，他接到一封交往多年的代理商钱经理的来信，指责由于公司经常交货不及时而影响了其声誉，信中措辞激烈并威胁要断交。难怪总经理怒气冲冲，他已写好了一封回信，措辞同样激烈，关照林助理："马上给我快递出去！"

总经理回信的内容是这样的："钱经理，我没有想到会收到你如此无礼的来信！你大概忘记了你是靠我们公司才发展起来的！如此忘恩负义，断交也罢！"

林助理从总经理办公室退出来没有去寄快件，回到自己的办公室大脑飞快转动起来。

很显然，总经理今天有些情绪化，这么处理问题肯定不妥。这位钱经理上个月还来过，总经理请他吃饭，还是自己安排的。钱经理是山东人，性格挺豪爽的。他是公司产品在河南、山东等几个省的总代理，每年的合同金额都接近 1 亿元，是公司屈指可数的大客户。如果这封回信就这么寄走，那可是泼出去的水收不回了。现在市场竞争这么激烈，要再找一个像钱经理这样的代理商，容易吗？断交和断绝一切生意来往肯定不是总经理真实的想法。还是等他消了气后再去请。黄昏时分，下班之前，林助理主动到总经理办公室，问总经理要不要把给钱经理的信寄走。总经理此时已经心平气和，让林助理把信退还给他。当她转身离开的时候，总经理叫住她，微笑道："小林，谢谢你！"

💬 **案例讨论：**

1. 案例 1：企业白领 A、B、C 三人有何不同？从与上司有效沟通的角度分析，C 的做法对我们有何启示？

2. 案例 2：林助理得到总经理信任和器重的缘由是什么？详细分析并概括其成功的经验。

🖥 **知识链接**

一、与上司有效沟通十分重要

理顺与上司的关系，是职场人士需时时注意、处处谨慎的关键。与上司能否进行有效沟通，不仅影响上司对你的看法，而且影响你在公司的工作和前途。若能通过有效沟通与上司建立良好的关系，那么，对你在公司的发展乃至事业的成功都具有重要意义。案例 1 中企业白领 C 努力创造机会，想方设法与上司进行有效沟通，很快就让上司认识到并赏识他的才华，于是为自己争取到了更好的职位。因此，理顺与上司的关系并进行有效沟通是职场人必须熟记的生存守则。

二、与上司有效沟通的六个策略

（一）尊重上司，认真倾听，尽职尽力

人都希望被人尊敬。尊重他人和被人尊重同样重要。作为下属，我们理当充分尊重领导，在各方面维护领导的权威，支持领导的工作。案例 2 中林助理与总经理打交道的策略是"多听，少说，多做"，按照总经理的指令行事。倾听上司讲话，不仅要了解讲话的意思，还要能体会言外之意，能够把握要点。这样才能答复中肯，办事对路。与上司沟通交流时要凝神去听，带上笔记本把要点记下。上司讲完后，若有不清楚的地方应该及时提出并询问清楚。正是由于善于主动倾听，尊重领导，当好领导的得力助手，林助理逐渐得到了领导的信任和器重。

（二）了解上司，主动适应，灵活变通

📋 **小案例**

不同的领导，不同的沟通方式

一个替人割草的男孩出价 5 美元，请他的朋友为他打电话给一位老太太。

电话拨通后，男孩的朋友问道："您需不需要割草？"

老太太回答说："不需要了，我已经有了割草工。"

男孩的朋友又说："我会帮您拔掉花丛中的杂草。"

老太太回答："我的割草工已经做了。"

男孩的朋友再说："我会帮您把草与走道的四周割齐。"

老太太回答："我请的那个割草工也已经做了，他做得很好。谢谢你，我不需要新的割草工。"

男孩的朋友便挂了电话，接着不解地问割草的男孩："你不是就在老太太那儿割草吗？为什么还要打这个电话？"

割草的男孩说："我只是想知道老太太对我工作的评价。"

由于个人的性格、爱好、素质和经历不同，不同的上司会有不同的思维方式和工作习惯，对于下属的要求也不一样。有的上司只愿意把握大局，只注重结果，有的上司则事无巨细皆不放松；有的上司喜欢包办型秘书，希望秘书打理好自己的一切，有的上司有自己的主见，不需要秘书涉入太多。作为下属只能要求自己去适应领导，要学会从领导的言行举止中了解领导的性格，采用相应的沟通方式。本案例中，男孩借他人之口了解雇主对自己的评价，这是成熟的表现。

（三）理解上司，善解人意，提供服务

上司也是普通人，人人都有难念的经。聪明的下属应该理解上司，积极为上司提供支持和服务，为上司分担压力，排忧解难。在公司里，要想脱颖而出被领导重用和提拔，就应该善于从领导的角度发现问题并解决问题。如果你清楚地知道你的上司想要完成什么任务，你最好能帮上忙。能够采取前瞻性措施来帮助你的上司达到目标，上司就会视你为部门中有价值的成员。经常与领导打交道，应该具备灵气，有极强的悟性，还需要善于辩证思考、察言观色，准确理解领导的思路，为领导提供服务。

（四）主动沟通，积极请示，及时汇报

📋 **小案例**

出"选择题"

某秘书在和领导确定会议时间，产生了如下对话。

——领导，您看明天下午开个会怎么样？

——明天下午我没空，我有客户。

——那么后天上午呢？

——后天上午我要打个电话。

——那么后天上午十点半以后呢？

——好吧。十点半以后。

——谢谢，我明天下班前会再提醒您一下，后天上午十点半我们开个会。

与领导沟通，主动的态度十分重要。工作中积极请示、及时汇报，有利于自己展示才华，好的设想和建议可以被领导了解并采纳，可以争取更多晋升的机会。

（五）定位准确，防止越位，避免擅权

与领导相处，准确定位十分重要。找准位置，把本职工作做好，知道什么事情该做，什么事情不该做，积极主动而不擅权越位，把握好尺度，这是一种智慧，更是一种修养。对于超出自己工作范围的工作，即使能力足够，也不要插手，如此才能不越位、不越权，才能走出一条平稳的发展之路。作为下属，一定要有自知之明，切勿喧宾夺主，这样才能够与领导和谐相处，并得到领导的信任和赏识，在个人事业的发展道路上也会少一些不必要的阻碍。

（六）服从而不盲从，选择时机，适时补台

📋 **小案例**

要辩证地处理好与上级的关系

1995 年 6 月至 7 月间，某公司董事长指使总会计师、副厂长等人私分公款 355 万元。两位下级没有辩证地处理好与上级的关系，他们只是盲目地服从，无丝毫反对。结果，厂长主张私分公款，违法乱纪，他们也分多少就拿多少，一起违法乱纪，最终受到法律的制裁。

◆ **课堂互动**

作为下属应该如何处理较为恰当？下属理当服从领导，但是，服从并不等于不加分析地盲从。因为领导也难免会犯错，做出错误的决策，发出错误的指令。

面对领导不妥的指令，聪明智慧的下属应该深入分析实际情况，选择时机，拾遗补阙，适时补台。

技能实训

1. 实训任务

任务1：上网搜索资料，对各种风格的领导进行分类，自学适应不同风格和类型的领导的沟通技巧。

任务2：运用与上司有效沟通的策略，尝试着与班主任或任课老师就某个主题进行沟通，并就沟通的效果进行总结分析。

任务3：《深受器重的总经理助理》案例分析与操作。

（1）案例分析：以小组为团队，分析林助理得到总经理信任和器重的缘由。其成功的经验对我们有什么启示？每组制作一份本案例的分析报告；派1名代表登台演讲，时间不超过5分钟。

（2）案例操作：根据与上司沟通的策略与技巧，结合本案例内容，进行补充细化，分组情境模拟，演示林助理如何与上司有效沟通。

2. 实训提示

《深受器重的总经理助理》案例分析重点：

林助理得到总经理的信任和器重，与其沟通策略"多听，少说，多做"密切相关，尤其是善于主动倾听、专心倾听，听懂对方说话的真正意思，必要时做点记录和进行提问，这是与上司有效沟通的关键能力。主动虔诚地倾听，不仅能完整地听懂上司的意思，而且也是对上司的尊重，可以表现出你的涵养。作为总经理助理，涵养非常重要。

林助理的涵养还表现在：面对过失，反省自己并主动认错，用诚意赢得领导的理解。古人说，有过是一过，不肯认过又是一过。认则两过都无，不认则两过不免。下属做错了事，要有敢于认过的勇气和诚意。即使不完全是你的过，即使你完全无过，而是领导误会了你，让你代人受过，也要心平气和，本着有则改之、无则加勉的态度，正确对待。记住，当上司指出你的过失时，别急着为自己辩解，接受批评是关键，不但维护了上司的面子，也免除了因争论而引起的不愉快。

林助理的涵养还表现在，服从上司而不盲从，对上司交办的事情，尤其是上司情绪不佳时安排的事情，要慎重，要分析。一是从分析中加深理解上司的意图，二是从分析中发现问题，拾遗补阙，起进一步完善的作用。案例中，林助理没有按照总经理的指令马上去寄信，因为她清楚，为了公司的整体利益，总经理的断交信是不能寄出去的，关键在于与钱经理断绝一切生意往来肯定不是总经理真实的想法。总经理也有自己的喜怒哀乐，也有控制不住自己情绪的时候。当火气消下去之后，他肯定会反思给钱经理写信的事。通过反思，也许他会觉得自己过于情绪化。所以，聪明的林助理采取冷处理的办法，在下班前去问总经理，要不要把信寄走，这就给他创造了一个重新决策的机会。对于总经理助理来说，没有忠诚，不可能成为好助手，但仅有忠诚，也不是一个好助手；一个优秀的助理不仅要有贯彻执行上司指示的能力，也应该清楚哪些指示应无条件地执行，哪些指示不能马上执行。当上司偶有疏忽，或遇到困难时，应当以高度的责任感鼎力相助。

3.任务评价

任务 1、任务 2：学生自我评价任务的完成情况、所获体验等。

任务 3：各组评价＋教师评价。评价要点：对各组任务实施的目标、计划、过程和效果进行评判，肯定成绩，提出建议，指导学生进一步总结和提高。

4.评分参考

《深受器重的总经理助理》案例分析和情境模拟。

内容	分值	占比
案例分析报告书面文本	30 分	50%
案例分析登台演讲	20 分	
案例操作情境模拟演示	30 分	50%
情境模拟沟通脚本	20 分	

任务二 向上司请示汇报工作的技巧

案例导入

案例 1：小杨的困惑

小杨是一个典型的北方姑娘，在她身上可以明显地感受到北方人的热情和直率。她性格坦率，有什么说什么，总是愿意把自己的想法说出来和大家一起讨论。正是因为这个特点，她在上学期间很受老师和同学的欢迎。今年，小杨从某大学的人力资源管理专业毕业，她认为，经过四年的学习，自己不但掌握了扎实的人力资源管理专业知识，而且具备了较强的人际沟通技巧，因此她对自己未来的期望很高。为了实现自己的梦想，她毅然只身去广州求职。

经过近一个月的反复投递简历和应聘面试，在权衡了多种因素的情况下，小杨最终选定了一家研究生产食品添加剂的高科技公司。之所以选择这家公司是因为该公司规模适中、发展速度很快，最重要的是该公司的人力资源管理工作还处于初创阶段，小杨是新成立的人力资源部的第一位员工，因此她认为自己施展能力的空间很大。

但是到公司工作一个星期后，小杨就陷入了困境中。

原来该公司是一个典型的家族企业，企业中的关键职位基本上都由老板的亲属担任，其中充满了各种裙带关系。尤其是老板安排了他的大儿子王科兼任人力资源部经理，而王科主要负责公司产品研发工作，缺乏管理理念，更不用说人力资源管理理念。在他的眼里，只有技术最重要，公司只要能赚钱，其他一切都无所谓。但是，小杨认为越是这样，自己就越有发挥能力的空间，因此在到公司的第五天，小杨直接去找顶头上司人力资源部王科经理。

"王经理，我到公司已经快一个星期了，我有一些想法想和您谈谈，您有时间吗？"小杨走到经理办公桌前说。

王经理正在研究一份新产品实验报告，小杨的到来打断了他的思路，不过他还是客气地招呼小杨："请坐，什么事？"

见经理态度友好，小杨来劲了，滔滔不绝地大谈企业人力资源管理的重要性、人力资源管理的具体措施等，好像在给王经理上课。王经理忍不住打断她："简单点，有事说事。"

小杨继续说："对于一个企业尤其是处于上升阶段的企业来说，要持续发展，必须在管理上狠下功夫。我来公司已经快一个星期了，据我目前对公司的了解，我认为公司主要的问题在于工作人员职责界定不清，员工的自主权力太小致使员工觉得公司对他们缺乏信任，员工薪酬结构和水平的制定随意性较强，缺乏科学合理的基础，因此薪酬的公平性和激励性都较低。"

王经理皱了一下眉头说："你说的这些问题我们公司确实存在，但是你必须承认一个事实——我们公司是盈利的，这就说明我们公司目前实行的体制有它的合理性。"

"可是，眼前的发展并不等于将来也可以发展，许多家族企业都是败在管理上。"

"好了，那你有具体方案吗？"

"目前还没有，这些还只是我的一点想法而已，但是如果得到了您的支持，我想方案只是时间问题。"

"那你先回去做方案。"说完王经理的注意力又回到了研究报告上。

小杨此时真切地感受到了不被认可的失落，她似乎已经预测到了自己第一次汇报工作的结局。小杨陷入了困惑之中，她不知道自己是应该继续和上级沟通还是干脆放弃这份工作，另找一份工作。

案例 2：林助理向总经理汇报工作

总经理助理林女士今天要向总经理汇报工作。她整理好思路，在笔记本上拟好提纲：一共有两件事，涉及哪些单位哪些人。上午 9 点按约定时间，林助理带上资料，去总经理办公室。下面是林助理与总经理对话的主要内容。

林助理：总经理，有两件事要向您汇报，第一件是关于广州总部视察的信息。我们刚接到通知，本周总部视察工作因故延期，视察时间会另行通知。我们会关注此事，一有消息立刻向您报告。

总经理："知道了，继续。"

林助理："第二件事是朝阳公司总经理王明的信息。按您的指示，我们打听到他正在上海与旭日公司洽谈一个项目。明天上午回来。您看，与他接洽的时间定在哪天妥当？后天怎么样？接洽的有关资料已按您的吩咐准备好了，请审阅。"

总经理："很好。预约一下朝阳公司的王总，问他后天晚上有没有时间，我要宴请他。"

林助理："好的。哦，对了，后天晚上您好像答应过公司市场部李经理要参加他的生日宴。"

总经理："这样，你去告诉李经理，我不能赴宴了。马上去约王总。"

林助理："好的，我马上去办。"

总经理对林助理的工作非常满意。

💬 案例讨论：

1. 案例 1：小杨与王经理为何会沟通不畅？请分析小杨汇报工作失败的原因。

2. 案例 2：林助理向总经理汇报工作，为什么总经理对林助理的工作非常满意？请分析概括一下，林助理请示汇报工作具有哪些特点，成功缘由是什么。

🖥 知识链接

在职场上，作为下属，不要忽视请示与汇报的作用，因为它是你和领导进行沟通的主要渠道，直接关系到你与领导沟通的质量和效率。对于下属来讲，请示汇报工作也是展示自己能力和水平的机会，若能把每一次请示汇报工作都做得完美无缺，领导对你的信任和赏识就会逐渐加深，从而有利于工作的开展和推进。

一、请示汇报工作之前的准备要充分

下属在向上司请示汇报工作之前要做好充分的准备。请示汇报有临时请示汇报和预约请示汇报两种。无论是临时请示汇报还是预约请示汇报，都应该预先做好充分的准备。

一是要明确目标，有的放矢。弄清楚为什么汇报，汇报什么，使汇报目的明确。

二是要厘清思路，使汇报内容层次清晰，加深给领导留下的印象。请示前要想好请示的要点和措辞；汇报前，要拟好汇报的提纲，选好典型事例。

三是准备好相关资料。与请示汇报工作相关的资料应准备齐全，有文件材料的，要吃准、吃透文件精神，以便请示汇报时有的放矢。

四是多种形态，能简能详。准备好书面材料、附件等，辅助口头汇报；制定详略两套方案，视具体情况确定汇报的详略，体现一定的灵活性。

二、向上司请示汇报工作的程序和要点

（一）事先预约

根据领导的工作安排选择恰当的时间。一般来说，要先了解领导的活动安排，再通过秘书请求领导接见，或直接用电话向领导提出请求，获得允许方可去见领导。不要在领导忙得不可开交或全神贯注于处理某一事情时打断领导的工作和思路，也不要在领导出席会议或会晤宾客时去打搅领导。

（二）遵时守约

请示汇报要按照预约时间准时到达。如果过早到达，可能会打乱领导的安排，甚至会使领导因未准备就绪而难堪；如果迟迟不到，让领导久候则非常失礼。

（三）语言得体

请示汇报的语言应该准确、简明、通俗、流畅，吐词清晰，语调平稳，语速适中，让人听来明白而舒服，可给领导留下思路清楚、便于记忆的良好印象。

（四）仔细倾听

向领导请示汇报的过程中，领导会下达任务、发出指令。作为下属，务必仔细倾听、记录、复述、确认。准确理解领导的意图，明确完成任务的时间、地点、执行者、目的、做什么、怎么做等。

（五）适时离去

请示汇报结束后，告辞要适时而有礼貌。如果这时领导谈兴正浓，你应耐心倾听和回答。当领导说出"今天我们就谈到这儿吧"或"待会儿我还有其他安排"之类的话时，你即便谈兴再浓，也应立即打住话头，马上告辞。

三、向上司请示汇报工作的说话技巧

（一）清晰

口头请示汇报工作要求表达清晰、言简意赅、逻辑性强，使领导一听就能明白。可按照"5W1H"的原则提纲挈领地进行，即讲清楚何人（who）、何时（when）、何地（where）、何事（what）、何因（why）、怎么发生的（how）。

（二）顺序

口头请示汇报工作应该讲究顺序：

（1）先总后分，巧分层次。将汇报内容分类、分层，条理清楚，重点突出，以加深领导的印象。

（2）先讲重点，再讲次要；先谈结论，再补充论据。善于把第一手材料融入口头汇报中，巧用素材，使汇报的内容可信度高。

（三）准确

口头请示汇报工作要求语言准确，数据运用要具体精确，使人信服。不能含糊其词、表意不清，尽量避免"据说""也许""大概""估计"之类的词，因为这会给领导留下工作不够踏实的印象。

技能实训

1.实训任务

任务1：学会向上司请示汇报工作

上网查询更多如何向上司请示汇报工作的相关资料，全面掌握向上司请示汇报工作的沟通技巧，试着向自己的父母或班主任老师等"上司"请示汇报工作，实际体验并提升自己与上司有效沟通的能力。

任务2：《小杨的困惑》《林助理向总经理汇报工作》案例分析与操作

（1）案例分析：以小组为团队，分组研讨正反两个案例中沟通成败的缘由。运用所学的向上司请示汇报工作的相关知识进行分析，概括成功的经验和失败的缘由。每组制作一份案例分析报告；派1名代表登台演讲，时间不超过5分钟。

（2）案例操作：从与上司有效沟通的角度，分组进行情境模拟演示，并制作书面沟通脚本。

2. 实训提示

《小杨的困惑》《林助理向总经理汇报工作》案例分析重点：

正反两个案例的结果充分说明向上司请示汇报工作需要精心准备、运用沟通技巧。一次好的请示汇报，能让上司满意、赞赏；相反，则会令上司否定你的工作，怀疑你的能力。

请示汇报工作之前要做足准备。汇报前要把汇报的内容梳理清楚，该准备的资料要准备好。案例 2 中，林助理向总经理口头汇报工作，事先的准备工作充分，梳理思路，归纳内容，条理清晰，并且整理好相关资料。因为在汇报过程中，上司可能会问你一些问题。如果你说不清楚，可能会给上司留下不良印象。

汇报工作要选择好时机。在了解到上司忙于其他事务或心情不好时，不要去打扰他，否则可能会带来额外的麻烦，效果不佳。

请示汇报工作时要主题明确，内容清楚，重点突出，语言简明，措辞得体，角度适当。案例 2 中，林助理向总经理请示汇报工作时层次清晰，汇报信息客观、真实、完整，所用语言朴实准确，应答积极主动。即便是提建议，也十分委婉，非常得体。而案例 1 中的小杨则一个劲儿地提意见，泛泛而谈，没有例据佐证，难以令人信服。

3. 任务评价

任务 1：学生自我评价任务的完成情况、所获体验等。

任务 2：各组评价 + 教师评价。评价要点：对各组任务实施的目标、计划、过程和效果进行评判，肯定成绩，提出建议，指导学生进一步总结和提高。

4. 评分参考

《小杨的困惑》《林助理向总经理汇报工作》案例分析和情境模拟。

内容	分值	占比
案例分析报告书面文本	30 分	50%
案例分析登台演讲	20 分	
案例操作情境模拟演示	30 分	50%
情境模拟沟通脚本	20 分	

任务三　有效说服上司的技巧

案例导入

案例1：销售部经理争取丽江考察名额不成功

年末绩效考核，销售部因超额完成任务，公司决定给销售部10个云南丽江考察名额。然而，销售部有12人，大家都想去丽江，怎么办？销售部张经理来找总经理要求增加2个名额。张经理这样对总经理说："李总，我们部门12个人都想去丽江，10个名额不够呀，剩余的2个人会有意见，这不是打击人家的积极性嘛，好事变坏事啦！"总经理一听就不高兴了："筛选一下不就完了吗？销售部员工又不是个个都好，不是有两个干活儿不太积极的吗？公司能拿出10个名额给你们已经花费不少了，怎么不为公司考虑呀？你们呀，就是得寸进尺，不让你们去丽江就好了，谁也没意见！"一席话说得张经理灰头土脸，怏怏不乐。

案例2：审时度势，巧妙地给领导提建议

公司会议室里，按照惯例正在召开部门月度工作布置会议。经理下达了这个月要实现业绩增长30%的指令。可是身处市场一线的小组主管刘辉认为目标定得太高了，根本不可能实现。刘辉心里盘算着：小冯经验还浅，小赵又马上要离职了，如果真的提高业绩指标任务，自己肯定完不成。今天是1号，再过两天就要具体分配业绩指标了，刘辉觉得必须给经理提点建议，要不然等到指标公布后再想修改就困难了。不过，刘辉并没有在会上当着众人的面提出来，而是在会后写了一份"关于增派业务员的申请"。写好后，刘辉来到经理办公室，敲门进去发现有人在和经理谈话，便说了声"我在外面等"就退了出来。不一会儿，里面的人出来了，刘辉便进了办公室，关上门坐到了椅子上说："经理，我这里有一份申请，麻烦您审阅一下。"说着，便将写好的申请递了上去。

经理拿了过去，看了一眼标题便明白是刘辉想要增派人手的申请。申请开篇，是目前刘辉所负责业务组的情况分析。几个表格，很清晰地反映出了目前该业务组人手不齐的实际情况，同时几个业绩报表也反映出了近几个月的业绩增长情况。看过申请后，经理在批示处写道："再议，请负责人尽力挽留小赵，并请人力资源部门着手进行相关人员的招聘和筛选准备工作。"刘辉表示感谢后便回自己的办公室了。刘辉走后，经理拿出已经做好的业绩分配表。想了想刚才刘辉的申请，觉得这个月给刘辉业务组规定的"业绩增长30%"的目标似乎很难实现，于是在斟酌后减少了一些。

3号那天，经理在部门月度工作布置会上宣布："刘辉的业务组这个月的业绩增长目标是10%。"停顿了一下，经理接着说："其他组比刘辉组的目标要高一些，是因为刘辉他们组里的小赵18号就要离职了，而小冯现在还需要学习和锻炼，所以这个月就酌情少给一些任务。不过人力资源部门已经开始招聘新人了，等人手配齐后，就不会有这种情况了。"

刘辉笑着说："是。"

💬 **案例讨论：**

1. 案例1：销售部张经理争取丽江考察名额不成功的原因是什么？如何改善？
2. 案例2：刘辉运用了什么沟通技巧达到降低本组任务指标的目的？

🖳 **知识链接**

在工作中，作为下属常有向上司建言献策的时候。如何让领导理解自己的主张、同意自己的看法并且采纳自己的意见或建议呢？

一、有效说服上司的五个要点

（一）选择恰当的沟通时机，注意场合，建言献策

📖 **小案例**

林助理建言成功

林助理见总经理笑眯眯的，此时此刻心情不错，于是抓住机会与总经理单独沟通，针对近期销售人员接二连三辞职一事提出两条建议。她说："一是建议公司对销售人员的流失原因及流失方向进行深入的调查。据原来和我同宿舍的小姚透露，她是被我们的同行有意挖走的，她在现在的公司已经升为主管了。所以我个人觉得，销售人员的流失原因可能不是待遇低这么简单。二是建议我们公司在人员聘用合同上增加保密条款，这样可以在一定程度上限制销售人员随意离职。我有一位同学，他们公司就是这么做的。当然，这只是我个人片面的所闻所想，请李总参考。"李总听了，觉得林助理提供的信息和建议很好，就采纳了这些建议，立即请人力资源部进一步落实。

领导的心情如何，在很大程度上影响到沟通的成败。当领导的工作比较顺利、心情比较舒畅的时候，便是与领导进行沟通的好时机。还有，向上司提建议要特别注意场合。领导都很重视自己的威信，因此在提出不同意见时，一般要避免在公众场合向领导提意见，话也不能说得太绝对，要留有余地。林助理抓住领导心情愉悦的谈话时机建言献策，并且她的两个建议建立在事实的基础之上，完全从公司利益出发，因此得到总经

理的认可并采纳。

（二）站在对方的立场来考量，引起对方的需要

要说服领导，须站在领导的立场上，引起领导的需要，把话说到领导的心坎上。如果你说的话与领导的心理相吻合，领导就乐于接受。某企业车间女工小王创造了该厂接线头操作的最高纪录，引起了厂长的极大兴趣。此刻，生产科长根据厂长的潜在心理随即建议说："厂长，我们是否召开一个技能操作现场会，让小王现身说法介绍操作经验，这样，就能以点带面，大幅度提高生产效益。"厂长当即采纳建议并对生产科长的想法大加赞赏。

（三）准备充足的材料与数据，具有说服力

📋 **小案例**

A 主管和 B 主管

A 主管："关于在通州地区设立灌装分厂的方案，我们已经详细论证了它的可行性，大概 3～5 年就可以收回成本，然后就可以盈利了。请董事长一定要考虑我们的方案。"

B 主管："关于在通州地区设立灌装分厂的方案，我们已经会同财务、销售、后勤部门详细论证了它的可行性。财务评价报告显示，该方案在投资后的第 28 个月财务净现金流由负值转为正值，这预示着该项投资将从第三年开始盈利，经测算，该方案的投资回收期是 4～6 年。社会经济评价报告显示，该方案还可以拉动与我们相关的下游产业的发展。这有可能为我们将来的企业前向、后向一体化方案提供有益的借鉴。与该方案有关的可行性分析报告我已经带来了，请董事长审阅。"

上述两位主管的报告，显然 B 主管的报告更具说服力，所以领导采纳了 B 主管的方案。

在工作中要提出自己的计划和意见时，事先要尽量收集支持自己计划和意见的资料，用各种数据、事实逐项证明，才具有说服力。

（四）设想领导质疑，准备答案，胸有成竹

在说服领导的过程中，领导可能会提出质疑。因此，应事先设想领导会提什么问题，自己该如何回答，做到胸有成竹。如果事先毫无准备，回答领导的疑问吞吞吐吐，自然很难说服领导。

（五）提出切实可行的解决方案

📋 小案例

B 组的解决方案为什么优于 A 组

在某电视剧中讲到：在苏州郊区有块依山傍水的好地方，有家小公司拿下了地好几年但一直没开发，原因在于当地有个住户迟迟不肯搬走，给后续工作带来了很大困难。在公司领导决定支付更多赔偿款解决问题时，两组谈判专家提出了沟通方案的改进意见。

A 组提出建议：这位住户不搬走的原因是不放心收养的小猫，所以应当给住户准备一套带天井花园的商品房，花园方便小猫活动。

B 组也考虑到了小猫，但是解决方案中提出应选择乡下的一处民宅。因为，收养流浪猫的爱猫人士们住在小区，会给小区的环境带来影响，并且会影响左邻右舍，选择乡下的独立民宅地方大、不扰民。

公司领导最终采纳了 B 组的建议进行沟通，并在后期的工作中解决了多年的问题。

B 组能成功说服领导是源于沟通前做足了准备，并提出了切实可行的解决办法。向领导提意见不是目的，目的是解决问题。针对存在的问题提出具体的切实可行的解决方案，并帮助领导选择解决问题的办法，这样有利于说服领导。

二、有效说服上司的语言技巧

（一）语言简明，重点突出

与领导沟通时要努力提高信息质量，事先要将信息加工、提炼，做到言简意赅，重点突出，不说正确的废话。

（二）运用类比手法

在说服领导的过程中，运用类比修辞通常比较有效，用生动而形象的类比来打动领导，促使其做出正确的决策。

（三）面带微笑，温和友善

与人交谈时，肢体语言也很重要。努力说服领导的过程中，要保持微笑，用温和友善的微笑去感染领导，征服领导。

（四）尊重权威，委婉交谈

领导的权威不容挑战，无论你的可行性分析和项目计划有多么完美无缺，你也不能强迫领导接受，言谈中不可咄咄逼人，而应该语气委婉，充分尊重领导的权威。

💬 技能实训

1. 实训任务

任务1：《销售部经理争取丽江考察名额不成功》案例分析与操作

（1）案例分析：以小组为团队，分组研讨本案例中沟通失败的缘由。运用所学的关于有效说服上司的知识进行分析：为什么销售部经理争取丽江考察的2个名额不成功呢？每组制作一份本案例的分析报告；派1名代表登台演讲，时间不超过5分钟。

（2）案例操作：从有效说服上司、成功说服上司增加2个丽江考察名额的角度，分组进行情境设计、模拟演示，并制作书面沟通脚本。

任务2：《审时度势，巧妙地给领导提建议》案例分析与操作

（1）案例分析：以小组为团队，分组研讨本案例中有效说服上司的缘由。每组制作一份本案例的分析报告；派1名代表登台演讲，时间不超过5分钟。

（2）案例操作：分组进行情境模拟演示，可根据案例内容进行补充细化，制作书面沟通脚本。

2. 实训提示

在职场上，为了把工作做得更好，下属向领导建言献策是非常必要的。不过，说服过程中的沟通是大有讲究的，建议之所以最终能被领导采纳，不仅是因为建议的内容好，还需要有良好的态度、表达建议的沟通技能。

与领导沟通并试图说服领导时，态度很重要。提建议时应该设身处地地站在领导的立场上考虑问题，力求"态度诚恳，言语适度"，语气平和地表达出你的意思。倘若不讲究沟通态度和方式，不但建议不被采纳，还有可能引火烧身。案例1中，销售部张经理找总经理争取2个名额不成功，主要是因为态度不好，以部门利益为中心，只顾表达自己的愿望，再加上出言不逊，因此惹恼了总经理，不但争取2个名额不成功，还被总经理训斥一番，弄得灰头土脸。

案例2中，如果刘辉在会上听到经理说这个月要实现业绩增长30%的指令后，当场指出我们组有困难、不可能实现，很可能会被经理回绝，从而实现不了自己希望降低任务指标的目的。聪明的刘辉没有在会上当着众人的面实话实说，而是审时度势，采取迂回战术，会后向经理递上了一份"关于增派业务员的申请"，换个角度向经理求助，巧妙地引导经理自己去发现问题，促使经理自己做出降低刘辉小组任务指标的决定。

3. 任务评价

各组评价＋教师评价。评价要点：对各组任务实施的目标、计划、过程和效果进行评判，肯定成绩，提出建议，指导学生进一步总结与提高。

4.评分参考

《销售部经理争取丽江考察名额不成功》《审时度势，巧妙地给领导提建议》案例分析和情境模拟。

内容	分值	占比
案例分析报告书面文本	30 分	50%
案例分析登台演讲	20 分	
案例操作情境模拟演示	30 分	50%
情境模拟沟通脚本	20 分	

任务四　与上司有效沟通综合实训

实训案例

助理 A、B、C、D 与上司沟通不畅

A 是一家民营企业的行政部经理助理，B 是该公司公关部经理助理，C 是销售部经理助理，D 是刚提拔的销售主任。

场景一

下午，行政助理 A 正在办公室看报纸，张经理从外面回来，神色难看。因为与外商谈判进行得不顺利，所以他心情很不爽。他怒气冲冲地回到办公室，见到办公室里有点杂乱，心情更加烦躁，不分青红皂白就大骂起来。此刻，A 正在不紧不慢地看报纸，以为张经理是冲着自己来的，加上平时就觉着张经理好像对自己有意见，心想：自己的工作做完了，看会儿报纸还挨臭骂。于是就与张经理争吵起来。另一位同事连忙过来，向张经理打招呼并好言劝慰，张经理此时也有些醒悟过来，直言自己心情不好，而心里却对 A 十分恼火，感到这个行政助理实在不懂事儿。

场景二

公司要召开部门经理会议，张经理让行政助理 A 拟好会议通知与日程安排，然后下发到每位参会者手中。A 很快做完了这件事，并把电子文本发到了张经理的电子邮箱里。临近开会前两天，张经理很不满意地问她为什么还没有看到她的会议通知与日程安排，A 说

三天前就传到他的邮箱了。张经理说那几天他正好和客户谈合同，很忙，所以也没看电子邮件，于是提醒 A 以后要注意，重要的事情应该再打个电话确认一下。后来，A 在给他的一份报告里又犯了两次错误，就这样她给张经理留下了粗心的印象。

场景三

B 是公司公关部经理新聘的助理，既长得高挑漂亮，又有才气。公关部经理确实会用人，有眼光，单单招了 B 一个助理，部门里的人不但轻松多了，而且办了许多有声有色的活动。每个活动从设计、布置、发新闻到举办开幕酒会，全由 B 一把抓。有一次，公司举办一项重要活动，请来媒体记者召开新闻发布会。活动尚未开始，一群记者围着助理 B 问这问那，B 站在记者中间有说有笑。等到公关部经理赶过来招呼记者时，记者们说资料已经足够，可以立刻回去发新闻了。一群记者纷纷离开，公关部经理十分尴尬。

场景四

销售部经理助理 C 工作很勤奋，办事能力也较强。一次，销售部经理交给 C 一个难度很大的任务，并跟她事先声明"这件事难度大，你敢不敢承担，敢不敢接受挑战"。尽管 C 明白自己的实力，但她觉得经理主动找她征求意见，说明领导器重自己，所以她一咬牙就接受了。结果，由于领导给的期限较短，C 助理没能按时完成任务，不仅遭到了批评，还受到经济处罚。C 助理感觉非常委屈，也很气愤，认为既然任务这么艰巨，做不完本是预料中的事。自己当时那么努力，没做完也不该算是工作失误。"老板真是过分，这么短的时间里，让我干那么难的活儿，没做完还罚我。"事后，C 忍不住跟身边同事这么抱怨。不久后，老板把她叫到办公室训斥了一通。一气之下，C 助理递上辞职报告一走了之。

微课：与上司有效沟通
模拟案例

场景五

D 是公司销售人员，在进入公司工作 1 年后，因业务出色被提拔为销售主任，其工作内容由直接对接客户转为负责维护本地销售市场并培养新人。原本，D 只要销售业绩良好就可以拿到让人羡慕的提成，被提拔后，根据公司的薪酬制度，他由销售岗转为行政岗，收入大大缩水。于是，他想到了加薪，可是公司规定，只有工作满 3 年才能加薪。D 过于乐观，他认为，凭自己对公司的贡献应该能破例。于是，D 在一次分部门述职后，没想太多，就直接走进领导办公室提出了加薪要求，领导答应考虑一下。10 多天后，总部来了一纸调令，委派 D 到总部学习，并安排其他人接替 D 目前的工作，D 觉得非常委屈。

👥 实训任务

任务 1：案例分析。 分组研讨本案例的 5 个场景，综合运用与上司有效沟通的理论知识详细分析案例中 3 位助理与上司沟通失败的缘由以及其失败的教训给我们的启示。以小组为团队，每组制作一份本案例的分析报告；派代表登台演讲，时间不超过 5 分钟。

　　任务 2：案例操作。从有效沟通的角度，结合本案例的内容，进行改编细化，分组情境模拟，演示助理应该如何与上司巧妙沟通。

💡 实训提示

　　作为行政助理，一般不能当面顶撞上司。场景一中行政助理 A 的表现非常不专业。在上司发火时，下属要控制住自己，不要意气用事。因为上司做惯了上司，习惯了成功。有些事情一旦没有达到预期效果，他就会感到不顺心，就会发火骂人。在不了解情况时，作为下属千万不要冲动，因为上司发火有时是没有什么依据的。此时应该弄清原因对症下药，这样不仅能够化解上司的怒气，还会让他对你的冷静留下深刻的印象。

　　与上司沟通，主动的态度十分重要。作为下属，做事情应该积极主动，与上司保持默契。场景二中行政助理 A 的问题就是沟通不主动，细节不讲究：她自以为是，认定自己所发出的邮件或传真一定会被对方及时收到；她给上司审阅的书面报告等文本不加以仔细核对便上交给上司。这是 A 的教训。

　　作为下属，角色定位要准确。工作主动而不越位、不脱轨，谨慎对待上司的信赖。把握好适度的原则，知道什么事情该做，什么事情不该做，是一种智慧，更是一种气度。这样，才能够与别人和谐相处，并得到上司的信任和赏识，在个人事业的发展上，也会少一些不必要的阻碍。

　　作为职场人士，在职场中要管好自己的嘴巴，不然就很容易"祸从口出"。说话不经大脑，是直率的表现，但是在职场，也是不成熟的表现。别奢望你私下说的话上司就听不到。要想清楚该说什么，不该说什么；不该说的绝对不能说，可说可不说的也尽量不说。

📋 任务评价

　　各组评价 ＋ 教师评价。评价要点：对各组任务实施的目标、计划、过程和效果进行评判，肯定成绩，提出建议，指导学生进一步总结与提高。

📅 评分参考

　　《助理 A、B、C、D 与上司沟通不畅》案例分析和情境模拟。

内容	分值	占比
案例分析报告书面文本	30分	50%
案例分析登台演讲	20分	
案例操作情境模拟演示	30分	50%
情境模拟沟通脚本	20分	

项目四　与下属高效沟通

沟通名言

管理者的最基本功能是发展与维系一个畅通的沟通管道。

——切斯特·巴纳德

有效的沟通取决于沟通者对话题的充分掌握，而非措辞的甜美。

——安迪·葛洛夫

专心听别人讲话，是我们所能给予别人的最大赞美。

——戴尔·卡耐基

用正视来表达尊重，用微笑来表达友善，用点头来表示肯定。

——佚名

学习导航

与下属高效沟通是现代职场管理者综合能力的重要组成部分。本项目紧密结合基层管理人员职业沟通能力的岗位要求，指导学生秉承怀抱梦想又脚踏实地，敢想敢为又善作善成的思想，通过与下属高效沟通的技巧训练，理论联系实际，学习并掌握实用的管理沟通技巧，提高工作效率，并明确未来职业生涯中肩负的责任与担当。

◆ **知识能力目标**

1. 理解与下属高效沟通的内涵，领悟与下属高效沟通之道；
2. 识别与下属沟通的障碍，学习克服障碍的技巧；
3. 学会如何向下属有效下达指令，指挥下属按照指令行事；
4. 理解和领悟批评下属的技巧，学会艺术地批评下属。

◆ **素质素养目标**

1. 理解和领悟与下属高效沟通的重要性，学会尊重与理解下属；
2. 能够自觉参加小组项目研讨与操作，具有团队合作精神；
3. 具有灵活机智的沟通情商和应变能力；

4.理解与下属沟通的障碍，通过人文关怀，友善待人，有效管理下属，不断提高工作效率。

 任务一 领悟与下属高效沟通之道

案例导入

方经理的苦恼

方远山刚刚从名校管理学博士毕业，出任某大型企业的制造部门经理。方经理一上任，就对制造部门进行改革。方经理发现生产现场的数据很难及时反馈上来，于是决定从生产报表上开始改革。借鉴跨国公司的生产报表，方经理设计了一份更加具体而细化并且非常完美的生产报表，从报表中可以看出生产中的任何一个细节。

每天早上，所有的生产数据都会及时地放在方经理的办公桌上。方经理很高兴，认为他拿到了生产的第一手数据。然而没过几天，就出现了一次大的产品质量事故，但报表上根本没有反映出来，方经理这才知道，报表的数据都是随意填写上去的。

为了这件事情，方经理多次开会强调认真填写报表的重要性。但每次开会，在开始几天可以起到一定的效果，但过不了几天又返回了原来的状态。方经理怎么也想不通。

案例讨论：

1.方经理制定了更加具体而细化的生产报表后，为什么还会发生产品质量事故？

2.方经理应该怎么做才能让下属提供有准确数据的报表？与下属进行沟通应该注意哪些问题？

知识链接

一、与下属沟通的作用

（1）能够传递有效信息，保持信息上传下达。

（2）能够准确地了解下属的优点与长处，从而有针对性地部署工作。

（3）能够及时了解下属的心理状态和工作压力，从而有针对性地进行指导和缓解。

（4）能够提高下属的忠诚度，帮助增加部门的凝聚力。

二、管理者与下属在沟通中常见的障碍

（1）认为下属应该做好。

（2）频繁沟通，效率低。

（3）习惯于单向沟通。

（4）将沟通多少与关系远近相联系。

三、与下属高效沟通之道

（1）以身作则，具有宽广的心胸；从下属的角度来思考问题；敢于承担责任。

（2）了解下属，主动沟通。

（3）关心下属，善于倾听和询问，伸出援助之手，帮助下属解决困难。

（4）激励下属，学会为下属喝彩，及时给予认可和赞赏。

📖 小案例

帮助新员工走出迷茫

某部门A员工为公司新员工，通过试用期后被安排在一个自己并不喜欢的部门。由于在从事的工作中效率得不到提升，无法在工作中找到乐趣，导致A员工工作状态不佳。通过半个月的工作，A员工在思想上产生了动荡，认为公司没有按照自己的特长安排合适的工作，自身也无法在现有的工作中有较好的表现，处于迷茫之中，找寻不到目标，也不清楚自己该怎么摆脱恶性循环。部门领导感受到A员工的不佳状态后，主动找其谈话沟通，为A员工消除困惑，帮助其在工作中找寻目标，使其适应现有的工作环境。A员工在与领导沟通结束后，逐渐适应了工作环境，思想上不再迷茫，也慢慢地在工作中发掘出兴趣，从而提高了工作效率。

本案例中，部门领导就员工的思想动态主动与下属进行沟通，及时端正员工的思想，提高员工的工作积极性。由此可见，上级主动与下级沟通也至关重要。在员工思想动荡、对工作迷惘的关键时期，领导应给予员工指导和分析，不仅在工作上给予指导，还要在生活上给予关怀。"同事重于亲朋"体现的正是同事之间互相关心、互相帮助的品质，作为部门领导，无论在工作上还是生活上，都要主动与下属沟通。

◆ 课堂互动

背景：H部门是S公司里的职能部门，共有8名员工。小王是其中的一名。目前是夏季，S公司进入销售旺季，工作量激增。C部门是S公司的前线部门，受业务量影响，近期紧缺人手，但招聘一个新员工需要一段时间，所谓远水救不了近火，C部门的部门负责人于是向H部门的A经理提出了从他的部门借调一名人员的建议，最终两个部门负责人决定让小王去C部门增援一段时间。

任务：

目前，摆在 H 部门 A 经理面前的任务是，让小王去 C 部门增援已经成为既定的事情，但应如何与小王进行有效的沟通，一方面让他觉得公司是出于尊重他的角度在征求他的意见，另一方面也让他能够以较好的心态去接受这个增援任务？

提问：

如果你是 A 经理，你将会如何开展这次沟通？

四、应对难以相处行为的沟通方法

人与人之间是不一样的。人有各种类型，下属中难免存在难以相处的人。作为上司，应该运用沟通技巧有效地应对并正确引导下属进行高效沟通（见表 4-1）。

表 4-1　难以相处行为之应对方法

类　型	表　现	应对方法
盲目攻击型	总是把矛头指向别人，很多时候都是为了挑刺而挑刺	引导他们关注自身行为，要求他们提出关于自己如何为项目做出积极贡献的见解
喋喋不休型	不停地说话，其言论充斥着整个团队，垄断了所有的团队	寻找机会，在说话者换气停顿或者出现片刻犹豫时，打断他们的讲话，把话题转向积极有利的一面
悲观失望型	言谈举止中充满怀疑和悲观情绪，认为无论如何都行不通	直面问题，要求他们明确指出哪些地方他们认为不行，原因何在；询问他们如何改进创意，使之可行
满腹牢骚型	把每次讨论都当成发泄自己不满的机会。他们的做法会完全破坏团队其他成员的热情	只允许他们表达一次自己的消极看法，之后或者引导大家不再思考这一问题，转而继续进行下一主题，或者以积极的方式把它摆平
狂妄自大型	过高地估计自己的能力，对同事甚至上司的意见不屑一顾。自说自话，经常违抗指令，顶撞上司	在经验、决策等各方面高于对方，使他无法用自己的言论影响更多的人，同时尝试获得他的钦佩

👥 **技能实训**

1. 实训任务

《方经理的苦恼》案例分析与操作：

（1）案例分析：以小组为单位，分析讨论本案例中沟通失败的原因。运用所学的与下属有效沟通的知识进行分析：为什么有了更加具体而细化的报表制度后，反而会发生产品事故？应该怎么做才能使下属提供真实报表？每组制作一份本案例的分析报告，派 1 名代表登台演讲，时间不超过 3 分钟。

（2）案例操作：从与下属进行有效沟通的角度，分组进行情境模拟演示，并制作书面沟通脚本。

2. 实训提示

《方经理的苦恼》案例分析重点：

（1）方经理的苦恼是很多企业中经理人的普遍烦恼。因为他没有站在员工的角度看问题，所以制造部门的员工很难理解方经理的目的，而且数据分析具体操作起来有难度，仅仅简单地开会和布置任务，效果是不明显的。

（2）应与下属进行双向沟通，让下属理解生产报表直接关系到产品收益。

（3）应采取激励政策，比如将生产报表与业绩奖金挂钩，并及时落实检查，制定切实可行的方案，合作共赢，提升产品质量。

3. 任务评价

各组评价＋教师评价。评价要点：对各组任务实施的目标、计划、过程和效果进行评判，肯定成绩，提出建议，指导学生进一步提高。

4. 评分参考

《方经理的苦恼》案例分析和情境模拟。

内容	分值	占比
案例分析报告书面文本	30 分	50%
案例分析登台演讲	20 分	
案例操作情境模拟演示	30 分	50%
情境模拟沟通脚本	20 分	

任务二　向下属有效下达指令

📞 案例导入

如此下达指令

下达指令是管理人员对下属进行管理的最普遍、最常用的方式，但这不是仅仅说几句话那么简单。很多领导者都会有这样一个疑问：我给下属布置了任务，但到头来他的执行结果为什么会与我的指令大相径庭，甚至会颠覆我的本意呢？就这个问题，不妨回到事件的源头来解释：你可能根本没有把任务布置清楚。下属表现欠佳，问题出在沟通上。

在经典职场剧《杜拉拉升职记》中，杜拉拉的上级领导安排她完成两件工作：第一，撰写年度优秀员工评选文案；第二，为评选出的年度优秀员工准备礼物。

杜拉拉听后回答："没问题！"然后很顺利地写出了文案，并策划采用钢笔、笔记本之类的文具系列作为获奖礼物，之后把文案报告和礼品策划方案拿给领导审查。出乎杜拉拉意料的是，上级领导对她的方案非常不满意，说道："这个评选文案很像感谢信，没有体现公司的企业文化，并且作为全球五百强企业，全体员工对于优秀员工评选具有很高的期望，这样的礼品和要求有太大差距……"杜拉拉听后，只能不停地说："对不起！是我没有问清楚。"

💬 **案例讨论：**

1.有多少下属没能准确地领会领导布置任务的意图，最后事倍功半？而除了指责下属、想办法补救外，又有多少领导思考过下属为什么会这么不靠谱，难道真的只是下属的问题吗？试分析上述案例中杜拉拉的上级领导下达指令的方式有何不妥。

2.善于培养下属的领导常常简洁、准确地给下属明确的指示和命令，并善于指导下属如何正确接受领导的命令，让他们在发挥自己的才干中逐渐成长。那么，有哪些因素会影响指令的准确性呢？如何准确下达指令呢？面对这种情况，上级领导应该如何向下属有效地下达指令？

🖥 **知识链接**

一、向下属有效下达指令的意义

英国著名政治家本杰明·迪斯雷利在总结思想控制行为时曾说："人是被话语统治着的。"这个结论从领导者的层次可以这样理解：话语可以输出你的思想和感情，可以指挥下属按照你的意志行事，也可以下达命令去指挥下属达成你的目的。

二、向下属有效下达指令的方法

（一）正确下达指令

身为上司，下达任务、发号施令时，一定要清晰明确，要照顾到员工的理解能力和接受能力。不要经常变更指令；不要下达一些自己都不知道缘由的指令；不要下达一些过于抽象的指令，让下属无法掌握指令的目标；不要为了证明自己的权威而下指令。

在向下属传达指令时，要注意用"5W1H"法去分解、明晰指令，将指令变成容易接收和理解的信息，这样去安排工作，下属接收起来快，且不会茫然无措，从而降低沟通受阻的发生概率，避免给工作带来损失。比如，某领导要分配一项任务给下级："张小姐，请你将那个调查报告复印两份，在下班之前送到总经理办公室交给总经理，请留意复印的质量，总经理要带给客户参考！"可以看出，这个任务下达得非常清晰明确，包含了很多关键点：复印两份、时间节点是下班之前、需要注意复印的质量、总经理要带给客户参考。这样正确地下达指令，会让下属完全理解并很好地完成任务。

（二）布置任务后要及时确认

好的开始是成功的一半。上司给下属安排任务时，在他们走出房间之前，应让其重复一遍自己所布置的任务。结果往往很令人吃惊，因为下属的回答和你刚才说的不一样。因此，布置任务后及时确认是很有必要的。

及时确认还有一个好处，就是可以从下属的复述中看出下属对这项任务的初步理解。事实上，在你的叙述和下属的复述当中，就已经有了一个理解的环节。一旦发现下属的理解有偏差，也好及时纠正。

上司在布置任务时，千万不要风风火火说完就走，最好能让下属写出来，分解成具体的目标和步骤并记到备忘录中。

（三）如何使下属积极接收指令

（1）态度和善，用词礼貌。如果你谦恭有礼，别人自然会喜欢你而与你亲近。上级与下级的沟通也要注意礼貌用语，一位受人尊敬的上司，首先应该是一位懂得尊重别人的上司。例如："小张，请你进来一下"，"小李，麻烦你把文件送去复印一下"。这样的礼貌用语会让下属觉得自己受到尊重。

（2）让下属明白这件工作的重要性。下达命令之后，上司应告诉下属这件工作的重要性，例如："小王，这次项目投标是否能成功，将决定我们公司今年在总公司的业绩排名，对公司来说至关重要。希望你能竭尽全力争取成功。"通过告诉下属这份工作的重要性，以激发下属的成就感，让他觉得"我的领导很信任我，把这样重要的工作交给了我，我一定要努力才能不负众望"。

（3）给下属一定的自主权。一旦决定让下属负责某一项工作，上司就应该尽可能地给他自主权，让他可以根据工作的性质和要求，更好地发挥个人的创造力。例如："这次展示会交由你负责，关于展示主题、地点、时间、预算等请你做出一个详细的策划，下个星期你选一天，我们要听取你的计划。"

（4）共同探讨状况、提出对策。即使指令已经下达且进行了相应的授权，下属也已经明白了工作重点所在，上司也不可就此不再过问事情的进展，尤其当下属遇到问题和困难，希望上司协助解决时，更不可以说"不是已经交给你去办了吗"这类话。作为上司，应该意识到，他之所以是你的下属，就是因为他的阅历、经验可能还不如你，那么这时候你应该和下属一起共同分析问题、探讨状况，尽快提出一个解决方案。例如：

"我们都了解目前的状况是这样的，那么接下来我们来讨论一下该怎么做。"

（5）让下属提出疑问。上司可询问下属有什么问题及意见，例如："小王，关于这个投标方案，你还有什么意见和建议吗？"上司可采纳下属提出的有可取之处的意见，并称赞他。例如："关于这点，你的建议很好，就照你的建议去做。"

（四）下达指令后的检查和考核

（1）下达的指令由谁检查，检查人员对检查结果负有什么样的责任，这些都会影响指令的准确性。例如：如果检查人员在检查中玩忽职守，就会导致下属在执行指令时随意修改指令。

（2）指令执行结果的考核，如果光有检查，没有奖惩，下达指令时，下属就可能随意糊弄。例如：某领导要求下属负责开展某设备的招标工作，下属直接回答"我没有做过，做不来"。为避免这种情况的发生，就必须对指令的检查、考核等制度进行完善，让下属从心底重视指令。

👤 技能实训

1.实训任务

《如此下达指令》案例分析与操作：

（1）案例分析：以小组为单位，分析讨论本案例中沟通失败的原因。运用所学的与下属有效沟通的知识进行分析，每组制作一份本案例的分析报告，派1名代表登台演讲，时间不超过3分钟。

（2）案例操作：从给下属有效下达指令的角度，分组进行情境模拟演示，并制作书面沟通脚本。

2.实训提示

《如此下达指令》案例分析重点：

（1）向下属下达指令采用"5W1H"法，清晰准确地传达任务意图，说明要求策划文案和礼品符合公司的企业文化；

（2）重视与下属沟通的重要性，共同探讨状况、提出对策；

（3）让下属提出疑问，给下属更多的自主权。

3.任务评价

各组评价＋教师评价。评价要点：对各组任务实施的目标、计划、过程和效果进行评判，肯定成绩，提出建议，指导学生进一步提高。

4. 评分参考

《如此下达指令》案例分析和情境模拟。

内容	分值	占比
案例分析报告书面文本	30分	50%
案例分析登台演讲	20分	
案例操作情境模拟演示	30分	50%
情境模拟沟通脚本	20分	

任务三　艺术地批评下属

🔇 案例导入

案例1：小王不服经理的训斥

"小王，你到我办公室来一趟！"

销售部经理"啪"的一声挂了电话，让刚刚和同事还有说有笑的小王一下子心惊胆战，硬着头皮走进了经理办公室。

"你这个月的销售成绩怎么这么差啊？你看看人家小邓，刚来两个月，工作业绩就上升到本月第一名。你以为我能让你拿这么多的薪水，就不能让别人拿的比你更高？再这样下去，你这个销售冠军还能保持多久？"还没等小王开口，坐在老板椅上的经理就一顿连环炮炮般的轰炸，顺便把一叠厚厚的报表扔在小王面前。

"经理，我……我有我的解释。"小王本想趁这个机会就此事与经理正面沟通。

"你别说了，你回去好好反省吧。我再给你一个月的时间，要是下个月你的业绩还不能提升，那我就要扣你的年终奖金了。好了，你先出去吧。"经理不耐烦地摆手示意欲言又止的小王出去。

满脸委屈的小王无奈地走出经理办公室，越回想经理那咄咄逼人的架势，心里就越窝火。小王从公司创业到现在一直风雨无阻、任劳任怨地开发新客户、巩固老客户，拓展了公司近30%的现有市场。小王的客户投诉率一直保持在全公司最低，年年被评为优秀员工。这个月小王被经理分派到刚开发的新市场，客户数量不多，但与前期相比正以10%的速度扩充。再加上本月由于公司总部发货不及时，有很多客户临时取消订单，导致销售

额与成熟市场的销售额无法匹敌。而小邓是新员工，一开始被安排到原有的老市场，客户源稳定而充足，客户关系网坚固牢靠，形势大好，自然丰收在即。小王心里觉得经理只看数字，不问事实，心里委屈也是理所当然的。

<h3 style="text-align:center">案例 2：小罗意外发牢骚</h3>

一个周五晚上的 9 点多，在外地出差的贺处长突然接到上级紧急电话："你省发生一起突发事件，直到现在还未上报相关情况。"贺处长不敢怠慢，立即给负责上报工作的副处长小罗打电话，却听到那边声音嘈杂，很是喧哗。小罗告诉他：正与朋友聚会喝酒。当贺处长将上级机关的要求说明后，没想到小罗很不耐烦，不但发了几句牢骚，甚至还说了几句特别难听、让贺处长难以接受的话。贺处长顿时感觉热血上涌，忍不住当下就给小罗怼回去，但理智还是让他把已到嘴边的话又强咽了下去，只淡淡说了句"一定要抓紧，辛苦了"。贺处长对小罗还是比较了解的，知道他平时一直都很负责任，并不是个把工作当作儿戏的人。尽管这样，晚上 11 点的时候，他还是有些担心，给上级机关值班室打了个电话。听到那边说"情况已经按时报过来了"，他悬着的一颗心才算落了下来。两天后，周一上午全处"例会"刚结束，贺处长就把小罗叫到自己的办公室。小罗有些忐忑地进了门，迎面看到的却是笑脸相迎的贺处长，不仅热情地让他坐下，还亲切地端上一杯热茶。享受"殊遇"的小罗，有些激动，也有些不知所措，动了动嘴，却不知该说点什么。

案例讨论：

1. 案例 1：销售部经理的批评是否合理？如果不合理，错在什么地方？应该怎样改正？
2. 案例 2：贺处长该怎样与小罗沟通？可以采用哪些批评的技巧？

知识链接

一、批评下属的必要性

作为管理者，批评是日常工作中一项重要的沟通工作。对待下属，不仅需要进行合适的激励，在下属犯错误的时候，还需要及时有效地进行批评，促使下属尽快改正错误，不断进步，方能提高员工的绩效，从而使整个组织的绩效提高。反之，如果对下属的错误听之任之，不但会阻碍下属的进步，也会妨碍整个团队的建设，甚至是组织的整体绩效。

二、管理者不愿意批评下属的原因

（一）管理者本身未能以身作则

想批评下属，首先自身必须在这个方面起到标杆作用。如果一个管理者自身未能起到表率作用，又有何资格来批评下属呢？

（二）不愿意得罪人

管理者觉得批评下属就是揭别人的短，怕下属对自己不信任，从而影响下属对自己光辉形象的看法。

（三）觉得批评起不到作用

有的管理者看中激励，觉得批评会削弱激励的效果，所以干脆不批评。或者，管理者试图批评过，但是下属在受到批评后并不改正，经过多次批评，管理者也就放弃了自己的批评职责。其实，这些都是由于未能掌握批评的方法，而造成了批评工作的无效。

（四）不知道怎么批评

这是新晋管理者的一个通病，不知道怎么批评下属。管理者要解决这方面的问题。

三、批评犯错下属的步骤

（一）直接提出主题

管理者在实施批评工作时，应该直截了当地提出问题。这样，下属才能客观了解到自己存在的问题，有明确改正的方向。例如：本任务的案例2中，贺处长在事情结束后，把小罗请到办公室与他单独谈话："小罗啊，我有三个问题想问问你，请你务必如实回答。"

（二）提供相关事实，让下属认识到问题的存在

事实具有说服力。管理者提供有依据的事实，可以避免因下属不服气而导致的无端争论。这一步要注意的就是：要谈事实，正确引导，让下属意识到错误所在。案例2中，贺处长与小罗的对话可以这样展开：

"第一个问题：最近，我是不是在说话、办事上有哪些不妥的地方，让你感到不舒服了？"

"没有，没有！"

贺处长，诚恳谦逊；小罗呢，也是否认不迭。

"第二个问题：最近，你家里是不是发生什么事了？需要我帮忙吗？"

"没有，没有！"

贺处长，关怀备至；小罗呢，感激中却有点茫然。

"第三个问题：上周五晚上，你跟朋友吃饭时是不是酒喝多了？"

"没有，没有！"

贺处长，不怒自威，渐渐严肃；小罗呢，眼光躲闪，底气不足。

（三）提出后果

管理者在批评下属时，应指出下属所犯错误的行为会带来的后果，以便让下属进一步认识到问题的重要性，让下属对下一步的改进计划能有效而认真地执行。还以案例2为例，双方的对话如下：

"你给我站起来！"

贺处长笑容一收，脸色凝重，严厉而缓慢，一字一顿地大声说道："如果，我刚才问的三个问题中有一个问题存在，那么，你周五晚上的做法，我不但理解，还能够体谅。但是，这三个问题都不存在。那么你告诉我，周五晚上为什么用那种态度对待我？那些难听话是说给谁的？"

"我……"小罗支支吾吾了半天，最终却无言以对。

"首先，上报工作是你这个副处长的重要职责。"看到小罗无法解释自己的错误，贺处长继续说道，"不管你在干什么，都应该无条件履行，对不对？"

"对。"

"其次，假如这项工作不是你负责。那么，我作为上级临时让你去做，你该不该去？"

"该去。"

"最后，如果你因为个人原因，耽误了事件上报，出现了更严重的伤害和损失，你该不该承担主要责任？"

"那是肯定的。"小罗看贺处长非常真诚，语重心长，句句都戳在心坎上，激动地脱口而出道，"抛开其他不说，更何况，还是您把我调来，又是您手把手亲自培养的我！那天晚上，我真不知是怎么昏了头，才会说出那样的话来。我真的对不起您。"

在本步骤中，需要掌握提出后果的原则：

（1）一定要有依据；

（2）如果员工再犯，一定要严格按照约定执行，否则就失去了批评的意义。

（四）找到解决问题的方法

当下属意识到问题的存在，并知道再犯的后果后，管理者需要发挥一下催化作用，与下属一起找到解决问题的办法。这也是实施批评工作的最后一步。其实很多问题并不难，之所以拖着不解决，可能是因为下属没有意识到问题的严重性和可能产生的严重后果。一旦管理者明确指出，下属一般都会主动去想办法解决。这时候，管理者一起帮助下属找到合适的解决办法，下属才能真正去改进。继续案例2的对话：

这个时候，贺处长又给小罗的杯子里添了点热水。

"处长，是我错了！您处罚我吧。"

"好在工作没有耽误。要处罚你，还用把你单独叫过来吗？谁都有错的时候。主要是想让你真正认识到，必须立行立改，以后不再犯浑。"

"处长，请您放心，绝对不会有第二次了。"小罗赶紧说道，"我以后再也不喝多了，朋友聚会点到为止。今天中午我请您吃饭，算是正式赔罪。"

"饭就不吃了，你好好干，工作上帮我分担，业绩上给处里添彩，比什么都强。咱们行动上见！"

后来，副处长小罗经常对别人说起："贺处长，我服！就是挨批都心服口服。"

四、艺术地批评下属的要点

（1）在进行批评前，要先摆正自己的心态。从法律上说，人人都是平等的，没有地位高低、身份贵贱之分。切忌张口闭口来句"你怎么搞的""你这么差劲怎么能……"之类有伤下属自尊的话，作为打响批评的第一炮。员工工作失误有可能是因为员工本人的一时疏忽大意，也有可能是不可抗力所致。应注意，开展批评时，只对事不对人，切忌对下属进行人身攻击，也不可将其以往工作中出现的错误集中起来，一齐兴师讨伐。

（2）面谈时最好是以会客的方式来接待犯错误的下属，而不是采用让下属坐在你的对面、一张桌子横在中间的审判方式。会客式面谈既能缓解下属紧张的心理，又能避免过于严肃、政治化的面谈气氛。对有些原因，下属也许有所顾忌而不一定会和盘托出，这时你就要运用语言和沟通技巧，循循善诱。双方开诚布公地交流，更有利于解决问题。永远不要以谈判或审判这种错误的方式来面对你的下属，这样只会招致他的反感，不但难以接纳你的观点，反而更容易成为一只自甘堕落的破罐子。

（3）批评的重点在于评，而不是批。即使是面对犯了严重错误的下属，你大发雷霆把他赶走了，泄了心头之恨，也不可能挽回已经造成的结果和损失。如果犯错的是你特别相中的爱才，也许你更加会有恨铁不成钢之感，让他收拾铺盖走人，你于心不忍，但不给他点教训，你又心有不甘。俗话说，金无足赤，人无完人。世界上不存在完美无缺的人，所以在对待下属的错误时，要先缓解自己心中的怨愤，尽量不要把过分激昂的情绪带到面谈中去。一个精明能干的上司对下属的平时表现和工作绩效了如指掌，在心里早就把这些下属的斤斤两两掂了个八九不离十，这种"评"就是下属在你心中分量的体现。

（4）面谈中可能存在双方争执不下的情况，不要以为下属在你面前申辩就是狂妄、目中无人的表现。抛弃自己的成见学会倾听，耐心地倾听下属的解释，再做客观的评价。适当的时候不妨把自己置身于下属的工作场景和工作角色中去，并思考：如果我是他，我会怎么做？如果我身处他的环境，我是否有能力扭转局面？作为上司，必要时也要善于做自我批评，这样既不损害下属对企业及对你的忠诚度，又于无形中增强了企业的内部凝聚力。

（5）批评教育面谈最好能以双方达成共识的友好方式终结，找到问题的症结和根源，并着手策划拯救性方案，分解错误形成的张力和负面效应。通常，下属从上司办公室出来都是一副垂头丧气、哀莫大于心死的样子。这样的上司在乎的是错误的责任由谁来承担，往往下属挨批之后，结果也就不了了之。可见这样的面谈都是失败的，不能称为建设性面谈，不具有可取性，同样也警示不了后人。我们不能单纯地认为批评的目的就是追究犯错误者的责任，它的真正目的在于教育下属今后不再犯此类错误，并且尽力改善错误对目前工作形成影响的现状。犯错误是人们自身经验累积和职业成熟的必经过程，没有人能够不犯错误就获得成功的。因此，身为管理者的我们不要忌讳下属所犯的种种错误，不要恼怒这些错误所带来的麻烦和困境，更不要把批评建立在毫无意义的责任担当上，这样只会一错再错。

🧑 技能实训

1. 实训任务

《小王不服经理的训斥》案例分析与操作：

（1）案例分析：以小组为单位，详细讨论和分析本案例。运用所学的艺术地批评下属的相关知识进行分析，每组制作一份本案例的分析报告，派1名代表登台演讲，时间不超过3分钟。

（2）案例操作：从艺术地批评下属的角度，分组进行情境模拟演示，并制作书面沟通脚本。

2. 实训提示

《小王不服经理的训斥》讨论分析重点：

（1）案例中，经理没有调查客观原因而一味指责，其应摆正心态，尽可能使双方达成共识。

（2）运用艺术地批评下属的技巧，注意批评方式，换位思考，提出后果，分析解决问题的方法。

3. 任务评价

各组评价＋教师评价。评价要点：对各组任务实施的目标、计划、过程和效果进行评判，肯定成绩，提出建议，指导学生进一步提高。

4. 评分参考

《小王不服经理的训斥》案例分析和情境模拟。

内容	分值	占比
案例分析报告书面文本	30分	50%
案例分析登台演讲	20分	
案例操作情境模拟演示	30分	50%
情境模拟沟通脚本	20分	

任务四 与下属高效沟通综合实训

实训案例

冷主任与下属牛先生因沟通不畅而关系僵化

主要人物：

冷主任——某公司大客户中心主任，男，36岁，工作认真，性格内向。

牛先生——大客户中心资深客户经理，38岁，业务能力强，脾气倔强。

案例内容：

中午快下班的时候，公司老板打电话向冷主任布置了一项紧急任务，并特别强调一定要在下午两点前办好。于是，冷主任拦住了正在收拾东西，准备下班的牛先生，请他把吃午饭的时间变动一下，要么在班上吃一份盒饭，要么推迟一会儿回家吃饭，以便把这项急件突击出来。其实，这项工作并不复杂。

冷主任知道，这件事对于牛先生这样一个业务熟练的老手来说，根本不费吹灰之力，只不过需要一点时间而已。可是牛先生表现出了明显的不情愿。他说："对不起，我还要到银行去一趟。而且，我还要趁午休时间干点私事，恐怕不能遵命。"冷主任非常不满地说："你怎么总是这样，每次让你干点工作，你就有事。你的事可以挪到下午办嘛。"

"午休时间是所有职工都应享有的权利，你没权占用。"牛先生也气冲冲地顶了回去。两人就这样争执了起来。

冷主任和牛先生的矛盾由来已久。两年前大客户中心的前任主任调离，有小道消息传来，说牛先生是新任主任的候选人。他也认为凭自己的业务能力和工作经验当之无愧。但是，上级却从别的部门调来了冷先生当主任。

冷先生对大客户中心的业务完全是一个外行，性格也不像前任主任那样热情开朗。他总是冷冰冰的、一本正经、严肃认真，从来不开玩笑，也不善于跟部门里的人多来往，一副公事公办的样子。牛先生觉得冷主任一点也不喜欢他。他推测冷主任多半是提防着他这样一个经验丰富的人。而冷主任觉得牛先生没有当上主任一定对自己充满了敌意，而且像他这样一个业务能力强的人准会讨厌一个外行来领导他。

前一阵发生了一件事，更加深了他们之间的猜疑、隔阂。事情是这样的：牛先生突然得了流行性感冒，高烧不退，病得不轻，遵医嘱病休在家。

在他休息的第四天，接到冷主任的电话，问他病好了没有，能不能尽快回来上班，因为人手不够，积压了大量工作。牛先生回答说，他的病还没好，还在发烧，医生给他开了一周的病假，还需要休息几天才能上班。碰巧第五天天气特别好，牛先生感到自己的病好了不少，想出来活动活动，就骑上自行车去超市买了点东西。这里距他家只不过10分钟的路程。可是，就在他买好东西要离开的时候，一抬头看见冷主任正走过来。他敢肯定，冷主任也看见了他。在回到大客户中心上班后，他觉得应该向冷主任解释一下。

"冷主任，上周我去买东西，是……"牛先生结结巴巴地开口了，一看到冷主任冷若冰霜的脸，他不知该怎样说下去。

"好了，不用说了，我都知道。病好了就上班吧。"冷主任不等他说完就走开了。牛先生不知道冷主任都知道了什么，反正他知道冷主任是不会相信他的。

又过了几周，大客户中心需要提拔一个业务能力很强的副主任。牛先生肯定自己完全可以胜任这个职位。于是，他向主任提出了申请。但冷主任告诉他："提升，除了反映一个人的工作能力之外，也得反映出一个人的责任感。你的确是这里最懂业务的员工之一。但这个职位要求个人具有高度的责任心，而你当了这么久的雇员，在这方面的表现太一般了。"

大客户中心的人都为牛先生打抱不平，让他去找老板提出控告，不能就此罢休。

牛先生生性倔强，因为自己的要求被置之不理，感到非常丢人，就什么也不想说了。他只希望冷主任在这里待不长，否则，他就要求调离。反正他是不能与冷主任共事了。

现在冷主任要求他午饭时间加班，他就存心与他过不去。他在想，既然你说我工作没有责任心，那我就真的做给你看，看你到底能把我怎么样。

冷主任也非常生气。他想，上次拒绝牛先生想晋升为副主任的请求是做对了。他太不负责任了。他的出勤记录一向平平，又不服从工作安排，这样的人怎么能够得到提升呢？

之后，这两人的关系越来越僵。

实训任务

任务1：案例分析。分组研讨本案例中造成僵局的缘由。分析冷主任与牛先生产生隔阂的原因有哪些，假如你是冷主任，该如何利用上任之初这个时机与包括牛先生在内的下属进行有效沟通。以小组为团队，每组制作一份本案例的分析报告；派代表登台演讲，时间不超过 5 分钟。

任务 2：案例操作。从与下属高效沟通的角度，结合本案例的内容，进行改编和细化，分组情境模拟，演示冷主任应该如何与下属巧妙沟通，打破僵局。

微课：与下属高效沟通
模拟案例

💡 **实训提示**

《冷主任与下属牛先生因沟通不畅而关系僵化》案例分析重点：

（1）与下属沟通有两种：一种是工作上的沟通，体现在工作上就是安排工作与反馈执行情况，作为领导要提高安排工作的艺术，也就是尽力让下属在接受任务时清楚明白，如时间要求、达到什么效果等。作为下属，在执行工作任务的过程中，要及时和定期向领导报告工作的进展情况，让领导能及时了解和把握工作执行的情况和偏差，发现问题时能做出调整。

另一种是生活上的沟通，要知道领导和职工都是有感情的，只有领导和下属之间的情感沟通好了，才能更有利于工作。作为领导，要时刻为下属的困难和待遇考虑，多关心下属的工作条件；要抽时间与下属交流，帮助下属解决好工作与生活中的实际困难，就算是一句关心的话，也会得到下属的欢迎；要防止那种"又要马儿跑得好，又要马儿不吃草"的管理和要求。

（2）与下属沟通应该注意礼节。一方面，领导在沟通和传递信息时，要考虑下属的情感因素，做到平等相待、礼遇有加，尊重下属的人格。另一方面，领导要能站在下属的立场上来传递信息。要运用肯定的、令下属愉悦的陈述方式；要学会肯定下属，并善于从下属的言语中提炼出正确的思想。领导一定要明白，肯定下属就是对下属的尊重，在沟通中，领导没有必要刻意显示自己高出下属一等，因为那样不但不会赢得下属的好感，而且可能导致沟通的失败。

（3）与下属沟通应该保证沟通的连贯性。领导要做到：第一，给下属平等的说话机会。在下属陈述自己的观点时，领导要耐心倾听，不要随意打断下属，让下属完整地讲清自己的观点，以平等来保证沟通的通畅顺达。第二，领导在下属陈述观点时不能沉默太久，以免下属误认为领导不同意自己的观点，进而导致沟通中断。第三，领导在沟通中不能单方面决定转变沟通的主题，或者突然将主题转移，否则，沟通就可能因此无法连贯进行。

（4）与下属沟通时，领导要注意问题导向。领导在与下属沟通时不要轻易下结论，要学会克制自己，从解决问题的角度考虑沟通策略。问题导向的沟通，关注的是问题的发生、发展和解决过程，要求以事实说话来表达沟通者的思想。领导在与下属的沟通中应注意问题导向，给下属以信服感，从而提高沟通的有效性。

（5）领导在批评下属时，要多用事实性语言，而不要只是概括性地给予评价。简单下结论、贴标签的沟通方式会使下属感觉受到了攻击而产生防卫心理，结果是问题非但没有解决，下属情绪也变坏了，甚至会破坏上下级之间的关系。使用描述性语言进行沟通，可遵循下述三个步骤：第一步，描述需要下属做改进的事情或行为。这种描述应与公认的标准做比较，而不能以领导个人的好恶为取向，要避免对下属的动机作主观判断。第二步，描述已发生或将发生的客观结果，明确你的反应与感受。只要你对自己的感受或客观结果的描述不是以一种苛责的方式出现，下属就会考虑怎么集中精力解决问题，而不是先为自己找好开脱的理由。第三步，建议一种更有利的替代方式。领导应该向下属建议一种可以被下属接受的更有利于解决问题的方式，而不要过多地指责下属的过错，这样更能赢得下属的感激和信任，从而有利于沟通的顺利进行。

任务评价

各组评价＋教师评价。评价要点：对各组任务实施的目标、计划、过程和效果进行评判，肯定成绩，提出建议，指导学生进一步总结和提高。

评分参考

《冷主任与下属牛先生因沟通不畅而关系僵化》案例分析和情境模拟。

内容	分值	占比
案例分析报告书面文本	30 分	50%
案例分析登台演讲	20 分	
案例操作情境模拟演示	30 分	50%
情境模拟沟通脚本	20 分	

项目五　跨部门有效沟通

在人生的道路上能谦让三分，即能天宽地阔，消除一切困难，解除一切纠葛。

——戴尔·卡耐基

为别人尽最大的力量，最后就是为自己尽最大的力量。

——约翰·罗斯金

谦和的态度，常会使别人难以拒绝你的要求，这也是一个人无往不胜的要诀。

——佚名

学习导航

沟通是管理的血脉，管理过程强调"沟通无处不在"，跨部门沟通尤其讲究沟通艺术。改革开放后，中国经济飞速发展，取得了举世瞩目的成就。党的二十大提出要把中国全面建成社会主义现代化强国、实现第二个百年奋斗目标，以中国式现代化全面推进中华民族伟大复兴。为实现这一目标，我们要坚持高质量的发展。高质量发展离不开行业、科技的创新，而创新需要靠一个个团队合作去完成。这些团队往往来自不同行业、不同领域、不同部门。只有他们围绕同一个目标，相互协作、共同奋进，才能顺利完成项目目标。

本项目紧密结合基层管理人员职业沟通能力的岗位要求，通过对跨部门沟通技巧的训练，指导学生深入理解跨部门沟通的作用，掌握跨部门沟通的基本策略和技巧，从而进一步提高团队协作能力，增进部门运作效率。

◆ 知识能力目标

1. 理解跨部门有效沟通的内涵，了解跨部门沟通中的障碍，领悟跨部门沟通的策略；

2. 了解跨部门有效沟通的六大策略；

3. 认识到跨部门沟通形式中表达与倾听的重要性；

4.了解跨部门沟通中存在的矛盾和产生冲突的缘由，学会解决跨部门沟通中的矛盾与冲突。

◆ **素质素养目标**

1.能够灵活运用跨部门沟通的策略和技巧处理沟通问题；

2.能够自觉参加小组项目研讨与操作，具有团队合作精神；

3.具有灵活机智的沟通情商和应变素质；

4.理解跨部门沟通的障碍及矛盾来源，学会用开放包容的心态，乐于奉献，提高人际交往能力。

任务一　领悟跨部门有效沟通的策略

 案例导入

案例1：一个月完成春晚红包项目

2021年1月15日，抖音与央视春晚合作发放红包项目。一般来说，一家公司要花4～5个月的时间来准备春晚红包的发放工作，但因为一些原因，抖音从1月15日才敲定这个项目。当时，整个项目时间从开始到大年三十（2月11日）只有27天。不仅时间紧，而且任务重。因为春晚红包项目还需要大规模的协作，光是研发工作，抖音就有1 000多名人员参与了这个项目。这种规模的协作相当复杂，比如，如果一个项目只有2名员工，那么他们需要的沟通渠道只有一条，从A到B；如果有3名员工，需要的沟通渠道是3条，A和B沟通、B和C沟通、A和C沟通；如果有4名员工，沟通渠道就变成了6条。如果有超过1 000名员工，每两个人都需要沟通的话，那么则需要50万到上百万条沟通渠道，这是一个无比庞大的数字。如果所有的沟通都在大群里完成，那肯定每个人都会被海量的信息淹没，抓不到主次。

为此，抖音创造了一种极其高效的内部协作机制，大大提高了完成项目的速度，这种协作主要就是运用线上沟通。抖音的协作机制里最关键的一点就是让所有的沟通路径终点都指向"文档"。文档不动，整个组织围绕文档跑。抖音团队为涉及春晚的协作事宜，在飞书上建立了一个个的文档。每一个文档中都有很多条目，每个条目就是一个子任务。在文档中，这个任务怎么操作、什么时候操作、谁操作，都标得一目了然。比如说，有一个文档叫作"除夕活动剧本操作手册"，这里面是除夕当天晚上研发团队的工作流程。里面有一个小条目，叫作"春晚开始后，主持人口播'发红包前 10 分钟'，用户中心小王就需要检查一次'账号登录有没有问题'"。任务是检查账号登录，操作人是"用户中心小王"。每个文档就像一个作战指挥室。每个作战的"士兵"都可以在这个指挥室中准确领到属于自己的任务。同时，飞书的"@"功能还提供了监督大家执行任务的作用。因为任务有先后顺序，需要他人完成之前的步骤，大家才能接着做。这一功能可以让完成前项任务的同事直接 @ 后面这位同事来接着完成任务，后面这位同事会马上收到提醒，等他完成任务后，点击勾选框，就可以继续做自己的其他事情。

抖音"文档不动，人满天飞"的形式，节省了所有人互相沟通、同步信息的成本，把整个任务变成一群人一起搭积木的过程，大大提高了任务分配的效率。最终，抖音运用这种协作机制让整个项目的沟通畅通无阻，同时也达到了较好地监督大家按计划执行的目的。最终，这个时间紧又复杂的项目顺利完成。

案例 2：不愉快的合作

A 公司行政部和市场部协作完成一项任务，由市场部拿出一个方案，行政部协同执行。行政部经理的做事风格一向是干练守时，要求其部下做事也必须速战速决，不得拖拉；而市场部经理的性格比较随和，做事不紧不慢，甚至有些拖拉，其部下慢慢也就形成了这样的做事风格。随着任务截止时间越来越近，市场部迟迟没有拿出方案，导致行政部对市场部的意见极大。方案出来后，行政部和市场部又有不同的看法，行政部认为这个项目要么不做，要做就要做到完美，因此对市场部的方案百般挑剔，要求他们继续加班进行修改和完善，而市场部却觉得这个方案已经不错了，于是两个部门为此多有争执，互有怨言。

💬 **案例讨论：**

1. 案例 1：抖音团队在一个月时间内完成复杂的春晚红包项目靠的是什么？

2. 案例 2：导致两个部门合作不愉快的原因是什么？两个部门在合作完成项目的过程中应如何沟通？

🖳 **知识链接**

一、跨部门沟通概述

（一）跨部门沟通的概念

跨部门沟通是指沿着组织结构中的横线进行的信息传递，它包括同一层面上的管理者或者员工进行的跨部门、跨职能沟通。公司中的组织人员就像人的骨干，组织沟通则是人类的血液。如果血液不通，人体就会瘫痪；如果组织缺乏沟通，整个组织将会陷入停顿状态。

（二）跨部门沟通的目的

跨部门沟通的目的是实现跨部门协作，让大企业像小企业一样灵活。有沟通才能把握全局、了解真伪，拓宽大家的视野；有沟通才能凝成合力，构成坚强的团队；也只有更好地沟通，才能使企业兴旺。

（三）跨部门沟通的作用

在公司里，跨部门沟通是很重要的，员工和中层主管花在内部沟通上的时间占其工作时间的40%～50%，而对于高层主管，这个比重会更高。许多快速发展的成长型企业，随着市场业务的拓展，部门设置越来越多，职责分工越来越明确。然而，跨部门之间的沟通却越来越难以协调，常常影响公司整体的运作效率，很多公司领导者为之苦恼不已。因此，如何提高公司内部沟通的有效性以改善运营效率已成为企业亟须解决的一个问题。

二、跨部门沟通的障碍

组织内部不同部门之间常常会因为一些原因导致沟通不畅或出现矛盾冲突。深入挖掘跨部门沟通问题的根源，识别存在于跨部门沟通中的障碍，有助于更好地化解部门之间的沟通问题，为沟通扫清障碍。

（一）不容忽视的"部门墙"

📋 **小案例**

一次无效的会议

在A企业的季度工作会议上，营销部经理说："最近的销售情况不好，我们当然有一定的责任，但更主要的原因是对手推出了更新的产品。"研发部经理紧接着说："我们最近推出的新产品是少了些，不过这主要是由于研发预算太少了。就那么一点预算还被财务部门给削减了大半。"财务部经理马上接着解释："公司成本在上升，我们没钱呀！"这时，采购部经理跳起来说："采购成本上升了20%，是由于中东地区一个生产铬的矿山发生爆炸，导致不锈钢价格急速攀升。"于是，大家异口同声地说："原来如此。"言外之意便是：大家都没有责任。最后，人力资源部经理发言："这样说来，我只好去考核中东地区的矿山了？！"

企业中常常有这样一种现象，如果在会议上让不同部门的人谈谈哪个部门最累或最重要，往往大家会说自己的部门最累或最重要。但一旦公司在运营中出现了问题，让大家找一下是哪个部门出现了问题，各个部门间又会互相推诿，极力维护本部门的利益，于是问题部门似乎总也找不出来。这种现象也称本位主义，就像各部门之间的一道无形之墙，看不到，也摸不着，但它却客观存在，且阻碍着部门间的沟通与交流。

（二）组织分工不明确

📋 **小案例**

到底谁来做

A 企业要举办一个比较有规模的游泳比赛，通过比赛进行品牌宣传。高层领导要求品牌管理部、人力资源部和其他部门的几个管理骨干组成一个项目组，合力完成这项工作。而对于具体谁来负责和做什么，高层领导并没有说清楚，因为大家以前都没有做过这么大型的活动，也没有一个执行方案出台。高层领导要求大家出一个方案，但大家都等着对方来出这个方案。于是，这个项目就一直处于难产阶段。

很多企业的岗位描述非常详细，规定了各岗位的任职人员该做什么、不该做什么，从正反两个方面对职责进行了描述和排除。虽然这种岗位描述工作做得非常细致，但是往往只能描述 60% 的岗位职责，而另外 40% 的职责却没有界定清楚。对于一些需要多部门合作的项目，有些部门会趁机推脱任务，于是由于部门间不肯好好合作而导致的矛盾冲突就产生了。

（三）缺乏同理心，只顾自家事

📋 **小案例**

居高不下的投诉率

A 公司某款产品的品质出现了问题，这个问题导致该款产品的使用投诉率很高。售后服务部在公司会议上反映这个问题后，这个问题还是反复出现，客户投诉率依然很高。售后服务部经常感到非常棘手，但却没有实质性的解决方案。

企业中很多工作是由两个或两个以上部门协作完成的。如果部门之间的协作能力差，就会造成运行速度慢或效率低下，从而给公司带来损失。各个部门各自为战，"各人自扫门前雪，莫管他人瓦上霜"，一方面是由于绩效考核的是本部门的工作完成情况而非某件工作的完成情况，另一方面是协调配合的工作干好了无奖，干砸了却要挨罚，有的时候费力不讨好，从而加剧了部门间自顾自的现象。

（四）客观存在的个性差异

人与人之间存在差异性，会因为年龄、经历、性格、知识面、思维方式、价值观和

兴趣爱好的不同而在行为风格和沟通方式上呈现出个性差异。如果在跨部门沟通过程中不了解沟通对象的沟通风格，或不能容忍他人的个性差异，必将导致与他人沟通困难，从而达不到理想的沟通目的。

（五）不和谐的人际关系

📖 **小案例**

沙龙突然被叫停

小范是一家咨询公司的客户经理，她经常组织一些针对客户的主题沙龙活动。一次，她精心策划的金融行业沙龙突然被老板叫停。原来，平时就与她面和心不和的咨询经理背地里参了她一本，称她请的专家不乏公司的竞争对手，难道要公司出钱替对手宣传吗？最终，小范策划的活动"黄"了，里外还得罪了不少人。

小范策划的沙龙被突然叫停，最重要的原因在于她平时未与他人建立良好的关系，遭到某些人的恶意破坏。要把事情做成功，能力是一方面，但人际关系的状况也非常重要。在同等能力的条件下，如果有良好的人际关系，会使个人的能力得到最好的发挥。如果像小范这样，光有能力，但与他人有着不良的人际关系，就会使个人能力大打折扣，严重的甚至还会令自己的能力无发挥之地，进而导致工作失败。

三、跨部门有效沟通策略

要打破各部门间各自为政的状态，形成和谐的沟通氛围，要从跨部门的根源问题入手，打破部门壁垒。跨部门沟通不畅说到底就是人的问题，只要拥有正确的沟通理念，掌握跨部门有效沟通的策略，就可以使跨部门沟通更为顺畅。

（一）做到知己知彼

📖 **小案例**

终于签到的单子

一大早，客户经理赵欣就接到一位客户的电话，她的第一单生意终于获批，让她去签合同。赵欣十分高兴，来公司近一年了，还没有签到单子，为了这个单子，她可是跟了半年多，总算有了好结果。她兴冲冲地直奔客户公司，顺利地签下了合同。合同签完后，涉及款项划转等事项，赵欣回到公司找财务部去沟通细节。财务部经理却说凡是公司正式签订的合同都要统一经过深圳总部把关。赵欣一听就晕了，之前关于合同细节，她在部门例会上和财务经理沟通过的。现在合同都签了，难道再倒回去从总部重来一遍？客户岂不更加不耐烦了？任凭赵欣好话说尽，财务经理还是坚持原则。虽然心情极为不爽，赵欣还是冷静下来，不厌其烦地和总部财务沟通，及时跟踪合同进展。在她积极耐心的跟进下，总部很快反馈了最新意见。最终，款项顺利进账。经历此事后，赵欣每次在签订合同前都会与总部及时进行沟通并及时了解相关的业务流程制度。

要想让跨部门的沟通更加顺畅，就得多了解其他部门的业务运作情况，做到知己知彼。很多时候，跨部门沟通出现问题往往是因为双方之间相互不了解。可以通过多学习其他部门的业务知识来了解这些部门，这有助于我们站在公司利益的立场去考虑问题，而不仅仅是个人或者是自己所处的部门。如有机会，大家应在各部门之间多走动走动，了解其他部门运营的现状及可能存在的问题；公司也应经常召开一些部门汇报会议，让不同部门的成员了解各自正在进行的活动，并鼓励成员提出具有建设性的建议；形成内部期刊，汇报每个部门的最新情况，让部门和员工之间更多地了解公司的发展情况，从公司发展的角度来理解本部门与其他部门间的合作关系。

（二）明确部门权责

📑丨小案例

成功的周年庆活动

A企业成立十周年了，十年来经过公司全体员工的努力，企业开始走向繁荣昌盛。公司决定召开一次十周年庆典活动，邀请新老客户及支持过公司发展的各部门领导参加。行政总监李明被任命为活动筹备组组长，负责整个活动的筹备和组织工作。李总监找来助理小柳，请他写一份具体的策划方案，并告知将有多个部门一起参与，在策划方案中要体现什么部门需要完成什么任务。柳助理接到任务后，首先确定了整个活动的流程及准备事项，然后根据这些任务把活动筹备的人分成了几个小组，有秘书组、接待组、会务组、后勤组等，并明确了每个组的负责人、工作内容和工作职责。庆典方案经多次修改并经李总监和公司老总审核通过后，行政部就召集其他部门负责人召开了公司庆典活动协调会，明确各个部门需要派出的人手及相应的分工和职责，强调合作期间各部门认真履行职责及随时沟通的重要性。这些措施极大地保障了十周年庆典活动的顺利进行，最后活动取得了圆满成功。

面临多个部门的合作冲突问题，沟通双方应该如何处理呢？权责明确，分工合作。对于一些需要合作的项目，事先沟通好，经理与经理之间、员工与员工之间，约定各自负责的内容，梳理权责不清的模糊地带。有效的管理模式是建立在责任明晰的基础上的。建立完善的责任体系，把每个部门、每个人要完成的任务明确到人，沟通就会顺畅很多。

（三）运用双赢策略

📖 **小案例**

一次成功的说服工作

A 公司现任 CEO 于国发在以前的公司做项目总监时，发现公司有一批进口设备开箱率很高，达到 11%。项目组向运营总监反映过多次，但事情一直没有得到彻底解决。于国发十分清楚，设备问题不仅会影响项目进展，如果运营总监处理不当，还会影响其声誉。他做了一份报告，把目前设备存在的问题总结了 11 项发送给运营总监，十分诚恳地指出如果处理不当将引发的后果。第二天，他就收到运营总监的回复，运营总监表示会尽快妥善处理。最终，公司很快更换了供应商，项目也如期完工了。

跨部门之间有时需要合作，有时需要他人协助自己完成一些任务。由于部门间存在"部门墙"，对于非自己本部门分内之事，有些人就会推托或拖拉；有时即使是本部门的事，也会因利害关系不是太明显而显得漫不经心或敷衍了事。那么，此时，想要说服他人，达到自己的目的，必须找到一个大家都能接受的方案，并找到能让他人配合的利益点。人无利，沟不通，由于部门之间没有权力施压，只有从大局出发，强调共同解决问题的重要性，投其所好，动之以情，通过实在的利益让对方接受你的意见和建议，才能达到"双赢"的目的。

（四）尊重个体差异

📖 **小案例**

被解聘的小冯

A 部门与 B 部门是一家公司的两个部门，A 部门业绩好，由于部门经理是领导面前的红人，加之其为人又较为强势，导致 A 部门成为公司的强势部门，A 部门内的员工也变得较为强势；B 部门经理在公司不太强势，甚至一点脾气都没有，导致 B 部门成为公司的弱势部门。因此，强势的 A 部门的同事包括助理都整天用鄙视的眼神和语气来对待 B 部门。别说是 B 部门的员工找 A 部门的员工配合完成工作得求着他们，即使是 B 部门经理要找 A 部门的员工帮忙办事，也要和颜悦色。有一次，B 部门经理因急用一份资料而打电话让 A 部门的小冯帮忙找一下并送交给他。小冯在电话里说："我很忙，你自己来拿吧！"B 部门经理再没脾气，听了也很难受，自尊心受挫，但也只能自己去拿。过了不久，A 部门经理被其他公司高薪挖走，B 部门经理被委任为 A 部门经理。三天后，小冯收到了解聘通知书。

部门与部门的沟通其实就是人与人之间的沟通，搞定人就可以搞定一切。每个部门都是由不同个性的人组成的。俗话说："龙生九子，各不相同。"每个人的性格特点各不相同，导致其为人和做事方式也各有差异。有脾气好的，也有脾气差的；有乐观开朗的，也有内向深沉的；有热心肠的，也有冷漠的；有直爽的，也有含蓄的；有讲究身份地位的，也有随意的；有表里一致的，也有表里不一的；有积极配合的，也有拖拉推诿的。因此，在与其他部门的人交往时，首先要了解每一位交往对象的脾气特点与行事风格，然后做到尊重每一个人，容忍其不同的个性差异，最后注意选择适合对方的沟通方式，并在做事的过程中尽量配合他人的行事风格。

（五）内部客户理念

小案例

难报的出差费

小王刚进单位半年，第一次出差后，上公司财务报销网报销费用，但很快被退回了，说没在系统中申报出差审批表，需要重新补一个。另外，报销的费用中有些不能报销。小王不是很清楚具体如何报销，怕再出错，就来到财务处，找会计了解具体如何报销。会计小李接待了他。小李打开他的报销申请，一一和他解释："你首先要上财务报销网补一个出差申请，把出差目的地、理由、人员、天数等补齐。这个一般是出差前做的，你没做，这就需要你先和领导申请下看能不能补做。如果领导同意就可以补。另外，即使报，也不能报这么多，比如交通费这部分，因为每天有补贴，所以打的费用是不再报的。另外，住宿费用标准为每晚350元，但你花了450元，超出的也得自己承担。"一听说报销有这么多问题，小王顿时诧异了，说："没听说这些规定啊？"会计就打开公司内部财务信息网站，点出有关报销规定的页面，对他说："这上面都有，你们应该自己了解啊！"小王听了只好悻悻地回去，感觉十分受挫和懊恼。

后来，小李在帮人报销的过程中，发现有不少人对公司的报销制度不是很了解。于是，他向领导建议，在新员工培训时把这块内容加进去，让他们一进公司就了解相应的财务制度，熟悉报销流程，少走弯路；对于公司的老员工，则请相应的经理提醒他们在办事前务必查看相应的财务制度，免得做了事却报不了费用，产生抱怨。

这些措施实施后，小李明显感觉报销工作顺利多了。

课堂互动

从职员小王和会计小李两方面来分析其沟通成功的原因。

跨部门工作，虽说是配合和协助其他部门，事实上就是为本企业内的其他部门服务。对于企业的外在客户，大家都知道要提供热情周到的服务，那么对企业内部的员工，是不是也应该热情周到？如果每一位员工都能在其他部门需要配合时，积极主动地配合，甚至多替他人着想，跨部门沟通就不会有那么多障碍。因此，目前多数企业都提出了"内部客户"理念。该理念认为，工作服务的下一个环节就是本职工作的客户，要用对待外部

客户、最终客户的态度、思想和热情为内部客户服务。目前，很多企业在内部倡导这一理念，不仅把它作为制度来约束，更把它作为企业文化建设的一部分。沟通的有效性与企业文化直接相连。建立客户应对意识，把每一个需要协助的部门当成客户，使客户满意，积极主动配合他人工作，作为工作职责的一部分，可以极大地减少企业跨部门沟通过程中的矛盾和纠纷。

（六）平时建立关系

📖 小案例

合作共赢

某公司有个产品开发项目涉及硬件和软件两个部门，为了工作顺利，公司成立了两个部门的项目小组。

项目伊始，各部门有具体的任务书并且完全按照进度完成了任务，工作非常顺利，但正因为前期两个部门分工明确，所以没有过多地沟通。

在项目临近尾声时，软、硬件部门需要协调合作一起办公，产品也进入了关键阶段。此时，产品却出现了重大问题。软件部门认为是硬件部门工作失误产生的，而硬件部门认为是软件部门没有尽力调试。按照工作流程，要彻底证明本部门任务完成没有问题是非常困难的，只能从问题的现象来分析，但这两个部门都有着各自的分析方法，谁也说服不了对方和老板。

这件事最终导致了产品的交付延期。

实际工作中，无论是做产品开发还是市场开拓，跨部门之间平时建立良好的沟通关系是非常重要的。尤其是遇到跨部门的项目，面临各部门专业和目标不同，需占用本部门资源，甚至影响本部门业绩目标等复杂情况时，这就需要做好跨部门项目的计划，注重制定资源日历，定期进行跨部门沟通及时纠偏。以免在工作后期产生矛盾冲突，造成非一致成本的增加。总之，计划在前，沟通当先，必有受益。

👥 技能实训

1. 实训任务

任务 1：认识跨部门沟通

（1）上网查询"跨部门沟通"的相关资料，对跨部门沟通进行全面认识，包括跨部门沟通的重要性、存在的障碍和应对措施等。

（2）通过分享班级与班级、专业与专业、学院与学院间的沟通模式，谈谈在班级与班级间、专业与专业间、学院与学院间沟通时会出现什么困难，主要的沟通障碍是什么以及如何改善。

（3）为深入学习贯彻党的二十大精神，厚植爱国主义情怀，展现学子在新时代新征程上有理想、有担当的青春面貌和不懈奋斗的昂扬姿态，学院将开展"新征程 新奋斗"主题演讲活动。如果本班为学院承办这个活动，应该考虑哪些因素？如何使其他班级参与进来并积极配合？

任务 2：《不愉快的合作》案例分析与操作

（1）案例分析：以小组为团队，分组研讨本案例中沟通失败的缘由。运用所学的关于跨部门沟通的知识点进行分析：为什么两个部门合作如此不顺利呢？每组制作一份本案例的分析报告；派 1 名代表登台演讲，时间不超过 5 分钟。

（2）案例操作：从跨部门有效沟通的角度，分组扮演两个部门的员工，演示沟通过程，并制作书面沟通脚本。

2. 实训提示

《不愉快的合作》案例分析重点：

两个部门在合作过程中之所以有各种摩擦，是因为两个部门都有各自做事的风格和特点，而在合作过程中，双方没有对对方的工作方式和特点进行了解，或者即使了解，也没有尽力去配合，缺乏合作精神，最终导致问题重重。因此，在项目合作之前，双方如果能通过一些活动增进相互间的了解，建立良好的关系，并对项目完成的质量、时间和要求及各自的分工有很好的协商，应该就不至于产生那么多矛盾了。

3. 任务评价

任务 1：学生自我评价任务的完成情况、所获体验等。

任务 2：各组评价 + 教师评价。评价要点：对各组任务实施的目标、计划、过程和效果进行评判，肯定成绩，提出建议，指导学生进一步总结和提高。

4. 评分参考

《不愉快的合作》案例分析和情境模拟。

内容	分值	占比
案例分析报告书面文本	30 分	50%
案例分析登台演讲	20 分	
案例操作情境模拟演示	30 分	50%
情境模拟沟通脚本	20 分	

任务二　跨部门有效沟通的技巧

案例导入

案例 1：张总监的解聘事件

某知名通信公司北京分公司的财务总监张女士刚度假回来，迎接她的却是一纸解聘通知书。休假期间，分公司几乎是天翻地覆。新年伊始，老总迫于业绩压力调职了，一众嫡系中层或下马，或平调。凭借出色的专业背景和熟练的业务能力，张女士完全可以平调到任何一个分公司。可令她没想到的是，她与行政总监的一次争执却断送了所有的机会。

张女士一向工作严谨、认真。去年，她审核各部门的报销费用时，发现行政部有5 000 元钱的餐费不符合公司的报销规定，便把这个报销单据直接截图发至中高层领导大群里，并 @ 了行政总监。没想到行政总监对她这种沟通方式十分不满，两人因此结下了梁子。

如今，在这次"动荡"中，行政总监由于后台过硬，被调到总部。两人曾经的不愉快演变成一场暗战。最终，张女士也失去了平稳过渡的机会。

案例 2：想学设计的小王

办公室的小王是公司新来的员工，一天闲来没事就溜达到设计部。看到设计部刘总监正在设计图纸，小王觉得很喜欢，就想跟刘总监学习设计。小王对刘总监说："刘哥，你收我当徒弟吧？"刘总监看了看他说："啊？你想干吗？"小王："我想当设计专员。"刘总监说："呵呵，设计专员可不是那么好当的，很累。"小王："累啥啊？你天天就坐这里没事干，动动鼠标。"一阵沉默，刘总监有些不悦："你想学设计可以自己去报班。"小王："报班不是得花钱吗？"又一阵沉默，刘总监脸色更加不悦："那我也是收费的。"过了一会儿，小王突然说道："那你说我跟李总商量下，他能让你教我吗？"旁边的设计专员顿时发出一阵干咳声，然后是一阵笑声……

案例讨论：

1. 案例 1：导致张女士调职失败的主要原因是什么？张女士在跨部门沟通中应注意什么？在跨部门沟通过程中要掌握什么技巧？

2. 案例 2：小王与刘总监的沟通出现了什么问题？为何刘总监的脸色会越来越不悦？

一、跨部门有效沟通对个人的重要性

（一）跨部门沟通障碍产生的主要原因

对于跨部门之间存在的沟通障碍，总结起来主要有两方面的原因：一方面是企业的组织职能和权责划分不明确、架构不合理、气氛不和谐、信息系统不完善等；另一方面在于员工个人，由于个体的认知差异、语言的沟通方式、个人的情绪等都存在差异，同样的一件事，不同的人进行沟通，最终的效果可能就完全不一样。

（二）跨部门沟通对个人的影响

从员工自身的角度来说，如果不能很好地掌握跨部门沟通的技巧，将有以下几项不利因素。

（1）不利于创造良好的组织沟通环境。

（2）阻碍个人或部门工作的顺利开展，最终影响企业的运营效率。

（3）与他人产生矛盾，使个人的工作情绪和积极性受到影响。

（4）影响个人在职场上的前途和发展。

二、跨部门有效沟通的主要技巧

对员工个人来说，沟通能力的提升和沟通技巧的运用，可以有效地提升与其他人员的关系，增进双方的理解，达成共识。只要技巧和方法用对了，就可以达到事半功倍的效果。

（一）注意沟通方式

说话的方式与说话的内容一样影响沟通的效果。我们说话，不单纯是为了表达自己的思想或情感，更主要的是为了实现自己的工作目标，达到预期的沟通效果。在跨部门沟通中，为了达到预期的沟通效果，就更要注意说话的方式和选择恰当的沟通时机，用什么方式说话，永远比说些什么更重要。跨部门之间，由于多数不存在直接的上下级关系，相互之间是一种协作关系，甚至有时只是让他人义务帮忙，因此，在沟通过程中，更要注意沟通态度。要做到尊重为先，真诚待人，为人谦虚，而这些信息可以通过沟通语言来传达。表达时应注意说话委婉、客气、谦逊，懂得赞美他人和耐心倾听。只有对方感受到我们的诚意，才会感觉舒适，进而更愿意配合我们的工作。尤其是提意见时，更要注重沟通的方法和时机。林肯说："人人都喜欢受人赞赏。"给人提意见，应先认可一下对方，顾及对方的面子，否则，即使意见的内容再正确，也是正确的错误。

（二）主动及时沟通

进展缓慢，责任在谁？

公司即将举行周年庆典活动。秘书小王负责全面的调度工作。她尽心尽力地去找各部门的负责人，并布置好了各部门需要完成的工作。忙完这些事以后，小王觉得事情已经办得差不多了，也就没再怎么过问。庆典的日子快到了，小王匆匆去了解事情的进展情况。结果令她大吃一惊：工作的进展十分缓慢。这要怪谁？

1. 导致公司周年庆典活动进展缓慢的主要原因是什么？

2. 秘书小王应如何与其他部门沟通，以使多部门合作完成的活动进行得更为顺利？

主动沟通是跨部门沟通的第一要义。跨部门之间需要合作完成的项目，不是开一次会交代一下任务就可以万事大吉的。即使规定了具体的完成时间，为了更好地掌握工作进度，使各部门之间更清楚全局目标，具体责任人在事后也应随时保持联系，主动跟进和了解其他部门的任务完成情况，掌握最新动态。正所谓有督促才有进度，不要被动等对方告诉你出现了问题，而要主动而持续地沟通，预防问题的发生。很多人常常抱怨："事情怎么会这样，为什么不早说？"其实，导致问题恶化的最重要的原因还是沟通不够主动和及时。

（三）准确传递信息

一次仓促的投标

小刘是一家广告公司的销售人员，他的一个客户公司在招标广告方案。他准备参与他们这次招标。还有一个月的时间，小刘觉得时间应该足够了。小刘到公司请设计师小赵制作了三份创意方案参与竞标。小刘对小赵说："这个事情比较重要，你抓紧帮我设计一下。"小赵说："我手头有之前的活儿在赶，最近比较忙。"小刘说："你先忙你的，这个要过段时间才要，不急！"小赵说："没问题！包在我身上，我一定帮你设计好。"可接下来一段时间，小刘忙于处理其他事务，直到接到客户打来电话，催要广告方案，他才去问小赵要设计稿。小赵说："啊，你现在要吗？我还没设计好，当初你也没说清楚具体哪天要，我还以为你不急。"然后，小赵匆匆设计了三份稿子，交给小刘去竞标，结果失败而归。

调查数据显示，企业中执行效果不佳，有50%以上的原因在于任务接受者与任务发布者对于任务的理解不一致，而且各自认为自己对任务的理解是准确的。沟通主要用于传达个人的思想、情感和信息。在跨部门沟通中，除去为增进感情的思想、情感沟通外，更重要的是信息的传递。信息发起人要把话说明白，要求对方部门做什么事、做到什么程度、什么时候需要，必须准确无误地告知对方，不仅要让所有需要知晓信息者接收到这些信息，而且要注意反馈，确保信息接收者准确无误地理解。

（四）把握沟通细节

📖 **小案例**

找领导来谈

市场部经理让其助理小李去找销售部经理确认招商事宜的新进展。销售部经理不耐烦地对小李说："找你领导来和我谈。"助理小李只好委屈地去找市场部经理倾诉自己的不公正待遇。市场部经理说："平时觉得他挺和气的呀，没想到这么会摆架子，真是知人知面不知心啊！"市场部经理遂对销售部经理产生了不好的印象。

小李失败的原因在于沟通细节把握不到位。在跨部门沟通中，同样要注意细节决定成败。沟通中双方地位是否对等，程序是否正确，对于重视这些规则的人来说非常重要。市场部助理和销售部经理不在一个层次上，难怪销售部经理会不耐烦地要"找你领导来和我谈"。很多中层管理者看似平易近人，其实心里还是很在乎这些沟通细节的。销售部经理多少也是出于这种心理。如果事先市场部经理和销售部经理打个招呼，说因为自己刚好有事，就派助理先去与他沟通一下，这个细节把握好了，沟通就会顺畅很多。

（五）掌握说话的度

📖 **小案例**

人事风波

公司每年2月份宣布优秀员工升职名单，人力资源部通常在1月份确定初步人选。人力资源部职员A与销售部职员B闲聊时，在后者的一再追问并承诺不外传的前提下，被迫透露了升职人选的一些内幕。不久，公司内有关升职的传闻沸沸扬扬。职员们纷纷向部门经理抱怨，部门经理们纷纷向人力资源部经理询问，公司正常的工作气氛受到很大的影响。

◆ **课堂互动**

请问这一沟通问题出在谁的身上？

跨部门同事之间利用闲暇时间进行沟通，不仅可以增进相互间的了解，还可以增进双方的友谊，有助于建立良好的关系。但在沟通过程中，沟通内容的选择至关重要。公司中有些部门，如人力资源部、行政部、财务部等，由于掌握较多的公司机密信息，部门员工在与其他人聊天时，一定要把握说话的度，注意分寸，做到"不该说的坚决不说"，不泄露公司或部门的秘密，从而维护部门的利益和公司的稳定。此外，在与他人聊天时，还要注意不要随便在人后议论他人事非，常言道，"言多必失""祸从口出""讷于言而敏于行"是我们说话做事应该遵循的原则。

（六）学会同理心倾听

微课：跨部门沟通

学会同理心倾听是跨部门沟通的一大重要基础。倾听的关键在于用心，只有用心才能更进一步地达到双方沟通、交流互动的目的。调查研究发现，内部沟通中，大家往往急于表达而疏于倾听。由于其他部门的事情似乎与自己的相关性不强，因此往往使倾听流于表面，而在讲述自己部门的问题时，又滔滔不绝。在交流中，如果双方或至少一方多一些专注倾听，适时复述、提问以确认关键信息，并予以适当的反馈，那么沟通的有效性就大大提高了。

技能实训

1. 实训任务

任务1：了解跨部门沟通的技巧

（1）上网查询"跨部门沟通技巧"的相关资料，了解跨部门沟通对个人发展的重要性，并对跨部门沟通技巧进行全面认识。

（2）通过分享个人与其他班级、其他专业或其他部门的沟通模式，谈谈在跨部门沟通中可以运用的沟通技巧。

任务2：《想学设计的小王》案例分析和操作

案例分析：以小组为团队，分组研讨本案例中小王沟通失败的缘由。运用所学的关于跨部门有效沟通的技巧进行分析，每组制作一份本案例的分析报告；派代表登台演讲，时间不超过5分钟。

案例操作：从有效沟通的角度，分组进行情境模拟演示，正确演绎小王如何与刘总监沟通以达到让对方教自己学设计的目的，并制作书面沟通脚本。

2. 实训提示

《想学设计的小王》案例分析重点：

案例中的小王作为公司的一名新员工，想学习新知识、新技术的想法是非常好的，但在与他人沟通的问题上，还存在很多需要提升的地方。他在沟通中存在的问题主要有以下几方面：一是缺乏对沟通对象的尊重；二是对他人的工作没有表示出认同及赞赏；三是贬低了他人的价值；四是不恰当地使用权威法。总之，几乎句句皆有问题。因此，小组在模拟说服刘总监时，一定要注意互利、尊重、认可、赞美等沟通策略和技巧的运用。

3. 任务评价

任务1：学生自我评价任务的完成情况、所获体验等。

任务2：各组评价＋教师评价。评价要点：对各组任务实施的目标、计划、过程和效果进行评判，肯定成绩，提出建议，指导学生进一步总结和提高。

4. 评分参考

《想学设计的小王》案例分析和情境模拟。

内容	分值	占比
案例分析报告书面文本	30分	50%
案例分析登台演讲	20分	
案例操作情境模拟演示	30分	50%
情境模拟沟通脚本	20分	

任务三　有效处理跨部门的矛盾冲突

案例导入

案例1：借车引发的矛盾

某公司销售部要接待一位很重要的大客户来公司洽谈业务，为此，销售部的肖经理找行政部的邢经理，希望派车去接客户，由此引出了以下对话：

肖经理："最好派一辆好车去接大客户，因为这位大客户很重要，要尽可能周到地招待好大客户。"

邢经理："实在抱歉，咱们公司的好车都派出去了，现在只剩下一辆老款别克了，你看行不行？"

肖经理："那怎么行呢？那车多没面子、多没档次呀！大客户还以为咱们故意怠慢他

呢。咱不是有奥迪 A8 和大奔吗？怎么不派呀？"

邢经理："那些车都已经派出去了，现在实在是调不回来。"

肖经理："你看你看，你们行政部老干这种事，平时办私事、开回家、去吃喝玩乐时都有车，一到关键时刻，该办正事的时候反倒没车了。"

邢经理："怎么说话这么难听呀！谁说车派出去都办私事了，你看派车单，哪个是办私事去了？都是公司各个方面的老总要求派车，哪个不是正事，谁办私事去了？说话要注意点儿影响。"

案例 2：华为的跨部门沟通策略

为了更好地进行知识优化和创造，华为开通了一系列跨部门和打破层级的知识传播通道，包括跨部门沟通协作团队、述职大会等。这些途径更多地侧重以非正式方式疏导个人、团队和组织层面的负面能量，避免组织形成惰性和路径依赖，期待从尖锐的冲突中发现组织病症，从而激发组织的活力。

跨部门沟通协作团队在华为中有多种形式，在管理变革、合同谈判、开拓市场、招募人才中均发挥了重要作用。在 IPD 系统的优化过程中，为了在企业中实施 IPD 理念，打通全流程，华为建议采用跨部门小组，先把市场、用服、研发打通，然后再把生产、采购捆进来，共同整改流程打通问题，简化程序。跨部门小组代表公司，有决定权，统管所有的流程。而且，这个小组主要是理顺产品线全流程，并不是多了一个层级。

在与竞争对手争夺市场订单时，华为也会跨部门协作，战略管理部门分析客户需求，市场部分析对手及其优势并提出解决方案，商务部和 IT 支持部及其他相关部门提供技术支持。针对客户需求，市场部还形成了铁三角模式，由客户经理、产品经理和交付经理构成围绕客户需求的三角团队。其中，客户经理负责倾听客户需求、维持客户关系，产品经理负责产品与解决方案相关工作，而交付经理则从融资回款角度负责交付相关工作。三人一起办公、一起见客户，共享客户、产品、交付知识，形成既各有所长又融会贯通的灵活团队。

华为内部有大量座谈会形式的分享、总结和复盘，有些是以跨部门的方式展开，如战略管理部分析客户需求，市场部分析竞争对手，解决方案部提出方案预案，商务部提出商务方案，IT 部提出如何支撑，相关部门提出配套体系。座谈会开下来，整个公司不同产品线、不同部门的联合要求体系就梳理清晰了。针对大家的座谈协商情况，资历非常老的、有影响力的项目赞助人会对整个项目进行协同推进。

资料来源：董小英，晏梦灵，胡燕妮.华为启示录：从追赶到领先 [M]. 北京：北京大学出版社，2018.

💬 **案例讨论：**

1. 案例 1：导致肖经理和邢经理产生矛盾的主要原因是什么？这次沟通是否会影响他们今后的工作？如果你是邢经理，你认为应该如何处理此事？

2.案例2：华为公司能够打通部门间沟通壁垒的主要方法是什么？公司应该如何促进跨部门的学习与协作？

📺 知识链接

一、解决跨部门冲突的重要性

（一）跨部门矛盾冲突的表现形式

跨部门矛盾冲突是指公司内部部门或员工之间由于职能不清、态度不一致、标准不统一、思维有差异、沟通不顺利等产生的矛盾和冲突。情绪上表现为心怀怨恨、态度消极、情绪变坏等，行动上则表现为说话难听、攻击、不配合或故意搞破坏等。

（二）解决跨部门矛盾冲突的必要性

跨部门矛盾冲突往往是多个部门在协调过程中产生的矛盾和冲突。世界上的矛盾无处不在，部门与部门间的矛盾也客观存在，形式也多样。可以说，跨部门的矛盾冲突如果处理不及时或处理不当，将直接影响员工的工作情绪和工作效率，给个人的成长和发展都带来不利的影响。

二、处理跨部门冲突的六种行为风格

沟通是双向的，因此矛盾冲突的产生可能是由于一个人的因素，也可能是双方的原因。要想有效化解跨部门矛盾冲突，需要每个人都站在相互合作、共建和谐、共谋企业发展的角度。

无论矛盾冲突是如何产生的，要解决这些冲突，首先要学会从自身的角度去找原因，然后采取有针对性的行为来处理矛盾。对于个人来说，正确掌握以下六种行为风格，将有助于跨部门矛盾冲突的顺利解决。

（一）如有矛盾，主动化解

📋 小案例

受批评的人力资源部

一次公司的内部视频会议上，李总批评了人力资源部，认为人力资源部没有用心招人，招聘来的员工的工作态度都不认真。之所以会这样，是因为销售部曹经理曾和他抱怨说："现在人力资源部不知道怎么搞的，招的人都不行，活儿越干越差了，前两年招的人还像点样子，现在招的人都不好好干活儿。你还让我出业绩，告诉你我做不了！"于是李总在大会上发火，批评了人力资源部。人力资源部经理为此非常生气，从侧面得知是销售部曹经理在李总跟前告了他的状后，就与销售部曹经理产生了矛盾。自此，凡是销售部有人事问题，人力资源部总是拖着不给解决。后来曹经理通过其他人了解到人力资源部经理对他有意见的原因，便主动请人力资源部经理吃饭并道歉，说明自己处理事情的方式不合适，没有顾及他的感受，还请他多包涵。人力资源部经理见曹经理道歉得较为诚恳，便原谅了他，并承诺在今后好好合作。

部门之间的很多矛盾其实往往是因为沟通方式不正确或缺乏沟通而造成的，而这些误会完全可以通过有效沟通得以解决。部门之间的沟通其实并不需要很多的技巧，对话是解决冲突的最常用方式之一，而关键是主动迈出第一步，主动找当事人去沟通，通过协商解决问题。当双方有冲突时，如果双方都碍于面子，不肯低头，则会激化矛盾，使矛盾升级；但如果有一方能主动站出来承认错误，一般会使冲突顺利化解。通常来说，能主动道歉的一方往往心胸较为宽广，气量较为大度。在与其他部门有矛盾时，应尽量做主动化解矛盾的有大气量的人。

（二）换位思考，谁都有理

📖| 小案例

谁都有理

在某公司的半年度总结会上，总经理对销售部上半年度在华东地区的销售业绩相当不满意，他批评了销售部，说如果下半年其业绩再不好，就要扣年终奖金。销售部的肖经理听了很难受，发表意见说："今年年初我们制定了在华东地区新设一个大区、四个办事处的销售目标，需要招聘30多个销售人员，预期可以实现新增营业额3 000万元。但是，时间过了半年，新设的四个办事处中，有三个办事处主任还没有招聘到，预备招聘的30多个销售人员有一半没有到岗。我们销售部之所以没有完成上半年的销售目标，我觉得原因不在我们。"

人力资源部的任经理听完后，也觉得很委屈，反驳道："肖经理说的没错，我们人力资源部确实没能招到合适的人选。不过我们也有苦衷，我们人力资源部只有两个人！今年公司的薪酬体系要调整，新开的几个项目也需要招人。因此，人力资源部两个人除了处理行政性的工作，还要招聘很多员工，实在是感到力不从心。而且，我们不了解销售部的工作计划，你们为什么不早告诉我们？早干吗了？"

两人在会议上互相推诿，总经理只好宣布散会，并让他们会后找到问题的原因。

散会后，销售部肖经理和人力资源部任经理在走廊上又为此事吵了起来。

当与其他部门沟通而产生冲突时，不少人总会第一时间认为这肯定是其他部门的错，甚至推卸责任。这个时候就要尝试一下换位思考，站在别人的角度来看待相互沟通的问题，不要总认为自己有理，而应跳出自我的圈子，站在他人的立场，认为对方也许也有理，未必是同意他人，但应理解他人看待和认识事物的方式，这样才能找到合适的沟通方式，并取得效果。总之，当出现矛盾时，应换位思考，试着站在他人的立场和角度，设身处地地替他人着想，并理解他人的看法，这对解决问题是很有益的。

（三）从我做起，宽容待人

📋 **小案例**

琳达的气度

公司决定派研发部的小王去法国进修半年。小王把自己的出国数据交给了公司秘书琳达，因为必须有老总在上面签字，人力资源部才会正式为其办理出国手续。由于今年公司业绩下滑，老总在公司股东那里面临很大的压力，他天天找人开会，研究明年的销售问题，因此，他根本没时间也没心思来批阅小王出国的材料。离出国的日期越来越近，小王有些着急，以为是琳达从中作梗，便在中午吃饭时找了个借口与琳达吵了起来。琳达当时保持高姿态，没有与小王对骂，但在心里给小王记了一笔账，产生了找机会报复的念头。当天下班时，老总把小王的材料批下来了，并让琳达通知小王让他来总经理办公室，有些事他要向小王了解。通不通知小王？琳达完全可以说小王已经下班，找不着他了。如果通知他，又该如何通知他？让他直接去总经理办公室，他毫无思想准备，有可能什么也说不清……琳达最后决定还是先让小王到自己办公室来一下，把老总的意思先跟他说说，让他有个思想准备。

本案例中，琳达觉得虽然对方不怎么样，但自己作为总经理秘书应该用高标准来要求自己，在处理人际关系时不能斤斤计较，应从我做起，这样才能有效化解恩怨。大家都知道，影响双方人际关系的主要因素是人的言行，而个人的一言一行，势必给他人带来影响。跨部门沟通中，遇到冲突，如果我们可以从自我做起，用高标准来要求自己，以宽容大度来对待他人，相信矛盾冲突会很快消除。

（四）以理服人，以情动人

📋 **小案例**

人事矛盾的调解之道

随着年终绩效考核结果的公布，人力资源部小张的烦恼就来了，因为每年绩效考核一公布必然会引起一些员工的不满和争议，主动找上门来理论，而他就主要负责与他们的沟通工作。一番劳苦地完成了绩效考核，还要处理员工对考核结果的不满，小张觉得自己真是万分辛苦。但是，每次有员工来找他理论投诉时，他都能很好地应对，极少与员工发生冲突。这里面的原因，除了小张平时为人谦逊，对待每一位投诉者都是一视同仁外，最重要的还是他能到位地分析投诉者不满的原因，公平公正地解决问题。比如，刚刚研发部老王来投诉今年的奖金比自己预期的要少，绩效考核好像被"无故"地扣分了。小张就详细地询问老王觉得扣分不合理的地方和原因，然后，他会根据考核统计收集的材料和文件（如统计数据、报表、评价表格等），按照绩效考核的统计标准和规定，与老王一起亲自算一遍，让他全面而清楚地了解其绩效考核结果是如何核算的，为什么被扣分，扣分的依据和规定是什么。小张公事公办，客观公正地带着老王演绎了一遍。经过核算，老王认同了他的考核结果。老王刚走，销售部的小李又找来了，他认为上级主管给他打的分太低了，因他与主管有些私人恩怨，怀疑是上级故意报复。小张就让他先回去，承诺调查清楚后再告诉他。于是，小张约了小李的主管深入沟通，了解打分情况。然后把客观的信息反馈给小李，小李最后得到了满意的解答。

部门间有些工作是协作性的，也有些工作是支撑性的，像行政、后勤、人力资源和财务部门等都是以支撑为主的部门，他们在为其他部门服务的同时，也起到了管理的作用。因此，在管理过程中，如有员工质疑处理结果而来上诉，对其的处理原则很重要，在沟通过程中应耐心倾听，认真解释，控制情绪，客观公正地解决问题。如果是员工自身的问题，应当"以事实为依据、以公司规章制度为准绳"，对员工进行解释和说服；如果的确是企业的问题，应虚心听取并加以改善，这样便可避免引起矛盾冲突。

（五）调整心态，积极处世

📖 **小案例**

竞争引发的冲突

某化妆品公司旗下有两大品牌，各有一位品牌经理。最近，管理两位经理的高级经理因事离职，公司决定从两位品牌经理中提升一位做高级经理。两位品牌经理为争做高级经理，都铆足了劲。为了使本品牌的业绩胜出，两位品牌经理在公司内部钩心斗角，互相诋毁，争专柜、争展示台、争广告经费，连带着两个部门的员工之间也互相看不顺眼，互相使小手段。小李是其中一个部门的员工，当大家在钩心斗角时，她并未参与其中，而是踏踏实实地做好自己的本职工作，对另一位品牌经理也很客气。最后，对方部门的经理升任高级经理，其他人在这位高级经理面前都战战兢兢，怕她知道她们曾经做过的事，只有小李依然坦然做事。最后，高级经理提拔小李做了她的助手。

当前有些公司内部存在着并列的几个部门，几个部门间存在竞争关系。从某种角度来说，竞争可以有效地促进大家工作的积极性，尤其是在好的激励下，竞争的效果更为显著；但从另一方面来说，竞争也会加剧部门之间的矛盾冲突。作为相互竞争的部门中的一员，该如何来处理部门间的矛盾冲突呢？

可以说，部门间的冲突和分歧不一定由你而起，但一定可以由你而终。《大学》有云："知止而后有定，定而后能静，静而后能安，安而后能虑，虑而后能得。"面对在公司所处地位的不平等或处于激烈的竞争的境地，应调整心态，控制情绪，保持平和心态，正确看待得与失，尊重竞争对手，摒弃一些不正当的手段，坚持原则，正当竞争，通过自身实力来证明自己。出现问题时，应与对方真诚坦率地交流，积极寻求解决之道，定能避免矛盾与冲突。

（六）巧借外力，化解矛盾

📖 小案例

借力使力

　　年轻的大学生小刘刚到公司 A 部门担任项目经理不久，因为一个项目经理刚离职，领导就把离职人员负责的项目交给了他。他对项目进行了解后，发现目前项目进度有些慢，可能会影响项目最终如期交付。为赶进度，需要 B 部门人员加班完成。他到公司 B 部门提出了加班的要求，但大家都提出各种理由拒绝加班。他非常生气。吃中午饭的时候，他就在饭桌上向自己部门同事抱怨说："B 部门真是的，明明公司有规定，部门之间应当相互协调，B 部门口头上说支持 A 部门工作，但却不肯为了完成工作多辛苦一些，我非要到经理那里告他们一状。"这时候，同桌吃饭的老李听到了。老李是公司的老员工了，他笑着说："年轻人，不要生气。我建议你不要向经理投诉，而是直接向他说明项目进度情况，并提出需要 B 部门技术人员加班，但你与 B 部门技术人员沟通后，发现他们平时工作很忙，有时也会加班，再加班工作压力有点大，因此请经理想想解决办法。"小刘一听，连连点头。后来经理专门召集 B 部门开了会，说了项目的重要性，并承诺加班给予补助，最后 B 部门同意加班来赶进度，小刘负责的第一个项目最终顺利完成。

　　要解决跨部门的矛盾冲突，有时找到正确的沟通对象非常重要。和最有效果的人沟通，做最有效果的事，可以达到事半功倍的效果，千万不要非但没有解决问题，反倒意外地增加了沟通障碍。处理矛盾冲突，要学会借力使力不费力，即请第三方来协调解决。这个第三方可以是双方的上司，也可以是双方都信得过的人或与双方关系较为密切的人。当然我们也要注意，请第三方来协调解决矛盾时，沟通的内容同样不可忽视，自此方可达到沟通目的，而不是激化矛盾。

👥 技能实训

1. 实训任务

任务 1：掌握解决跨部门冲突的技巧

　　（1）上网查询"有效处理跨部门沟通矛盾冲突"的相关资料，了解跨部门矛盾冲突产生的原因，对跨部门沟通中出现的矛盾冲突进行全面认识，并进一步探讨有效解决跨部门矛盾冲突的方式和方法。

（2）回忆并分享自己与他人是否产生过矛盾，产生矛盾的原因是什么、最后是如何解决的、是否有更好的解决方式。

任务2：《借车引发的矛盾》案例分析与操作

（1）案例分析：以小组为团队，分组研讨本案例中沟通失败的缘由。运用所学的关于沟通的知识进行分析：为什么两位经理的沟通如此不顺利呢？每组制作一份本案例的分析报告；派1名代表登台演讲，时间不超过5分钟。

（2）案例操作：从跨部门矛盾冲突的有效解决的角度，分组进行情境模拟演示，并制作书面沟通脚本。

2. 实训提示

《借车引发的矛盾》案例分析重点：

该案例中，销售部肖经理和行政部邢经理就派车的问题发生了摩擦。在这个不愉快的事件中，销售部肖经理要求行政部邢经理派车去接一个很重要的客户，从他自己职责的角度那当然是为了公司，为了履行自己的职责，而行政部邢经理派车也是出于他的职责，他把车及时地派给需要用车的部门，所以从职责是一种工作内容和范围的角度来讲，双方都没有问题，他们都是在自己的职责范围内做事情，但也发生了冲突。

为了避免由于职能而引起的矛盾冲突，各部门间平时要加强联系，多沟通，了解他人的工作职责、工作内容和工作方式；要求对方协助自己时，要了解对方的权限范围及时间要求等；提前表达对他人的期望，提前做出预约，以免出现问题时以为是对方故意为难；要学会换位思考，彼此尊重。如果出现问题，多理解他人，尊重对方，沟通时注意语气委婉，以免引发冲突。而一旦发生冲突，要学会理解他人，主动道歉，不让事件恶化。

3. 任务评价

任务1：学生自我评价任务的完成情况、所获体验等。

任务2：各组评价＋教师评价。评价要点：对各组任务实施的目标、计划、过程和效果进行评判，肯定成绩，提出建议，指导学生进一步总结和提高。

4. 评分参考

《借车引发的矛盾》案例分析和情境模拟。

内容	分值	占比
案例分析报告书面文本	30分	50%
案例分析登台演讲	20分	
案例操作情境模拟演示	30分	50%
情境模拟沟通脚本	20分	

任务四　跨部门有效沟通综合实训

实训案例

企业内部跨部门沟通障碍多多

在一家企业内部，A 是公司总经理秘书，B 是公司总经理，C 是销售部经理，D 是人力资源部经理，E 是人事专员，F 是研发部经理，G 是一位老销售员，H 是一位新销售员，J 是生产部主管，K 是设计部负责人，L 是工艺部负责人，M 是质检部负责人，S 是一名维修师。

场景一

一天，销售部给总经理秘书 A 发来本季的销售报告，只罗列了这个季度的销售资料，没有把销售额大幅度下降的原因找出来，总经理不满意，让秘书 A 通知销售部让他们重写。当 A 把信息通过微信告知销售部经理 C 时，她提到总经理对这份报告非常不满意，并罗列了一堆需要改的地方。看着这些要求，销售部经理 C 心里开始不舒服了，抵触情绪也就上来了，于是不再管 A 说了什么，开始计较 A 是怎么说的，尽管他知道自己的报告没写好。于是，当秘书 A 问他要改后的报告时，他一直借故说没改好。

场景二

人力资源部经理 D 生气地走回办公室，把文件资料扔在办公桌上。原来研发部和人力资源部就考核问题产生了一些分歧。往年各个部门最后的考核标准都是由人力资源部做的，由于人力资源部基本上只是根据自己对各个部门岗位职责的了解来制定考核标准，导致每次考核时，各部门经理都向老总反映这些考核内容和标准不符合他们部门的实际情况，不能考核出员工的真实情况。为此，人力资源部没少受各部门的批评。于是，为使考核更规范，今年人力资源部决定改革，由各部门自己填写考核内容和标准。结果其他部门经理都向老总埋怨说考核是人力资源部的职责，怎么都推给他们了。以往的考核表都设计好了，可以直接给员工做考核，但是今年的考核表怎么都是空白，连考核标准都没有，让大家怎么填啊。为了继续推行这一改革举措，人力资源部吩咐人事专员 E 去各个部门解释并协调此事。E 首先来到了研发部，找研发部经理 F 沟通此事。

场景三

今年为了有效激励销售人员，公司决定采用末位扣全年奖金的制度，即每个区域销售部门绩效考核最后一名的销售人员将被扣全年奖金。该项制度刚颁布就引起了员工的不满，要求撤除，但公司没有理睬，继续推行该项制度。年终时，人力资源部对各部门销售人员进行了年度绩效考核，并统计出第一批被扣奖金的员工名单。名单出来后，被扣奖金的人员感到非常愤怒，集体来到人力资源部门讨要说法。公司资历较老的销售员G过来说："我为企业卖命10年了，以前业绩都不错，今年因为家里出了事，导致业绩不太理想，怎么可以因为这样就扣那么多呢，企业这样做太让人心寒！"刚进公司一年的H又过来抱怨："我刚进企业时间不长，一切都在学习中，业绩没有老员工好是正常的，等自己积累了经验，业绩应该会上去的。但我工作一年就扣了半年多奖金，你看，快过年了，这下连回家过年的费用都没着落了。"人事专员E负责协调工作，面对G和H的申诉，E只能耐心沟通。

场景四

最近，公司的生产部主管J比较烦，公司一批产品出现了轻微的质量问题，总经理B让他组织设计、工艺、质检等相关部门开个碰头会，查清楚相关原因。J沟通了很久，发现大家怎么也凑不到一起，最后碰头会不了了之。无奈之下，J召开了视频会议，结果会议上各部门互相推诿，都不承认是自己部门的问题。

场景五

有一家外资企业领导要来公司考察，总经理B让秘书A召集各部门经理商讨一下，共同策划一个方案。会上研发部经理F提出可以在公司内部搞个展厅，这样既节约租赁费用又有新意。生产部主管J本来与研发部经理F就有些矛盾，一听这个建议就火了，发脾气说道："用我们生产车间的地方，那我们生产任务怎么完成，耽搁生产造成损失怎么办？"研发部经理F听了也很火，说："我就是提个建议，你那边地方那么大，不就稍微挪块地方出来吗？怎么就会影响生产了？"生产部主管J又反驳道："你研发部懂什么？"眼看二人的争吵愈演愈烈，秘书A赶紧出言相劝。

场景六

销售部新销售员H在周五下午五点半接到公司一位重要客户打来的电话，说他们购买的设备出了故障，要求紧急更换零部件。于是，H给维修部门打去电话，但没人接电话，因为主管人员及维修师均已下班。H赶紧给维修师S打电话，但S却觉得已经下班了，而且马上就是周末，不愿去维修。

实训任务

任务1：案例分析。分组研讨该案例的6个场景，详细分析其沟通成功的经验或沟通失败的缘由，从而得出跨部门有效沟通的要点。以小组为团队，每组制作一份该案例的分析报告；选派1名代表登台演讲，时间不超过5分钟。

任务2：案例操作。根据跨部门沟通的策略与技巧，结合该案例，进行补充和细化，分组制作 6 个场景的沟通策划方案以及具体的沟通脚本。分组情境模拟，演示这家企业内部各部门之间应该如何进行有效沟通。

实训提示

《企业内部跨部门沟通障碍多多》案例分析重点：

场景一：注意说话的方式。如果 A 说话婉转一些，比如先同情对方，说市场竞争太激烈，整个行业的大环境都不太好等，之后再说出"增加内容，找出原因"的意思，那销售经理对她可能会是另外一种态度，沟通的目的自然就会达到。每一个人都有自尊心，都爱面子，如果不注意说话的方式，就很容易伤及对方的自尊心。可以说，说话的方式与说话的内容一样影响沟通的效果。

场景二：动之以情，晓之以理。企业中由于分工不明确或分工出现调整而得不到相应部门的支持这样的事并不少见。除了向对方明确各自的权责外，面对对方应承担责任却表现得并不配合时，作为协调方，一定要认真倾听其不合作的理由，然后动之以情，晓之以理，分析利害关系，以取得对方的协助。

场景三：同理心倾听与反馈。在企业中，通过绩效评估考核员工的工作表现，继而通过奖励与惩罚的方式对员工进行激励，往往能起到一定的激励效果。但如果某种考核方式不被员工接受，往往会激化与员工的矛盾，打击员工的工作积极性。因此，在处理类似的抱怨时，要用同理心倾听，将心比心，对对方的遭遇表示同情，但同时要把政策的积极面解释给他们听，一方面答应他们向上反映，另一方面肯定他们的贡献，并对其未来的表现表示出足够的信心，以激励其正确对待得失。一定要注意，不能随便答应或拒绝。

场景四：强调利害关系。遇到某些部门说一套做一套、表面配合而实际推诿的情况，必须强调任务的重要性及领导的重视程度，明确利害关系。如果需要大家一起面对面开会，可以采用谁未到场责任在谁的方式说服对方积极参与。

场景五：运用调解技巧化解矛盾。秘书 A 不仅要协调部门间的合作，还要避免部门间的冲突。作为协调人和监督人的秘书，在两个部门不能相互合作并发生冲突时，必须能够运用巧妙的沟通技巧缓解双方的矛盾。在会上，秘书应及时制止双方的争论，从公司全局的角度认可双方言论的正确性。事后，秘书还可单独约双方见面，谈自己的想法及总经理的意见，强调两个部门的重要性，待取得对方的理解后，可以作为中间人，约双方一起化解矛盾。

场景六：灵活运用多种沟通方法。对于其他部门人员不愿配合的情况，可以尽量采用动之以情、晓之以理的方法，注意语气委婉谦逊，如对方仍不配合，还可采用借助权威法，如让其主管要求他完成任务等方法。

任务评价

各组评价＋教师评价。评价要点：对各组任务实施的目标、计划、过程和效果进行评判，肯定成绩，提出建议，指导学生进一步总结和提高。

评分参考

《企业内部跨部门沟通障碍多多》案例分析和情境模拟。

内容	分值	占比
案例分析报告书面文本	30分	50%
案例分析登台演讲	20分	
案例操作情境模拟演示	30分	50%
情境模拟沟通脚本	20分	

项目六　与客户有效沟通

沟通名言

　　顾客的抱怨是很严重的警告，但诚心诚意去处理顾客抱怨的事，往往又是创造另一个机会的开始。

——松下幸之助

　　生意要一笔一笔地做，面对面地做，推心置腹地做。顾客不是我的冤家对头，而是我的衣食父母。

——乔·吉拉德

　　提高顾客的满意度：产品差异是由顾客决定的，会抱怨的顾客是好顾客。

——余世维

　　我们的销售代表耳聪目明，不断打听出顾客的新需要，把消息传给研究人员。因此，研究人员可以满足顾客的需求，又能提供新产品或新事业。

——李维士·李尔

学习导航

　　客户是基层管理人员和销售代表工作中非常重要的沟通对象，与客户建立良好的关系并进行有效的沟通对于工作的开展、产品的销售、企业形象的塑造等具有非常重要的意义。本项目紧密结合基层管理人员和销售代表的工作内容、工作任务及岗位要求，通过对客户沟通技巧的训练，指导学生深入理解与客户有效沟通的原则和方法，培养有效沟通素质，培训与客户有效沟通这一职业技巧，提升自身的职业素养。

◆ 知识能力目标

1. 理解与客户有效沟通的重要意义，领悟与客户沟通所必需的基本职业素养；

2. 理解接待客户的方法与技巧，能运用各种方法接待不同类型的客户；

3. 理解拜访客户的方法与技巧，能运用各种技巧和方法成功拜访陌生客户；

4. 理解说服客户的有效方法，能运用各种方法和技巧说服客户购买其所需要的产品。

◆ **素质素养目标**

1. 理解和领悟与客户沟通中的真诚远比语言表达技巧更重要；
2. 能自觉参加小组项目研讨与操作，具有团队合作精神；
3. 具有灵活机智的沟通情商和应变素质；
4. 以公正、真诚、正直为中心思想办事，与人沟通有始有终。

与客户有效沟通的基本方法与技巧

案例导入

案例1：三位房产销售员

李先生想在市区买一套新房子，经过综合分析和对比后，他选定了位于市区较为繁华地段的一个楼盘。李先生先后三次走进楼盘的售楼处，遇到了三位不同的销售员：张明、李涛和王海洋。

第一次，他一个人先去售楼处考察了一下，张明接待了他。刚入职的张明很热情地询问李先生的购房动机、家庭情况、孩子读书情况和爱人就业情况。李先生想仔细了解一下房屋的建筑质量和房型，但苦于一直被询问，看着张明热情年轻的脸，李先生想生气又生气不起来。

第二次，李先生跟好朋友再度考察了该楼盘，有着多年销售经验的李涛接待了他。李涛先是在售楼处门口热情地迎接了李先生，并及时递送了自己的名片，然后引导李先生到沙盘旁，对楼盘的整体情况做了简单介绍后，先退到了一旁，暂时休息一会儿，也给李先生考虑和观察楼盘的时间。这时，又进来几位看房者，李涛又忙着接待去了，李先生数次抬头想咨询李涛时，发现李涛分身乏术。李先生跟朋友有点失望地走出了售楼处。

过了大半个月，李先生带着家人一起来到了售楼处，这次接待他的是王海洋。王海洋有着多年的楼盘销售经验，销售业绩一直都很好，是大家公认的"销售王者"。看到李先生一家下了车往售楼处门口走过来，他热情地走上前，跟大家打招呼，还拿了一个粉色的玩偶小礼品给了李先生6岁的女儿。首先，他先引领李先生一家在等候区入座，并周到地为李先生准备了一杯绿茶，为李太太准备了一杯热乎乎的红茶，然后开始轻松地跟李先生一家交谈，先询问了李先生的购房目的，了解到李先生是想改善住房条件的二次购房者，并且对该楼盘比较看好，购买意向比较大。简单介绍后，王海洋带领李先生夫妇二人仔细查看了沙盘及销售情况，筛选出备选房型，还介绍了该楼盘周边的规划建设和发展情况。看到李先生夫妇都表现出很满意的情绪后，王海洋带领他们参观了样板房。样板房的设计让李太太非常心动，她在看房过程中不停地在规划以后家里的布置和装修。参观完样板房后，李先生夫妇脸上露出满意的笑容。王海洋这时告知近期公司在实行优惠活动，对于李先生想要购买的房型，这样的优惠活动平时是很少的，而且活动的期限很快就要到了，等活动结束，就不能再享受这样的优惠了。李太太表示非常愿意当天就签订购房协议书，李先生还在犹豫，这时王海洋拿出近期的销售统计表，告诉李先生楼盘自推出后，销售一直非常火爆，他就算愿意帮李先生暂时保留这套房子，也不能保证一定能保留成功，如果有其他客户当场签订购房合同的话，他就无能为力了。李先生听了王海洋的介绍后，也表示愿意当天就签订购房协议书，并交纳了购房保证金。

案例 2：客户的尴尬

周一上午，销售经理秘书小张在忙碌地处理手头的事情，下午销售部要召开部门会议。小张正在给销售部门的员工打电话确认下午的参会情况，这时，门口来了一位客人，小张由于在讲电话，就对客人招了招手，示意客人进来。与小张通电话的这位同事在外面出差，电话中跟小张顺便聊起了在外出差遇到的种种情况，这通电话打了有二十分钟。客人一直在门口站着，看着小张在接电话，也没有打断，拿出手机直接给销售经理打电话，但销售经理恰好在外面办事，客人想了想，留了一张名片在桌上就走了。等打完电话小张才发现客人已经走了，也没有继续跟进。销售经理回来后，看到了桌上的名片，将小张狠狠教训了一顿。这是公司非常重要的一位客户，销售经理有一张大单子正在跟进，而小张的冷漠态度让客户觉得公司对此次业务不够重视。

💬 **案例讨论：**

1.案例 1：三位售楼员在与客户沟通的过程中的区别体现在哪些方面？为什么王海洋能销售成功？张明和李涛失败的原因分别是什么？在与客户沟通的过程中，需要注意哪些方面？

2.案例 2：小张为什么无意中得罪了客户？在接待客户的过程中，作为秘书人员需要注意哪些方面？小张应该怎么做？

🖥 **知识链接**

一、不同类型的客户分析及应对方法

在与客户交流的过程中，只有先了解客户的性格特征及不同的类型，才能有针对性地采用行之有效的沟通方式，达到有效沟通的目的。

（一）挑剔型客户

挑剔型客户一般比较注重产品的各个方面，要求产品的各方面都能满足其要求，因此常常提出一些略微过分的问题。如果发现产品存在缺陷，哪怕是非常细小的问题，他们也会揪住不放，甚至会变得咄咄逼人，提出无理要求。与挑剔型客户沟通时，要注意不要陷入客户的纠缠中，在谨慎地维护自身利益的同时，要尽量表现出对客户意见的认同，例如："我非常赞同您的看法，我们的产品……"在沟通过程中，避免在某些细节问题上纠缠不清，重复表述，而应该将客户的注意力转移到产品的优势上。

（二）急躁型客户

急躁型客户的性格一般较为豪爽和外向，注重办事的效率，时间观念比较强。如果不能满足其对时间和效率的要求，他们常常表现出坏脾气。应对这类客户，应当给予迅速的回应，而不能让其久等，例如："这位先生，我立刻给您处理这件事情，好吗？""抱歉，让您久等了，请问您需要什么？"

（三）粗鲁型客户

粗鲁型客户常常表现出说话随意且情绪不佳，一旦稍不如意就要发脾气，甚至会做出过激行为。应对这类客户，要及时地给予礼貌的回应，而不是直接与之对着干。在沟通过程中，应表现出极大的耐心和礼节，多用敬语，例如："先生，您先喝口茶，有事您慢慢说，有问题我会尽力帮您解决的……"

（四）友好型客户

友好型客户一般性格温和，友善而亲切，表现出较好的修养和素质，同时对于产品的性能也可能较为熟悉。在沟通的过程中，他们有时候不会直接说出真实的想法，会尽量委婉地表达。如果产品不能满足其要求，他们可能会以各种理由推迟购买或者拒绝再接受产品的信息。与这类客户沟通，要注意倾听，听出其言下之意，并注意引导其表达出真实想法和购买意向。友好型客户常常可以发展为成熟客户，建立长期的合作关系。

（五）冲动型客户

冲动型客户往往是冲动型购买者，会经常改变购买意向。和这类客户打交道必须明确、坚定、简练，迅速地操作而使其没法轻易改变主意，尤其是不要提供会导致其改变决策的更多信息。同时，针对冲动型客户，也应该做好售后服务工作。

（六）犹豫不决型客户

犹豫不决型客户的购买意向常常不明确，态度有时热情，有时冷淡，情绪多变，很难预料，喜欢征询别人的意见。针对这类客户，先要取得对方的信任和对产品的认同，同时采取诱导的方式，将客户的注意力转向产品的优势方面，而忽略劣势的影响，从而促成交易的达成。

二、与客户有效沟通的基本方法

有效的沟通技巧可以帮助营销人员与客户建立合作关系，但客户的类型多种多样，与客户进行沟通并不是一件简单的事，在沟通过程中应该注意以下几点：

（一）坦诚相待，礼貌先行

在营销过程中，有时候一个细节就能让客户认同服务或产品。但有时候一个不经意的缺陷也能令客户觉得失望，甚至打消购买意向。在与客户沟通的过程中，要注意真诚坦率，注重交往礼节。在客户来访的第一时间给予热情的接待和回应，使用敬语，让客户感受到你的热情，这是与客户沟通的第一步，也是关键的一步。

（二）尊重客户，取得信任

不论是发展新客户还是维护老客户，都要充分了解客户，包括其性格特征、兴趣爱好、宗教信仰乃至人生信念等。在与客户沟通的过程中，应真正地做到尊重客户，并换位思考，从客户的角度和立场看待产品，以取得客户的信任。

（三）及时跟进，维护客户

在营销目的实现后，售后服务和客户跟进就显得更为重要了。将客户视为朋友，平时保持联络，多多沟通，增进了解，如节假日以电话、短信等方式问候，平时闲暇时聚会，邀请客户参加企业所举办的各类开放型活动等，让客户对企业的认识更进一步。这样，客户不仅觉得企业的服务或产品值得购买，合适的时候也会为企业带来客源。

（四）目的明确，主题突出

不管什么样的沟通交流形式，在与客户沟通之前，先要明确此次沟通的目的。在交流过程中，应紧密围绕沟通目的进行，注重沟通效率。例如：很多业务员请客户吃饭聚会，在筵席上大谈国事、家事，对宴请的目的只字不提，结果是饭吃完了，什么事情都没谈，更不用说谈成交易了。

因此，与客户有效沟通的前提是做好充分的准备，目的明确。在沟通过程中，坦诚相待、知己知彼、谦虚谨慎；在沟通后期，及时跟进，做好客户维护工作。

三、与客户有效沟通的技巧

（一）从倾听开始

在与客户沟通的过程中，倾听是解决问题的前提和关键。认真倾听客户，向客户解释他所表达的意思并请教客户你的理解是否正确，都是向客户表明你的真诚和对他的尊重。同时，这也给客户一个将意图表达清楚的机会。例如，在倾听客户投诉的时候，不但要听他表达的内容，还要注意他的语调与音量，这有助于了解客户话语背后的内在情绪。同时，要通过解释与澄清，确保你真正了解客户的问题。例如：处理客户的投诉时，应认真倾听，不要轻易打断客户的话语，从而判断客户的真实意图。

（二）认同客户的感受

📖 小案例

愤怒的客户

周一上午，售后部小李忙得焦头烂额，手头有一大堆客户的投诉和退换货申请要处理。这时，电话响了，小李接听电话，又是一位客户打来的，这位客户在一个月前购买了公司的一款新产品，使用过程中发现问题，上周刚刚送到检测部检测，但检测报告显示产品质量没有问题，可能是客户在操作过程中安装了某些不兼容的程序而导致设备故障。检测部在检测报告中已经给予了明确的建议，要求客户删除一些程序，但该客户今天又打电话来要求退货了。小李考虑到手头紧急的事情很多，就让客户加他微信，表示后续一定主动联系并予以解决。等小李忙完一上午的工作，发现微信上有一个新联系人，也没有及时询问和跟进。过了三天，该客户直接联系了销售部负责人，投诉小李工作效率低下。

◆ 课堂互动

小李在接客户电话的时候应该怎么回应？从中深刻领悟在与客户沟通的过程中，认同客户的感受的重要性及表现方式。

站在客户的立场上看待问题，对客户的情绪感同身受，能迅速地取得客户的信任。如在处理客户投诉时，这样表述："王先生，您好！我们的产品给您带来了困扰，真是非常抱歉，我很能理解您的心情，如果是我，遇到这样的事情也会很生气的。让我来帮您一起看看问题在哪吧！您是说，您的这款产品刚买了还不到一个月，但经常出故障。您也已经到我们的维修中心检测过，测试报告显示产品质量没有任何问题。今天，故障再次发生了，是吗？您很不满意，要求我们给您退货，是吗？"

（三）学会赞美

客户喜欢听赞美的话语，在与客户沟通的过程中，不断地发现客户的优势和强项，及时地给予赞美，能较快地赢得客户的好感和信任。例如："陈小姐，您的眼光真好，我们这款衣服是今年的新款，衣服的版型特别好，面料也很好，性价比绝对高。""这位先生，您选购这款产品是为孩子准备的吧？您真是一位称职的家长。"

（四）适当引导客户

在客户选购产品的时候，犹豫不决型客户需要引导，但绝大多数客户都希望对产品有详细的了解，并听从其他人的建议和意见。因此，可以适时地为客户提供选择，但给客户提供的选择不宜过多。给客户提供选择会让客户感到受人尊重，同时，客户选择的解决方案在实施的时候也会得到更多的来自客户的认可和配合。

技能实训

1. 实训任务

任务1：准确地判断客户需求

（1）通过对客户性格类型的分析，采用不同的沟通方式，从而有效地与各类型的客户沟通。面对不同性格类型的客户，通过不同的询问方式和同理心倾听并与客户交流，让客户自己说话，说出自己真实的需求。理解在与客户沟通的过程中，倾听比交流更重要。通过与班级同学、小组成员的沟通，学习判断沟通对象的性格特征，并运用到与客户沟通的过程中。

（2）上网查询"情绪管理"的相关资料，了解情绪管理的定义和重要性。结合自己平时与人沟通的实际情况，判断自己在与各类对象沟通的过程中有没有较好地进行情绪管理。

任务2：《三位房产销售员》案例分析与情境模拟

（1）案例分析：以小组为团队，分组研讨张明和李涛与客户沟通失败的缘由。运用所学的关于沟通的知识进行分析：如何迅速地获得客户的信任和支持？每组制作一份案例分析报告；派1名代表登台演讲，时间不超过5分钟。

（2）情境模拟：从有效沟通的角度，分组进行情境模拟演示，并制作书面沟通脚本。

2. 实训提示

《三位房产销售员》案例分析重点：

第一，尊重客户，认真倾听。张明在与李先生沟通的过程中，一味热情地询问李先生的购房动机、家庭情况、孩子的读书情况和爱人的就业情况，而忽略了倾听李先生的真实购房想法。

第二，热情服务，持续跟踪。李涛在热情地接待了李先生后，对楼盘的情况也做了较为清晰的介绍，但没有进行良好的跟进，从而让李先生有种被忽视的感觉。

第三，考虑周全，适时促进。王海洋在热情周到地接待了李先生一家后，同理心地倾听了李先生的购房需求，并带李先生一家参观了样板房，注意到李太太的反应，并适时地告知优惠活动，从而促成了交易。

3. 任务评价

任务 1：学生自我评价任务的完成情况、所获体验等。

任务 2：各组评价＋教师评价。评价要点：对各组任务实施的目标、计划、过程和效果进行评判，肯定成绩，提出建议，指导学生进一步总结和提高。

4. 评分参考

《三位房产销售员》案例分析和情境模拟。

内容	分值	占比
案例分析报告书面文本	30 分	50%
案例分析登台演讲	20 分	
案例操作情境模拟演示	30 分	50%
情境模拟沟通脚本	20 分	

任务二　有效地接待客户

 案例导入

案例 1：守信用的小张

这一年的国庆节也是中秋节，到某酒店预订宴席的顾客特别多，结婚的、祝寿的、联欢的，该酒店的工作人员忙得团团转，这一忙就出了乱子。原来，有位老人做六十大寿，订了最靠近舞台的两桌酒席，可是负责预订的工作人员疏忽了，把原本给老人的位置给了一对结婚的新人接待宾客用了。老人一家来的时候，那对新人的客人已经就座了。客户部秘书小张知道这件事情后，首先查看了当天酒席的预订情况，发现有一间包间还没被预订，而这间包间是用来摆三张桌子的。小张马上找到这位老人，向他及他的亲人道歉，请他们一家到这间包间入座，并关照接待客人的人员不要再安排其他客人进这间包间。然后，小张在请示了经理之后，为这位老人的消费打了八折。这位老人非常满意，他说："别人结婚几十桌酒席，我只有两桌，我以为你们会随便找个地方把我打发了，没想到为我考虑得这么周全，可见你们是很讲信用的。"事后，老人将儿子结婚的酒席也预订在这家酒店。小张对待客户守信，维护了酒店的信誉。

案例 2：聪慧的许欣

许欣是一家银行的大堂经理。一天，一位年龄较大的客户走进了银行，在排队等候后来到柜台，却很快与银行工作人员发生了争执。原来，这位客户想先开一个账户，工作人员要求客户填写几张表格。但客户年龄较大，眼睛也看不太清楚，也嫌麻烦不愿意填写。工作人员强硬地表示，如果不填就不能开账户。

许欣微笑地走到了客户面前，用手势制止了工作人员，低头问客户："先生，不好意思啊，我们工作人员脾气有点急，我代表银行向您表示歉意。您开户是想把钱存在银行，这样可以防范风险，保障资金安全，是吗？"

客户："肯定的呀！"

许欣："如果您填写了这些表格和资料，到时候遇到问题，我们可以第一时间联系您的家人，这样也更稳妥啊！"

客户："这样倒也是好的。可是这也太麻烦了，你看我年纪大了，眼睛也看不太清楚。"

许欣拿来一副眼镜给客户，说："您戴上这副眼镜试试看，我们先到旁边桌子那边去，坐下来慢慢写，我帮您读，您写，可以吗？"

客户愉快地答应了。

💬 **案例讨论：**

1. 案例 1：小张是怎么赢得客人的信任的？工作中如果遇到客人投诉，应该怎么处理？

2. 案例 2：许欣是如何化解客户的不良情绪的？在接待这样不太了解规章制度的客户时，作为工作人员应该怎么做？

💬 知识链接

一、接待客户的基本礼仪

（一）问候和迎客

当听到门铃声或敲门声时，应迅速应答，同时前去开门。在大门开启后，要以微笑的面容、亲切的态度向客人礼貌问候，如"您好""欢迎您"，对认识的客人也可以直接称呼，如"张先生，您好"。如果有不认识的人，可先问清对方尊姓，然后立刻称呼和问候。在引领客人会见相关人员时，要配合对方的步调，在客人左前侧作引导。引导行走时上体稍向右转体，左肩稍前，右肩稍后，侧身向着来客，保持两步左右的距离，可边走边向来宾介绍环境，同时留心观察来访者的意愿。要转弯或上楼梯时，先要有所动作，让对方明白所往何处。

（二）招待宾客

（1）座位的安排。客人进入办公区域后，通常请客人上坐，即距离房间门较远的位子，而离门口近的座位为下位。目前，国际上通常认为右为上，因此入座时常请宾客坐在右侧。在请进让座的接待中，要同时有"请""让"的接待声音和相应的手势，并立即请客人落座。当然要根据实际情况选择座位较好的沙发、椅子。客人来到后，你的主要任务就是满足客人的需要，不要把客人冷落一旁，要让他感到你处处为他考虑。

（2）款待宾客。当客人落座后，办公室人员应担负起招待的任务，首先应端茶递水，沏茶入杯不要倒得太满，通常七分满即可。送茶时最好使用托盘，将茶杯放入托盘内，先将托盘放在桌上，再取出茶杯，双手敬上，先宾后主，并轻声招呼："请用茶！"若客人停留时间较长，应随时主动为客人续水敬茶；续水时，要将茶杯拿离茶桌，以免倒在桌上或弄脏客人的衣服。

（3）送客礼仪。客人提出告辞时，要等客人起身后再相送。"出迎三步、身送七步"是迎送宾客最基本的礼仪，因此每次待客结束，都要以"希望能再次见面"的心情来恭送对方离开。与客人在门口、电梯口或汽车旁告别时，要目送客人上车、关上电梯门或离开。要以恭敬真诚的态度、笑容可掬的表情鞠躬或挥手致意，不要急于返回，应待客人完全消失在你的视野内，或电梯门关闭后，或车开出视线外后才可结束告别。

二、有效地接待客户的基本程序

（一）认识客户

当客户走进来，应立刻起身，面带微笑迎接，热情地打招呼，表示敬意和尊重。

（二）接近客户

在迎接客户进入办公室或商场时，注意观察并找出话题与客户沟通，用礼貌性话语询问客户的需求。问清楚了客户的真实意图，有助于向其推荐适合的产品或服务，让自己的思路引导客户的需求，尽量开启对方与你沟通的意愿。

（三）介绍产品

询问清楚后，有针对性地向客户介绍满足其需求的产品。对产品的介绍越专业、越详细越好，但不能啰唆，应突出重点，主要讲出它的特点和不同。在给客户介绍的同时应时刻观察客户，从其话语、眼神、表情来分析其对产品的反应，进而判断其是否有合作意向。

📋 小案例

小陈推销保险产品

钱小姐："上次听了你的介绍，我是想买一份养老保险，可是想想又觉得不划算，利润太低了。"

保险销售员小陈："钱小姐，您看啊，我们现在每天存 20 元，对我们的生活可以说是毫无影响。1 年交纳 7 000 多元，交满 20 年，就是 16 万元左右。最后可以得到多少呢？我们一起来看看，20 万元的身故保险金，20 万元的满期保险金，还有 12.5 万元的养老金，一共能拿到 52.5 万元呢，这利润很高了吧？"

钱小姐："你都把期满保险金算进去了，我还不一定能活到 80 岁呢。"

小陈："钱小姐，您身体这么健康，一定能活到 80 岁啊！再说了，现代人的平均寿命都要 80 多呢。而且您还一直很重视养生。"

钱小姐："那你能给我打折吗？"

小陈："钱小姐，我们公司明确规定，每一份保单的价格都是经过精算师很多次的核算的，不能打折，要按照合同严格执行的。您签了合同就是我们的 VIP 客户了，我们会定期举办一些沙龙，文化类的、养生类的都有，到时候我给您发邀请函，请您来参加，您也可以和我们分享一下您的养生经验。现场还有丰富的礼品哦。"

钱小姐："好吧，看您这么有诚意，我签单了。"

◆ 课堂互动

小陈向顾客介绍保险产品，用到了哪些话术？面对顾客的疑虑，小陈是如何说服客户的？

（四）展示产品

在详细而专业地介绍产品的同时，可以向客户展示产品，必要的时候可以展示产品

的使用方法和技巧。

（五）商谈价格

客户在详细地了解了产品信息后，下一个关注的问题就是价格。在具体明确地告知客户价格后，可以如实地告知客户公司最近的优惠活动，以吸引客户。在商谈价格的过程中，诚意最重要，从客户的角度出发，站在客户的立场上思考可以避免纠纷和误解。

（六）成交后的服务

在产品成交后也应该注意服务品质，将产品的售后服务告知客户，并且欢迎客户再次光临，将客户送至门口或目送客户离开，以表示期待之意。售后阶段，还可以进行产品质量跟踪，定期打电话询问客户的使用情况和对产品的建议和意见，做好客户维护。

三、有效地处理客户投诉

（一）从倾听开始

倾听是解决问题的前提。在倾听客户投诉的时候，不但要听他表达的内容，还要注意他的语调与音量，这有助于了解客户话语背后的内在情绪。同时，要通过解释与澄清，确保你真正了解客户的问题。例如："王先生，您好！请坐，有什么事情慢慢说，看我能为您做点什么？""关于产品给您带来的困扰和不便，我代表公司向您表示歉意。现在我们一起来把问题给解决了，好不好？"

（二）引导客户思绪

在认真地倾听了客户的投诉和真实意图后，可以运用一些方法来引导客户的思绪，化解客户的愤怒。首先，可以先转移客户的话题，当对方按照他的思路在不断地发火、指责时，可以抓住一些其中略为有关的内容扭转方向，缓和气氛。其次，表示愿意提供帮助，让客户感受到你的诚意。再次，可以间隙转折。例如："哦，这个产品您是为自己儿子买的，是吗？您儿子今年多大了呀？上几年级？"最后，在客户情绪还是比较激动、劝说的效果并不理想的情况下，暂时停止对话，特别是你也需要找有决定权的人做一些决定或变通，如告诉客户："请稍候，让我来向高层领导请示一下，我们还可以怎样来解决这个问题。"

（三）为客户提供选择

通常一个问题的解决方案都不是唯一的，给客户提供选择会让客户感到受人尊重，同时，客户选择的解决方案在实施的时候也会得到来自客户方更多的认可和配合。

（四）诚实地向客户承诺

在处理客户投诉的过程中，常常会出现一些目前尚不能给予肯定答复的情况，如果不确定，不要向客户做任何承诺，应诚实地告诉客户，你会尽力寻找解决的方法，但需要一点时间，然后约定给客户回话的时间。在承诺后一定要确保准时给客户回话，即使到时你仍不能解决问题，也要告知客户问题的进展，并再次约定答复时间。诚实往往会更容易得到客户的尊重。

（五）适当地给客户一些补偿

为弥补公司在操作中的一些失误，可以在解决问题之外给客户一些额外补偿。如案例1中机智的小张，在客户的利益受到损害时，及时地给予一些补偿，让客户满意，同时赢得了客户的信任。因此，很多企业都会给客服经理一定的授权，以灵活处理此类问题。但要注意的是：将问题解决后，一定要改进工作，以避免今后发生类似的问题。

技能实训

1. 实训任务

任务1：热情且有礼貌地接待客户

（1）通过观看相关视频，了解接待客户的基本礼仪知识，并能将之运用到实际的工作中去。通过小组成员的角色互换和情境模拟，学习接待客户的基本礼仪和基本程序。

（2）上网查询"有效接待客户"的相关资料，了解有效接待客户的基本方法。

任务2：《聪慧的许欣》案例分析与情境模拟

（1）案例分析：以小组为团队，分组研讨许欣与客户沟通成功的缘由。运用所学的关于有效接待客户的知识进行分析：如何向客户介绍规则制度？每组制作一份本案例的分析报告；派1名代表登台演讲，时间不超过5分钟。

（2）情境模拟：从有效沟通的角度，分组进行情境模拟演示，并制作书面沟通脚本。

2. 实训提示

《聪慧的许欣》案例分析重点：

（1）尊重客户，热情接待。许欣在看到客人与工作人员发生口角时主动上前询问情况，并让工作人员不要继续争执，主动向客户表示歉意。

（2）注重方法，效率较高。许欣在得知客户的意图和目的后，采用机智的应对技

巧，将填写表格的重要性告诉了客户。

（3）灵活应对，机智聪慧。许欣在得知客户嫌麻烦的真实态度后，明确告知他填写资料的重要性，并没有强调银行的规章制度，从客户的心理需求出发，从而获得客户的认可，解决了问题。

3. 任务评价

任务1： 学生自我评价任务的完成情况、所获体验等。

任务2： 各组评价＋教师评价。评价要点：对各组任务实施的目标、计划、过程和效果进行评判，肯定成绩，提出建议，指导学生进一步总结和提高。

4. 评分参考

《聪慧的许欣》案例分析和情境模拟。

内容	分值	占比
案例分析报告书面文本	30分	50%
案例分析登台演讲	20分	
案例操作情境模拟演示	30分	50%
情境模拟沟通脚本	20分	

任务三　有效地拜访客户

案例导入

案例1：机会总是留给有准备的人

某大型楼盘销售商要做公交车车身广告，有A、B两家公司联系了负责楼盘销售工作的张主管。首先找到张主管的是A公司的陈先生。陈先生很自信，也很健谈，但谈的都是比较场面上的话，声称自己所在的公司是全市范围内做得最大的一家广告公司，其他几家公司所经营的公交线路都是他们挑剩下的，包括B公司。言下之意就是他们是权威，是最好的选择，但最后A公司提供的资料却是向大家散发的普通宣传资料。第二天，B公司的苏小姐约谈张主管。苏小姐身着职业装，显得很精神、很干练，在简单地介绍了B公司后，演示了她所在公司为楼盘专门制作的PPT方案。PPT方案不仅包含有关楼盘的大量资料，而且已经初步设计好了几种公交车身广告的效果图，以及一些推荐的公交线路，张主管不禁被打动了。

案例 2：保险代理小李

小李从市场营销专业毕业后，在一家保险公司谋得了一个保险代理人职位，其薪资主要由销售业绩决定，所以小李非常努力。这天他通过电话成功预约到了一位客户，但这位客户之前从未见过面，约谈定在周一下午 3 时在客户的公司。客户的公司距离小李的保险公司很远，小李对那边的路况也不太了解。在拜访这位客户前，小李做了比较充分的准备，他首先通过网络查清楚了去客户公司的线路，并提前将工作安排好。因为与这位客户之前完全不认识，所以小李不了解客户的真实需求和购买意向，于是他将公司所有险种资料都带齐了。周一下午 2 时，小李换好职业装提前出发了，他拎着沉重的公文包，坐上了去客户公司的公交车。可是公交车刚开出没多久，路上的情况就十分复杂，沿途一路堵车，眼看就要迟到了，小李只好给客户打了个电话，将约谈时间往后延。好不容易到了客户的公司，小李连汗都没来得及擦就急匆匆地走进了客户的办公室，可是客户正在开会，小李只能在门口等候。这时，小李的另外一位客户老田打电话过来，告诉小李他有急事需要做理赔，并约小李下午 4 时在保险公司见面。眼看时间不早了，小李只能硬着头皮再次走进了客户的办公室，将带来的所有资料都交给了客户，告诉他先慢慢看，有意向的话就给他打电话，然后留下名片就告辞了。后来，这位客户一直没有给小李打电话……

💬 **案例讨论：**

1. 案例 1：苏小姐凭借什么赢得了客户的信任和好感？在拜访客户时，应做好哪些准备工作？有句至理名言："机会总是留给有准备的人。"结合案例 1，你有哪些体会？

2. 案例 2：小李此次拜访陌生客户成功吗？哪些地方他做对了？而在哪些地方他还有待改进？在拜访陌生客户时，我们应该怎么做？

📖 **知识链接**

一、拜访客户的基本礼仪

（一）注重仪容仪表

在第一次拜访客户时，某种程度上说，你给客户留下的第一印象决定了合作的顺利与否。很难想象客户会相信一个衣冠不整、头发乱糟糟的销售人员能提供高质量的产品和服务。因此，合适的仪容仪表有助于给客户留下良好的第一印象：着装应得体，塑造专业的职业形象，可以身穿职业装或者公司统一的职业服饰，避免佩戴过多烦琐的首饰。女性可以化淡妆，以示对客户的尊重。

（二）注意言谈举止

在注重仪容仪表的同时，言谈举止也要恰当有度。如拜访客户时应先敲门，得到允许后再进入；以柔和而清晰的言语问候，以正确的姿势握手、交换名片。客户请人奉上茶水或咖啡时，应表示谢意。在会谈时，要注意合适的称呼、遣词造句、语速、语气、语调。如无急事，不打电话或接电话。在会谈接近尾声时，根据对方的反应和态度来确定告辞的时间和时机。说完告辞就应起身离开座位，不要久说或久坐不走。和对方握手告辞，并感谢对方的接待。如办公室的门原来是关闭的，出门后应轻轻把门关上。客户如要相送，应礼貌地请客户留步。

二、拜访客户的方法和技巧

（一）守时赴约

拜访客户之前，跟客户约好面谈时间，这是有效拜访客户的第一步。只有守时赴约，才能保证拜访计划的顺利进行。

（二）准备充分

在拜访客户之前，只有做好充分的准备才能保证拜访面谈的顺利开展。拜访前，应做好充分的准备工作，对客户的基本信息有所了解、对客户的行为风格有所掌握、对产品的全部信息了然于心，这样才能回答客户提出的各类相关问题，而不至于在约谈过程中显得不够自信、不够专业。

（三）节省时间，注重效率

对客户而言，时间很宝贵，因此，在拜访的过程中，要时刻注意节省时间，注重拜访效率。以清晰明了、言简意赅的语言介绍产品，并有针对性地回答客户所提出的各类问题，而不要扯东扯西，没有中心地漫谈。

📖 **小案例**

啰唆的小张

王经理让助理小张在周一上午将一份材料送到客户公司。小张非常高兴地接受了任务，他觉得这是经理信任他的表现，一定不能把事情搞砸了。周一上午9时他准时来到客户公司，客户公司的李经理接待了他。小张在得知李经理也是山西老乡时，和李经理聊了很多山西的风土人情，直到李经理催促他介绍产品时，小张才赶紧拿出产品资料，将公司产品的各项性能优势一一做了详细介绍。期间李经理不时地抬起手腕看表，小张也没有注意。大约一个小时后，李经理的助理敲门进了办公室，提醒李经理带上部门总结报告参加部门经理会议。小张这才停止了介绍……

◆ **课堂互动**

该案例中，小张向客户详细介绍产品信息的做法对吗？从中深刻领悟与客户沟通的语言表达技巧。

（四）注重表达方式

在拜访客户的过程中，用"我们"或"咱们"替代"我"，可以拉近与客户之间的距离感，也可以使得客户觉得销售人员是站在他的角度上思考问题的，有一种被认同感，从而促成交易。

（五）与客户保持一致的谈话方式

客户有很多种类型，在拜访客户时，如果能保持与客户一致的谈话方式，可以很快缩短与客户之间的距离。如果客户是开朗健谈型的，那么我们可以与之谈笑风生；如果客户是老年人，那么如果我们口若悬河、夸夸其谈，反而会让客户觉得跟不上思路和节奏，进而对产品失去兴趣。

技能实训

1. 实训任务

任务1：有礼有度地拜访客户

（1）通过观看相关视频，了解拜访客户的基本礼仪知识，并能将此运用到实际的工作中去。通过小组成员的角色互换和情境模拟，学习拜访客户的基本礼仪和基本程序。

（2）上网查询"有效拜访客户"的相关资料，了解有效拜访客户的基本方法。

任务2：《保险代理小李》案例分析与情境模拟

（1）案例分析：以小组为团队，分组研讨小李拜访客户失败的缘由。运用所学的关于拜访客户的知识进行分析：在拜访客户之前需要做好哪些准备工作？如何应对和处理拜访客户过程中的突发事件？每组制作一份本案例的分析报告；派1名代表登台演讲，时间不超过5分钟。

（2）情境模拟：从拜访客户的有效性的角度，分组进行情境模拟演示，并制作书面沟通脚本。

2. 实训提示

《保险代理小李》案例分析重点：

（1）尊重客户，守时守约。小李在拜访陌生客户时，应充分尊重客户，接受客户的约谈时间安排；多与客户沟通，了解其购买意向；并且在赴约前要考虑交通拥堵等不可预见的状况，尽量避免迟到爽约的情况。

（2）准备充分，提高效率。小李在拜访客户前，应做好充分的准备，与客户保持沟通，尽量了解其真实意图。在到达约谈地点后，可以与客户电话联系确认，如果客户一时走不开，可以商量好下次见面的时间和地点，以提高工作效率。

（3）做好预案，应对突发事件。小李在接到客户老田的紧急电话后，尽快赶回公司是正确的，但如果小李能做好应急预案，请其他同事帮忙代为处理而不是急匆匆再赶回公司，也不至于既耽误了时间，又影响了此次拜访活动。

3. 任务评价

任务 1：学生自我评价任务的完成情况、所获体验等。

任务 2：各组评价＋教师评价。评价要点：对各组任务实施的目标、计划、过程和效果进行评判，肯定成绩，提出建议，指导学生进一步总结和提高。

4. 评分参考

《保险代理小李》案例分析和情境模拟。

内容	分值	占比
案例分析报告书面文本	30分	50%
案例分析登台演讲	20分	
案例操作情境模拟演示	30分	50%
情境模拟沟通脚本	20分	

任务四 有效地说服客户

📞 案例导入

案例1：向和尚推销梳子

一家效益相当好的大公司，为扩大经营规模，决定高薪招聘营销主管。广告一打出来，报名者云集。面对众多应聘者，招聘工作的负责人说："相马不如赛马，为了能选拔出高素质的人才，我们出一道实践性的试题：就是想办法把木梳尽可能多地卖给和尚。"绝大多数应聘者感到困惑不解，甚至愤怒：出家人要木梳何用？这不明摆着拿人开涮吗？于是纷纷拂袖而去，最后只剩下三个应聘者：甲、乙和丙。负责人交代："以 10 日为限，届时向我汇报销售成果。"10 日到。负责人问甲："卖出多少把？"答："1 把。""怎么卖的？"甲讲述了历尽辛苦游说和尚应当买把梳子，无甚效果，还惨遭和尚的责骂，好在下山途中遇到一个小和尚一边晒太阳，一边使劲挠头皮。甲灵机一动，递上木梳，小和尚用后满心欢喜，于是买下一把。负责人问乙："卖出多少把？"答："10 把。""怎么卖的？"乙说他去了一座名山古寺，由于山高风大，进香者的头发都被吹乱了，他找到寺院的住持说："蓬头垢面是对佛的不敬。应在每座庙的香案前放把木梳，供善男信女梳理鬓发。"住持采纳了他的建议。那山有十座庙，于是乙卖出了 10 把木梳。负责人问丙："卖出多少把？"答："1 000 把。"负责人惊讶地问："怎么卖的？"丙说他到一个颇具盛名、香火极旺的深山宝刹，朝圣者、施主络绎不绝。丙对住持说："凡来进香参观者，多有一颗虔诚之心，宝刹应有所回赠，以做纪念，保佑其平安吉祥，鼓励其多做善事。我有一批木梳，您的书法超群，可刻上'积善梳'三个字，便可作为赠品。"住持大喜，立即买下 1 000 把木梳。得到"积善梳"的施主与香客也很是高兴，一传十、十传百，朝圣者更多，香火更旺。

　　把木梳卖给和尚，听起来有些匪夷所思，但不同的思维、不同的推销术，却有不同的结果。在别人认为不可能的地方开发出新的市场来，那才是真正的营销高手。

案例 2：善解人意的小青

　　小青是一家商场某品牌皮鞋的销售员，一个周末的下午，柜台来了一对年轻的夫妻。从他们的言谈中，小青得知妻子想买一双皮鞋送给丈夫做生日礼物。小青热情地接待了他们，丈夫在妻子的建议下试穿了三双皮鞋，每双鞋子都很合适，其中有一双有点休闲风格的皮鞋最吸引丈夫的眼光，妻子看了也觉得很满意，但问了价格后脸色有点不自然了，表示价格太高，超出了他们的预算，因为这双鞋子的价格是三双中最高的。小青微笑着问丈夫试穿的感受，这时候小青发现妻子有点皱眉头，于是她问年轻的丈夫："先生，您公司要求上班一定要穿正装吗？"丈夫摇摇头，妻子这时候回答说："上班他们倒无所谓，只要别穿运动鞋就行了。只是这双鞋子有点贵，你们最近打折吗？"小青仔细查看了近期价格活动清单，说："您二位的眼光真的很好，一眼就看中这双皮鞋。真是抱歉，这双鞋是今年的最新款，我们最近没有优惠活动，抱歉啊！"妻子听了，脸色有点不好看，小青又说："这位小姐，您今天是给您爱人买礼物吧？这位先生真有福气，娶了您这样一位贤惠又美丽的妻子，我都有点羡慕了。"夫妻二人听后笑了起来，小青这时拿出她自己的一张贵宾卡，对妻子说："这位小姐，我也很抱歉，但我们这个品牌一直以来都是没有优惠活动的，除非在重大节假日的时候参加商场的整体活动。您先生穿这双鞋真的很合适，而且鞋子还很舒服，走路一点也不会累的，您先生穿了它就是爬山都可以啊！我们的鞋质量非常好，性价比高。这里有一张我自己办的贵宾卡，可以打九折，如果二位愿意的话，我可以借给你们用，好吗？"夫妻二人商量了一下，做出了购买的决定。

💬 **案例讨论：**

1. 案例 1：为什么三个应聘者的推销结果相差那么大？
2. 案例 2：小青成功说服客户的原因是什么？

📖 **知识链接**

一、有效地说服客户的基本原则

（一）信任优先

在与客户沟通的过程中，赢得对方的信任可以有效地实现沟通目的。信任优先不仅体现为客户对产品或服务的信任度，还体现为对销售人员的信任感。在说服客户的时候，最重要的是取得对方的信任。只有对方信任你，才会正确地、友好地理解你的观点和理由。社会心理学家认为，信任是人际沟通的"过滤器"。对方只有信任你，才会理解你友好的动机。否则，如果对方没有产生信任感，即使你说服他的动机是友好的，也会经由"不信任"的"过滤器"的作用而变成其他东西。

（二）准备充分

（1）专业知识的准备：对自己的产品要有 100% 的了解和绝对的信心。
（2）精神上的准备：把自己的情绪调节到最佳状态。
（3）体能上的准备：精力充沛、热情洋溢，用积极的情绪去影响和感染客户，这在说服客户的过程中必不可少。
（4）工具上的准备：自己的着装、公文包、样品、相关证件和推荐函等。

（三）积极引导

对于考虑购买商品的客户，推销员有时可以通过提问的方法，达成良好的双向沟通效果，引导客户自己排除疑虑，自己找出答案。在回答的过程中，让客户看到更多他所向往的价值，并意识到新的可能，客户就会自己想通，进而购买。借助这些问题引导客户思考，通过提问，推销员能让客户对于各种型号的商品有一定的了解，以帮助其进行客观的比较，从而让客户容易做出购买的决定。在设计问题时，要尽量以开放式问题和可以让客户做出决定的问题为主，将发言权掌握在自己手中。

（四）转化异议

转化客户异议，就是将客户对商品的异议巧妙地转化为说服客户的理由，达到说服客户的目的。例如，一位顾客对推销电子琴的推销员说："我家孩子对电子琴不感兴趣，买了也没有多大用处。"推销员说："张女士，您知道小孩子为什么对电子琴不感兴趣吗？是因为他平时接触得太少。您的孩子天资不错，多让他接触电子琴，可以培养他的乐感、兴趣，这对儿童的智力发育和性情陶冶非常重要，接触多了，兴趣就有了……"本来，这位顾客以其儿子不喜欢电子琴为由拒绝购买，可推销员却将计就计，从关心其小孩的角度隐含了责备之意。最后，顾客在思索后买下了这架电子琴。

二、有效地说服客户的方法和技巧

（一）用积极的情绪来感染客户

大部分客户的购买策略是建立在情绪化或感性的基础上的，销售人员绝不能把不好的情绪传递给客户，而应该以积极乐观的情绪来感染客户，让客户的情绪高涨起来，参与到讨论和交流中来。如果销售人员带给客户的是消极情绪，那么只会使得沟通失败，还会给客户留下不好的印象。

（二）激起客户的兴趣

客户对产品产生兴趣是购买的基础，因此要设法激起其兴趣，进而激发其购买的欲望。

📖 **小案例**

安东尼与威廉

与客户安东尼见面的第一次，威廉就觉得他与众不同。作为一名化学设备的生产设计工程师，安东尼没有其他工程师的学究气息。他身穿休闲运动服饰，谈吐间时不时有丰富的网络新词，而且性格也很外向开朗，愿意交心。

在约安东尼第二次见面介绍产品性能的时候，威廉将安东尼直接带到了自己单位的实验室。在实验室里，威廉向安东尼介绍了公司最新的提纯设备模型。安东尼果然好奇地操作起了模型设备，动作手法十分娴熟，而且还询问了威廉各种专业技术问题。

在操作完设备后，威廉再结合提前制作好的PPT向东尼详细介绍了设备的各类参数和指标。很快，合作达成了。

（三）寻找客户核心情感的需求

客户购买既有情绪的理由，也有理智的理由，要通过察言观色来了解客户的真实想法，站在客户的立场上思考问题，寻找到客户情感的需求，让沟通和说服更加顺畅。

（四）适当地给予承诺

在说服客户购买产品的过程中，给予客户承诺和保证，保证客户购买产品不必承担任何风险，并且对客户而言是有利的。当然，承诺是在一定的限度范围之内的，不要轻易许诺，尤其是做不到的承诺。

某学者曾经提出让别人说"是"的30条指南，现摘录几条如下，供大家参考：

（1）尽量以简单明了的方式说明你的要求。

（2）要照顾对方的情绪。

（3）要以充满信心的态度去说服对方。

（4）找出引起对方注目的话题，并使其继续注目。

（5）让对方感觉到，你非常感谢他的协助。如果对方遇到困难，你就应该努力帮助他解决。

（6）直率地说出自己的希望。

（7）向对方反复说明他的协助的重要性。

（8）切忌以高压的手段强迫对方。

（9）要表现出亲切的态度。

（10）掌握对方的好奇心。

（11）让对方了解你，并非是"取"，而是在"给"。

（12）让对方自由发表意见。

（13）要让对方认定，为什么赞成你是最好的决定。

（14）让对方知道，你只要在他身旁，便觉得很快乐。

技能实训

1. 实训任务

任务1：说服客户的技巧

（1）上网查询相关资料，了解说服客户的方法和技巧，并能将此运用到实际的工作中去。通过小组成员的角色互换和情境模拟，学习说服客户的基本程序和基本方法。

（2）上网查询某一产品的具体资料，做好市场分析和潜在客户分析，向不同类型的客户介绍产品的基本情况，并解答客户的各类问题，说服客户购买产品。

任务2：《善解人意的小青》案例分析与情境模拟

（1）案例分析：以小组为团队，分组研讨小青成功说服客户的原因。运用所学的关于有效说服客户的知识进行分析：在说服客户的过程中应该注意哪些方面的问题？每组制作一份本案例的分析报告；派1名代表登台演讲，时间不超过5分钟。

（2）情境模拟：从说服客户的有效性角度，分组进行情境模拟演示，并制作书面沟通脚本。

2. 实训提示

《善解人意的小青》案例分析重点：

（1）善于分析客户的需求。年轻夫妻二人是来买礼物的，妻子送礼物给丈夫，因此购买的意图非常强烈，并且此次购买的决定多半掌握在妻子手中。小青通过观察，得知了客户的需求，为成功销售打下了基础。

（2）从客户的切身感受出发。小青很直接地询问客户试穿的感觉，并以客户的感觉为出发点，让客户了解了产品的优越质量和舒适度。这个问题，小青问的是丈夫，而不是妻子。

（3）为客户的利益着想。小青在清晰地判断出客户的需求和购买意愿后，将自己的贵宾卡拿出来给客户使用，切切实实地为客户着想，让客户对她产生信任感，从而促成交易。

3. 任务评价

任务1：学生自我评价任务的完成情况、所获体验等。

任务2：各组评价+教师评价。评价要点：对各组任务实施的目标、计划、过程和效果进行评判，肯定成绩，提出建议，指导学生进一步总结和提高。

4. 评分参考

《善解人意的小青》案例分析和情境模拟。

内容	分值	占比
案例分析报告书面文本	30分	50%
案例分析登台演讲	20分	
案例操作情境模拟演示	30分	50%
情境模拟沟通脚本	20分	

实训案例

真诚而勤奋的小赵

小赵从大学计算机专业毕业后，进入某知名的生产计算机的联动公司做市场销售工作。刚刚参加工作，还没有大客户销售经验的小赵，一开始就感受到了工作的难度。市场销售的工作不仅需要热情和销售技巧，更需要宽广的人脉关系，小赵暗暗下定决心要努力。在工作的第二年，一次部门会议上，他的主管通知他负责上海地区的报社系统的销售工作，并告诉他《东方晨报》近期可能有采购计划。会议后，小赵开始做销售计划和准备：谁负责计算机的采购？应该与谁联系？最近确定有采购吗？什么时间？谁做决定？他必须知道这些最基本的客户资料后，才能与客户接触。但是《东方晨报》是一个全新的客户，应该怎样收集这些资料呢？首先，小赵来到《东方晨报》的网站上，了解报社的组织结构、经营理念、通信地址和电话，然后把这些资料记录到客户资料中。他还有一些报社的老客户，于是打了一个电话给另一家上海报社的信息中心主任，了解到报业的计算机系统主要应用于编辑排版系统和记者采编系统。其次，小赵向行业内的朋友打听了关于《东方晨报》的相关信息，得知《东方晨报》信息中心的高级工程师王华主管设备采购，经常与厂家联系，最近王华一直在了解互联网数据中心方面的进展。最后，小赵从邮件中找到了市场部关于最近市场活动的时间表，发现两周以后将会有一个新产品发布会在上海酒店举行。所有的准备工作结束后，小赵拨通了王华的电话，邀请王华参加新品发布会。

小赵："您好，请问王工在吗？"

王华："我是。"

小赵："王工，您好！我是联动公司的销售代表小赵。我们公司即将在上海酒店举办一个新产品展会，时间是 5 月 16 日，请问您愿意参加吗？"

王华："我现在还不能确定。"

小赵："新品发布会上，我们所有的产品都有展示，而且我们请来了国内著名的数据信息处理方面的专家，他对互联网数据中心很有经验，您一定会感兴趣的。"

王华："有数据中心的讲座？如果有时间我一定去。"

小赵："我马上寄请柬给您并会提前打电话与您确认。另外，王工，我可以了解一下《东方晨报》的情况吗？"

王华："我一会儿要去开会。"

　　小赵："那好，我抓紧时间，耽搁您两分钟。《东方晨报》发展很快，上一周我在厦门出差时，厦门的报摊上也可以买到《东方晨报》了。报社高速发展依赖于信息系统的支持，《东方晨报》的信息系统主要有哪些部分？"

　　王华："我们主要有编辑系统、记者采编系统、办公系统和我们的网站。"

　　小赵："您现在的主要工作重点是什么呢？"

　　王华："我们现在正在研究报社的互联网数据中心。我们刚刚在厦门开了一个这方面的研讨会。"

　　小赵："是吗？我也常去厦门，您喜欢厦门吗？您觉得厦门哪些地方比较好？"

　　王华："厦门很好，风景和气候都很好，鼓浪屿馅饼很有特点。"

　　小赵："哦，您的会议开得怎么样？"

　　王华："很好，所以我对你们的会议有一些兴趣。对不起，我要去开会了。"

　　小赵："好吧，我现在就将请柬寄给您，我们上海酒店见。"

　　一周以后，王华收到了请柬。与请柬一起，还有几盒各种味道的鼓浪屿馅饼。

　　5月16日，公司的新品发布会顺利举行，有近一百名客户参加了此次展会。小赵邀请了二十多位老客户，此外还有在这个季度要重点攻克的几个新客户，其中就有《东方晨报》的王工。展会安排在上午9时在酒店大会议厅举行。小赵上午8:30就来到了会场，他衣装整洁而正式，站在客户签到处迎接客户。上午8:45左右，一个中年人来到签到处，将名片交给服务生。小赵一眼看到名片上写着《东方晨报》，立即走上来，等待客户签到后，小赵与王华攀谈起来：

　　小赵："您好！请问您是《东方晨报》的王华吗？"

　　王华："我是。"

　　小赵："我是联动公司的小赵，我和您通过电话并给您寄过请柬。"

　　王华："谢谢你的邀请。"

　　小赵："鼓浪屿馅饼味道好吗？我特意选了各种口味的。"

　　王华："很好，我请同事一起吃的，他们也很喜欢。"

　　小赵："这是我的名片，交换一下名片好吗？"双方交换名片。

　　小赵："会议一会儿就开始了，我已经帮您订好了座位，请跟我来。"

　　小赵将王华引导到第一排的座位上之后，返回门口招待其他的客户。在中间休息的时候，小赵找到王华，一起喝了一杯咖啡，然后找来自己公司的信息系统专家与王华认识。看到他们谈得很投机，小赵便去招待其他的客户。发布会结束后，小赵建议王华在《东方晨报》做一个内容类似的技术交流并请《东方晨报》的其他人员参加。王华答应了小赵的要求，并说争取请此次采购项目的负责人、信息中心的韦主任参加。

　　小赵回到公司后，立即和王华确定了技术交流会的时间，并将交流的内容做了详细的介绍并发给了王华。一周以后，技术交流会在《东方晨报》的会议室里举行，小赵请公司技术部的工程师们参加了会谈，王华也邀请了信息中心的韦主任参加。技术交流会前，小赵和工程师们提前来到了会场，将需要演示的设备和产品安装到位，包括《东方晨报》可能关心的笔记本、台式电脑和服务器，并且还准备了茶水和点心。

交流会中场休息间歇，小赵给韦主任泡了一杯咖啡，并交谈起来。

韦主任："小赵，你们准备得很充分，连咖啡和点心都准备好了。"

小赵："这是应该的。韦主任，您身体很结实，一定经常运动吧？"

韦主任："人到中年了，身体就越来越不如以前了。如果不锻炼，精力和体力就跟不上了。"

小赵："您平时怎么锻炼？"

韦主任："我一般都是游泳和打打网球，不过现在觉得网球跑不起来了，年龄大了，体力不行了。"

小赵："真巧，我也常打网球。您是和谁打？一般都是在哪个球场啊？"

韦主任："我一般都是跟同事们下班后一起去体育中心，我家离那儿比较近，比较方便。"

小赵："太巧了，我每个周末都在体育中心打网球，有个好朋友是那儿的专职教练，经常陪我一起打球。哦，我们先进去开会吧，一会儿再交流。"

演示会给韦主任留下了不错的印象。在最后演示的时候，韦主任表示对联动公司的超轻超薄的笔记本有兴趣，小赵当即表示将一台笔记本借给韦主任试用一周。第二天是周五，下班前，小赵给韦主任打了一个电话，说晚上要去体育中心打网球，问韦主任要不要一起去锻炼，顺道可以把笔记本拿给韦主任。同时，他还邀请了王华一起打球，王华欣然答应。自此以后，小赵和王华经常聚在一起打球、聊天，成了比较好的朋友。

一周时间过去了，小赵去报社取韦主任试用的笔记本。韦主任正埋头于电脑前，专心工作，请小赵稍等几分钟，他手头有份文件急需处理。小赵注意到韦主任办公室的开放式书架上有很多书，就走过去看了看，等韦主任处理完工作。

韦主任："小赵，不好意思，让你久等了。"

小赵："没关系的，我也只是等了一会儿。韦主任，您有很多历史书啊？"

韦主任："我平时没事的时候就随便翻翻。"

小赵："最近的《百家讲坛》在讲明朝历史，很有意思。"

韦主任："我也挺喜欢看的。"

小赵："我也很喜欢中国历史，我最近看了《张居正传》，是一本很好的传记。另外，我现在每天都看你们的报纸，《东方晨报》的影响是越来越大了。"

韦主任："我们的计划是在三年以内将《东方晨报》办成华东地区发行量最大的报纸。"

小赵："那报社的计算机系统一定也做了很大的改进吧？"

韦主任："目前我们计划强化我们的编辑和采编系统。"

小赵："您不是已经有了编辑和采编系统了吗？"

韦主任："以前，记者在采访的时候手写稿件，然后通过传真发回报社，报社的编辑输入后进行排版。这样会影响我们的出版速度。而且现在，彩色图片增加了很多，老系统已经不能满足我们图片编辑的要求了。"

小赵："那现在您计划怎么做呢？"

小赵逐步从韦主任这里了解到报社的系统升级计划，包括记者们笔记本的重新配置和采购、服务器的更新换代、台式机的配置更新等。韦主任负责的是笔记本的政府采购这一块。小赵从报社的需求出发，非常认真地为韦主任设计了一份产品性能和报价方案，方案内容翔实、条理清晰、价格合理，韦主任看后比较满意。同时，小赵还从侧面得知，韦主任手头还有三家公司给的产品方案，正在考虑中。

方案提交后的第三天，小赵再次来到报社，听取了韦主任对方案的意见，表示公司非常有诚意与报社合作，并且在售后服务方面，小赵提出给予报社延期保修的承诺。

韦主任被小赵的诚意打动，但表示另一家电脑厂家的竞争优势更明显，打算采购另一品牌的笔记本。小赵拿出了去年两家公司的市场销售量对比，并确定了带韦主任和报社的相关人员到公司参观，现场查看公司的强大实力后，韦主任很满意小赵的工作态度和公司给予的各项优惠政策和指标，同意订购联动公司的笔记本电脑。

微课：如何与客户有效沟通案例

🧑‍💼 实训任务

任务 1：掌握与客户有效沟通的技能

（1）上网查询笔记本电脑产品的相关信息，选取适合报社编辑系统所适用的一系列产品，整理产品资料，并撰写与客户交流的语言文字脚本。

（2）了解资深的销售人员在处理客户的拒绝时的应对方法和技巧。

任务 2：《真诚而勤奋的小赵》案例分析与操作

（1）案例分析：以小组为团队，分组研讨本案例中与客户沟通成功的原因。运用所学的与客户沟通的相关知识分析小赵销售成功的因素有哪些，王华为什么会把小赵介绍给项目负责人韦主任，韦主任为什么会同意将采购放在联动公司。每组制作一份本案例的分析报告；派 1 名代表登台演讲，时间不超过 5 分钟。

（2）案例操作：从与客户有效沟通的角度，分组进行情境模拟演示，包括客户拜访、客户跟踪和客户维护等方面，并制作书面沟通脚本。

💡 实训提示

《真诚而勤奋的小赵》案例分析重点：

（1）作为销售代表，小赵真诚的沟通心态打动了客户。在与客户沟通的第一环节，他先是赢得了客户的好感，在与王工交流的第一阶段，先是从王工感兴趣的数据处理等话题入手，从熟悉的厦门旅游开始聊起，并诚挚地邀请王工参加新品发布会，还以发请柬的名义给王工邮寄了小礼品，礼品价格不高，但情意浓厚。

（2）小赵的销售技巧值得学习。在与王工建立了良好的关系后，通过王工确认了采购项目的负责人是韦主任，将攻克目标准确定位，但同时并没有将王工抛到一边，而是继续与其保持良好的球友关系，为日后的销售扩建人脉。

（3）小赵从客户的需求出发，通过韦主任了解了报社对笔记本电脑配置、数量等各方面的要求，并且认真地准备了各项材料，真正做到了以客户为本。

📋 任务评价

任务 1：学生自我评价任务的完成情况、所获体验等。

任务 2：各组评价 + 教师评价。评价要点：对各组任务实施的目标、计划、过程和效果进行评判，肯定成绩，提出建议，指导学生进一步总结和提高。

📅 评分参考

《真诚而勤奋的小赵》案例分析和情境模拟。

内容	分值	占比
案例分析报告书面文本	30 分	50%
案例分析登台演讲	20 分	
案例操作情境模拟演示	30 分	50%
情境模拟沟通脚本	20 分	

项目七　　商务谈判技巧

💬 沟通名言

知彼知己，百战不殆。

——《孙子兵法》

故知兵者，动而不迷，举而不穷。

——《孙子兵法》

压强原则：在成功的关键因素和选定的战略生长点上，以超过主要竞争对手的强度配置资源，要么不做，要做，就集中人力、物力和财力，实现重点突破。

——任正非

由机智和经验合成的掌握尺度的能力是一个管理者的主要才能之一。

——亨利·法约尔

📖 学习导航

谈判是公关的一种技术手段，也是一种艺术。商务谈判是对谈判人员知识、口才、心理、信息、能力的综合考验。谈判中要促成利于己方的协议，必须巧妙地运用谈判的策略和技巧。本项目紧密结合基层管理人员的工作任务和岗位要求，通过商务谈判技巧训练，指导学生理解商务谈判的基本理论知识，训练商务谈判的基本技巧，锻炼商务谈判口才，提高商务谈判技巧。

◆ **知识能力目标**

1. 理解商务谈判的内涵、策略和技巧；

2. 熟知商务谈判的程序和策略；

3. 运用商务谈判的策略和技巧，组织商务谈判工作。

◆ **素质素养目标**

1. 理解和领悟成功的商务谈判应以获得双赢为目标，商务谈判要力争"求大同，存小异"，在商务谈判中要时刻明了双方的利益差距；

2．能够自觉参加小组项目研讨与操作，具有团队合作精神；

3．具有灵活机智的沟通情商和应变素质。

任务一　领悟商务谈判的内涵

📞 案例导入

案例1：A品牌热水器浙江总经销代理商
与东山公司关于热水器贸易的谈判

东山公司位于杭州的新厂区已经顺利完工了，员工宿舍楼已经顺利完工并通过验收，后勤集团的王总经理打算在新员工入职前将宿舍楼所有的热水器安装到位。在对几个知名生活家电品牌的热水器进行了认真和详细的比较并考虑了热水器的质量和成本后，他觉得A品牌60升电热水器各方面都比较符合公司的实际需要，同时他觉得过于追求款式没有太大的意义，报经领导同意，他打算购买FHJ-60系列，这一系列的产品在大型家电卖场的价格为1 500元左右，整个新厂区共需900台。

周一上午，他先后联系了B、C、D等品牌的代理商，询问了价格，最后他联系了A品牌浙江总经销代理商李经理，打算与他们洽谈这件事，但没有明确告知其采购的数量。李经理的助理小陈接了电话，将事情记录下来后，报李经理批复。李经理觉得这是一次挺好的合作机会，要求小陈安排谈判时间和地点。小陈按照李经理的日程安排，将时间定在周五的下午，地点定在A品牌公司总部的培训会议室，在通知王总的同时还说李经理的安排已经满了，别的时间都没空。王总听了安排后，觉得很为难，因为周五的傍晚他要赶往上海参加公司的一个大型活动。如果去A品牌公司总部的话，时间就非常紧张，他原本打算再顺道考察一下代理商的经营状况。王总答复小陈说考虑一下，在周四的上午，王总让助理小张打电话给小陈，拒绝了与对方的面谈合作事宜。李经理知道这件事情后，非常生气，怒斥小陈，让小陈以后不要再管这件事情了。

案例2：中国人的真诚

在《中国合伙人》影片中，谈判伊始，王阳用一盒月饼幽默开场，让谈判气氛不那么紧张。

然后成东青开门见山，"我们承认侵权并同意赔偿"，表达了诚意。

紧接着王阳提出赔偿数额需要商榷。对方交换眼神，不知他们葫芦里卖的什么药。成东青拿出相关的法规文册，请对方挑选适用于本案的任意条款，一副知法懂法、有凭有据的架势。对方选了几条，刚说出第几条，成东青就用流利的英语背出该条法规全文内容，瞬间控住全场。

之后他顺势分析了当前的形势，指出他们不懂中国文化：他对法规如此熟悉只是因为在来的飞机上把整本书背了下来，这个本事他18岁就学会了，而像他这样的学生在中国只是普通人，中国学生善于考试，外国人根本无法想象为了通过考试中国的学生愿意付出怎样的艰辛。

孟晓骏接过成东青的话头，进一步明析利弊：中国已然成为全球最大的英语教育市场，美国的机构需要中国市场，只有合作才能双赢，并重申了合作的期望。

最后，成东青告诉对方他们准备上市，并感谢对方让华尔街看到了他们的诚意和勇气，给了他们这个机会，正因为他们愿意为错误承担代价，那么现在付出的越多，将来的估值也就越高。听到这里，对方的主谈判官脸上露出了满意的笑容。成东青进一步解释了上市的另一个原因："上市之后我们作为企业家，而不是三个教书匠，在这里和你们谈判，才能平等对话，获得真正的尊重。"而第三个，也是更重要的原因，是帮他最优秀的好兄弟赢回尊严，此言一出，孟晓骏感动得热泪盈眶。

一场谈判下来，美国人看到了中国人的聪明勤奋、团结友爱和铮铮铁骨，也看到了满满的诚意。影片没有直接说谈判的结果，但大家都已心知肚明。

💬 案例讨论：

1. 案例 1：导致此次商务谈判失败的主要原因是小陈的安排有误，为什么？什么是商务谈判？什么是成功的商务谈判？小陈单方面根据李经理的日程来安排谈判时间和地点，然后通知王总，这样的做法合理吗？

2. 案例 2：影片中谈判代表们的谈判目的是什么？谈判伊始，他们试图营造何种开局气氛？他们谈判成功是运用了哪些技巧？

🖥 知识链接

一、商务谈判的内涵

（一）商务谈判的概念

谈判学家兼著名律师杰勒德·I.尼尔伦伯格在《谈判的艺术》一书中阐明："谈判的定义最为简单，而涉及的范围却最为广泛，每一个要求满足的愿望和每一项寻求满足的需要，至少都是诱发人们展开谈判过程的潜因。只要是人们为了改变相互关系而交换观点，只要人们是为了取得一致而磋商协议，他们就是在进行谈判。谈判通常是在个人之间进行的，他们或者是为了自己，或者是代表着有组织的团体。因此，可以把谈判视为人类行为的一个组成部分，人类的谈判史同人类的文明史一样长久。"谈判是一个双方求取共识、集结共同利益、心和心互动的过程。

从本质上说，谈判的直接原因是参与谈判的各方有自己的需要，或者是自己所代表的某组织有某种需要，而一方需要的满足又可能无视他方的需要。因此，谈判双方参加谈判的主要目的就不能仅仅以只追求自己的需要为出发点，而是应该通过交换观点进行磋商，共同寻找双方都能接受的方案。

（二）商务谈判的要素

商务谈判的要素是指构成商务谈判的必要因素，它是谈判得以存在和发展的基础，通常包括以下四个方面：

1. 谈判当事人

谈判当事人是指参与谈判的、代表各自利益的各方人员。一方当事人可以是一个人，也可以是一群人组成的一个谈判团体。为了能在谈判中占据主动地位，取得更大的利益，双方都要认真挑选和组织好谈判人员。

2. 谈判议题

谈判议题就是谈判要商议和讨论解决的具体问题，包括谈判起因、内容与目的。谈判议题是与各方利益需求相关的、为各方所一致追求的意愿。谈判议题按涉及的内容来分，有货物买卖、技术贸易、劳务、工程承包等。

3. 谈判目的

谈判目的是指参与谈判的各方通过正式洽谈，促使对方采取某种行动或做出某种承诺来达到成交。一般来说，商务谈判成交的标志是商务合同的签订。

4. 谈判环境

谈判环境是举行谈判的场所和条件，包括谈判地点、谈判地点的布置等因素。谈判需要一个安静、舒适、整洁的场所，这样才能使谈判双方集中精力解决问题。再者，谈判的时间也同样重要，一般选择上午或谈判者精力充沛的时候。此外，谈判时间的安排应有间歇性，避免时间过长的、紧张的谈判氛围。谈判环境是谈判成功与否的一个较为重要的因素，谈判者需注意。

📋 小案例

购买热水器的谈判

东山公司后勤集团的王总经理打电话想约见A品牌浙江总经销代理商李经理洽谈员工宿舍热水器的购买事宜。李经理非常乐意，主动提出亲自前往东山公司与王总面谈。王总让秘书小张将谈判地点定在公司的新会议室，因为新厂区还未正式投入使用，来往的人员较少，比较安静，空调、电视和电脑宽带网络一应俱全，灯光柔和而明亮，并且会议室的桌椅放置也整齐有序，会议室中间摆放着一张长方形的会议桌和配套而舒适的坐椅。

◇ **课堂互动**

该案例中王总为什么将谈判地点放在新厂区的会议室呢？从中深刻领悟谈判地点的选择和谈判环境的布置要求。

二、商务谈判的特征及作用

（一）商务谈判的特征

1. 交易对象具有广泛性和不确定性

在商品经济条件下，商品流通不再局限于某个地区或国家；国际化竞争时代，商品交易也早已进入跨国贸易时代。买卖双方对商品的选购和销售的范围都十分广泛，但交易者又总是与具体的不确定的交易对象进行谈判，因此，交易对象具有广泛性的同时也具有不确定性。

2. 商务谈判是以获得经济利益为目的的

商务谈判的目的是十分明确的，谈判者总是以获取经济利益为基本目的，在满足经济利益的前提下才会涉及其他非经济利益。与其他谈判相比，商务谈判更加注重谈判的经济利益。因此，人们通常以获取的经济利益的好坏来评价一项商务谈判的成功与否。不追求经济利益的商务谈判也就失去了其主要的价值和意义。

3. 商务谈判是以价格谈判为核心的

在商务谈判中，商品的价格最直接地反映了谈判双方的利益，涉及货物买卖的谈判最能体现这一特点，谈判双方可能就在货物的价格上相持不下，互相争论，都试图争取最大的利益。

4. 商务谈判必须注重谈判结果的实现

商务谈判的结果大多是以双方协商一致而签订的合同或协议来体现的。谈判双方必须注重其结果能否顺利实现，而条款准确而严密的合同是保障在谈判中获得利益的重要前提。因此，谈判双方必须在达成一致协议的条件下，注意合同条款的合理合法、完整严密、准确无误，从而避免不必要的经济损失。

（二）商务谈判的作用

1. 商务谈判有利于加强企业间的经济联系

商务谈判大多是企业与企业之间、企业与其他单位之间进行的商品交易。因此，商

务谈判成为各种经济活动之间联系的媒介，成为企业之间经济联系的桥梁和纽带。

2. 商务谈判有利于企业获取市场信息，为企业的正确决策创造条件

及时准确的市场信息有利于企业做出正确的生产和销售决策，有利于企业生产畅销的产品并及时地改进生产技术和产品的样式。商务谈判加强了企业间的沟通，从而为企业获取相关信息提供了重要途径。

3. 商务谈判有利于促进市场经济的繁荣和发展

目前，商务谈判广泛存在于社会生产和流通的各个领域，进一步促进了经济的繁荣与进步，成为开展各种商务活动的重要手段。

4. 国际商务谈判促进了我国对外贸易的发展

当今，经济全球化已经成为发展大趋势，国际经济贸易活动日益频繁。扩大对外贸易将更多地吸引外资，引进国外先进技术、设备和管理水平，这不仅对企业的发展极为重要，也对我国经济实力的发展起着十分重要的作用。

三、商务谈判的内容

商务谈判是商业事务的谈判，包括商品买卖、劳务买卖、工程承包、咨询服务、中介服务、技术转让和合资合作等方面的谈判。任何一种商务谈判都包括以下基本内容：

（一）相关事宜谈判

这是谈判的一个重要组成部分，为谈判创造条件，一般包括谈判参与人员、谈判时间、谈判地点和谈判议程的商榷。

（二）具体合同事宜的谈判

商务谈判从前期准备时期进入正式谈判进程，包括价格的谈判、交易条件的谈判，如标的、数量与质量、付款方式与服务内容、交货方式等诸项交易条件的谈判。此外，还有合同条款的谈判，包括双方的权责约定、违约责任、违约纠纷、合同期限和合同附件等诸多条款。

四、商务谈判的类型

（一）按参加谈判的人数规模分类

按照参加谈判的人数规模可以将谈判分为个体谈判和集体谈判。个体谈判就是谈判双方均只有一个人参加的谈判，集体谈判就是谈判各方都是由多人组成的集体参加的谈判。参加谈判的人数决定了谈判的规模和组织等。

（二）按谈判参与方的数量分类

按照谈判参与方的数量来分，谈判有双边谈判和多边谈判。由两个不同利益主体参加的谈判是双边谈判。由三方或多个利益主体参加的谈判就是多边谈判。

（三）按谈判地点分类

按谈判地点，谈判分为主场谈判、客场谈判、中立地谈判和主客场轮流谈判四种。

（四）按谈判内容分类

商务谈判的内容十分丰富，目前常见的商务谈判有以下几种：货物买卖谈判、技术买卖转让谈判、劳务合作谈判、租赁业务谈判、投资融资谈判和工程承包谈判等。

（五）按谈判双方的关系分类

按谈判双方的关系来分，谈判分为竞争型谈判、合作型谈判和双赢谈判。双赢谈判强调找到更好的办法满足双方的需求，并合理分配双方的义务和责任，达到双赢的结果，每一方都获得最大的利益。

五、商务谈判的原则

（一）真诚客观原则

首先，谈判要遵循客观的原则，要从事实出发，充分调查谈判对手的情况，如对方企业的发展历史和现状、企业的实力和文化、谈判目标和谈判风格，掌握第一手资料。还要结合本次谈判的实际，分析已知的信息，找到洽谈时对自己有利的切入点，并且要掌握客观标准，如国际惯例、科学数据、法律依据等。其次，在谈判过程中和谈判结束后，双方都要以真诚的态度遵守信誉。

（二）守法守信原则

在商务谈判及合同签订的过程中，谈判者应遵守国家的法律法规，在国际商务谈判中，还应遵守国际法则和对方国家的有关法律条文；谈判者还应遵守谈判中的承诺，不能出尔反尔、言而无信，这样才能促使谈判成功。

（三）平等互利原则

谈判各方都应本着平等互利的原则，尊重对方代表，并做出让步以实现自己的需

求，从而使谈判取得双赢。

（四）求同存异原则

为实现谈判目标，谈判者应遵循求同存异的原则，灵活运用多种谈判技巧和方法，以让双方都处于愉悦的心境下，在探求各自利益的过程中正确对待分歧，寻求契合利益。

（五）讲求效益原则

在商务谈判过程中，应讲求效益，提高谈判效率，降低谈判成本。效率高的谈判使双方都有更多的精力拓展商业机会。而立场争辩式谈判往往会局限双方对方案的选择，有时简直是无谓地消耗时间，从而给谈判各方带来压力，增加谈判不成功的风险。

🗨 技能实训

1. 实训任务

任务1：了解国际商务谈判

（1）上网查询"国际商务谈判"的相关资料，了解国际商务谈判的特点，并讨论国际商务谈判的特殊性。

（2）根据商务谈判的内容和类型，分析我们生活中所遇到的各类商务谈判，进一步领悟什么是商务谈判，商务谈判的目的是什么。结合平时生活中的小型商务谈判，与小组成员讨论我们生活中的商务谈判经常会出现哪些问题以及应如何提高自己的商务谈判能力。

任务2：《A品牌热水器浙江总经销代理商与东山公司关于热水器贸易的谈判》案例分析与操作

（1）案例分析：以小组为团队，分组研讨本案例中小陈与王总约定商务谈判失败的缘由。运用所学的关于商务谈判的知识进行分析：为什么李经理非常生气，怒斥小陈，让小陈以后不要再管这件事情了？每组制作一份本案例的分析报告；派1名代表登台演讲，时间不超过5分钟。

（2）案例操作：从一次成功的商务谈判的角度，分组进行情境模拟演示，并制作书面沟通脚本。

2. 实训提示

《A品牌热水器浙江总经销代理商与东山公司关于热水器贸易的谈判》案例分析

重点：

小陈对于王总提出的谈判要求的认识不当。王总主动打电话联系 A 品牌热水器浙江总经销代理商，说明其合作诚意之大，但小陈没有从内心深处重视此次合作的机会，而是一味地根据李经理的日程安排来确定谈判时间，并且他没有表现出对王总这样一位客户的敬意，要求王总到公司总部面谈，有失分寸。

3. 任务评价

任务 1：学生自我评价任务的完成情况、所获体验等。

任务 2：各组评价 + 教师评价。评价要点：对各组任务实施的目标、计划、过程和效果进行评判，肯定成绩，提出建议，指导学生进一步总结和提高。

4. 评分参考

《A 品牌热水器浙江总经销代理商与东山公司关于热水器贸易的谈判》案例分析和情境模拟。

内容	分值	占比
案例分析报告书面文本	30 分	50%
案例分析登台演讲	20 分	
案例操作情境模拟演示	30 分	50%
情境模拟沟通脚本	20 分	

任务二　理解商务谈判的程序

案例导入

案例 1：谈判前王总做好了充分的准备

为了了解市场行情，东山公司王总在商务谈判之前，安排助理小张先去了市区的国美、五星家电等电器大卖场，与卖场的经理面谈，获悉了国内各种知名品牌热水器的款式、型号和价格，但并没有告诉对方公司拟定购买 A 品牌。因此，小张得到了卖场经理的信任，带回了很多有用的资料。

小张在获悉了相关品牌热水器的价格后，与王总认真分析了一个小时，确定同种类型的热水器产品的价格在 1 500 元左右，A 品牌的性价比较高，质量也在同类产品中属于上等。目前，市场上不同家电卖场的价格大致在 1 550~1 750 元，国美电器卖场经理给出的最低价格是 1 580 元，考虑到数量较大，卖场将提供无偿送货上门的服务。而按照卖场的规定，超出市区范围的需加收 100 元的运输费用。小张又从一位在国美家电任销售经理的朋友处得知，A 品牌浙江总经销代理商李经理是一位年轻有为的成功人士，3 年前才刚刚进入销售领域。

经过了一系列的准备和分析后，王总确定本次谈判的三个层次的目标，并安排小张拟写谈判方案。此次谈判的目标如下：

（1）最优期望目标：热水器的最佳价格在 1 450 元左右，并且由卖方提供货物运输、安装调试和保养服务，并确保 5 年的保修期。在保修期内，产品若出现质量问题，卖方将在 3 个工作日内上门解决，免费更换零部件。货款在安装使用无质量问题后的 3 个月内通过银行汇款至卖方账号。

（2）可接受目标：王总认为若能保证所有的服务条款，产品的价格在 1 500 元左右也可以接受。货款在安装使用无质量问题后的 3 个月内通过银行汇款至卖方账号。

（3）最低限度目标：热水器产品的价格不能高于 1 550 元，并且必须由卖方提供货物运输、安装调试和保养服务，确保 5 年的保修期，保修期内的零部件更换收取成本价。货款在安装使用无质量问题后的 3 个月内通过银行汇款至卖方账号。

案例 2：商务谈判议事日程安排

经过严密的考虑，王总主动联系 A 品牌浙江总经销商李经理，两人沟通顺畅，拟定于周五上午先面谈，商务谈判安排在周五下午，在东山公司新厂区的会议室举行。李经理受邀来公司参观并考察产品的安装环境。谈判前，王总要求小张拟定了一份商务谈判的时间安排表，并要求小张预留周六、周日两天时间。小张根据王总的工作安排，将谈判时间定在两天半左右。议事日程计划如下：

周五 08:00　李经理与谈判团队到达公司新厂区，稍作休息。

09:00—10:00　双方自我介绍，以促进了解。王经理简略地介绍公司的发展情况。

10:00—10:15　中场茶歇。

10:15—11:15　双方进入第一轮谈判，了解卖方的价格和提供的售后服务条款。

11:15—12:30　陪同李经理一行到达小张事先安排好的市区一家四星级酒店午餐。

12:30—14:00　双方休息。

14:00—15:30　进入第二轮的上半场谈判。

15:30—15:50　中间休息。

16:00—17:30　进入第二轮的下半场谈判。

18:00—20:00　晚餐、休闲娱乐活动。

周六上午：第三轮谈判。

周六下午：第四轮谈判。

周日上午：第五轮谈判，签订合同，结束谈判。

案例讨论：

1. 案例1：王总为什么要安排小张在谈判前前往市区的国美、五星家电等卖场去调查情况？小张在前往各大卖场的过程中，必须要获得哪些方面的产品信息？如何才能获得更多的信息？王总为什么还要了解李经理的背景？这对于此次商务谈判有何意义？

2. 案例2：王总为什么要让小张拟定商务谈判的时间安排表？此次商务谈判王总为什么要预留周末两天的时间？小张在拟定商务谈判计划的时候应该注意哪些问题？

知识链接

一、商务谈判前的准备

（一）谈判信息资料的收集、整理和分析

1. 谈判信息资料的收集

为了更好地了解谈判对手，使谈判尽可能地实现既定谈判目标，应通过多方面的调查研究收集与本次谈判有关的信息资料，其中重要的是谈判对手的信息资料，为正式的谈判做好充分的准备工作。我们可以通过几种途径来获取资料，如相关的工商管理部门和银行、与该公司有业务来往的企业、报纸杂志和有关的媒体新闻机构。还可以从资料中获取有用的信息，如国家公布的统计数据资料、行业协会发布的行业资料和出版物等。

2. 谈判信息资料的整理和分析

通过各种渠道收集到信息资料后，必须对收集来的信息资料进行整理和分析：鉴别信息资料的真实性和准确性，从中获取有效信息；对谈判对手的资信与谈判实力进行调研与分析，进而结合谈判项目的具体内容，分析各种因素与该谈判项目的关系，并根据其对谈判的重要性和影响程度进行总结分析。通过分析，制定出具体的谈判方案。

（二）谈判目标的确立

谈判目标是我们与对手磋商所要解决的问题和要达到的经济、技术目的，是谈判者在进行磋商过程中的出发点和归结点。谈判目标实际上就是在谈判中所要争取到的利益目标。谈判者一般将自己所追求的各种目标分为三个层次：最优期望目标、可接受目标和最低限度目标。

1. 最优期望目标

这是指对谈判者最有利的理想目标，除了满足某方实际需求的利益之外，还有一个"增加值"。比如，买方在谈判时给出的较低的还价，卖方喊出一个较高的卖价。

2. 可接受目标

这是谈判者根据各方面因素，考察各种情况，经过详细的预测和核算后所确定的谈判目标。

3. 最低限度目标

这是谈判者必须实现的目标。如果供应商给出的最低售价低于这个售价，则己方宁愿放弃这个项目。在实际的商务谈判中，往往一开始都是提出最优期望目标，通过双方的洽谈与磋商，最后选择一个适中的可接受目标。

在谈判前把最优期望目标、可接受目标和最低限度目标排出优先顺序，要分清重要目标和次要目标，并分清哪些可以让步、哪些不能让步；设定谈判对手的需求，考虑对方可能追求的目标，列出明细以便有充分的时间考虑谈判策略，从而在谈判过程中不至于惊慌失措。

（三）制定谈判方案

在商务谈判之前制定严谨、具体、周密的谈判方案是谈判成功的保证。商务谈判方案是企业最高决策层或上级领导就某项谈判的内容所拟定的谈判主体目标、准则、具体要求和规定。谈判方案的主要内容包括：

1. 确定谈判的主体目标

明确谈判的主要交易条件的可接受范围，同时要考虑到各种可能会发生的因素和风险。如卖方可接受的商品价格和货款的结算方式，买方能接受的购入价格和售后服务之外的条款。

2. 规定谈判期限

谈判者在谈判前对谈判的期限应有大致的计划，要注意谈判的效率，避免过于冗长，造成人力、财力的浪费。

3. 明确谈判参与人员的分工及职责

确定参加谈判人员的名单，并做到分工明确，要求谈判人员各司其职并且互相配合，最大限度地发挥集体智慧。

4. 明确联络方式，及时汇报情况

在谈判中，不可避免地会出现难以预料的情况。在超出谈判者的权限范围时，应及时与公司领导取得联系并获得相关指示，而不是擅自拍板做主。谈判过程中，谈判人员

也应及时向公司领导汇报谈判进程和情况。

（四）谈判人员的组合安排

商务谈判是一项复杂的经济活动，有其明确的经济目的，谈判人员代表了企业的总体实力和形象，谈判也就是谈判人员的较量。因此，一个强有力的谈判队伍对谈判起着十分重要的作用。

1. 谈判队伍的组织构成

商务谈判人员的组织多由负责人、主谈人和陪谈人构成。负责人是谈判中的主要决定人，负责实现谈判的目标。主谈人是主要发言人，其将谈判目标和谈判策略在谈判中具体实施。陪谈人可以是各类职能专家和记录人员，辅助主谈人，提供信息或参考意见，或记录谈判的主要内容。一般说来，商务谈判班子应有一名技术主谈和一名商务主谈。

2. 谈判队伍的业务构成

商务谈判人员的业务构成一般包括工商管理专家、工程技术专家、法律专家、金融专家和翻译人员等。

3. 谈判队伍的性格构成

一支成熟的谈判队伍，其性格构成应该是互补型的。大多的主谈人是外向型性格的，而内向型性格的人员可担任陪谈人或从事资料的整理和分析工作。

（五）谈判现场的布置与安排

1. 谈判室的布置

较为正式的谈判活动，一般需要主谈室、密谈室和休息室。主谈室的布置是十分关键的，应该选择光线充足、较为舒适宽敞的场所，同时配备现代化演示工具，如电脑、投影仪等。密谈室不宜过大，应靠近主谈室，供洽谈的一方成员内部协商时使用，注意选择隔音效果较好的地方。休息室则是供谈判人员休息使用的，应舒适轻松，可以起到缓解双方心理压力、缓和紧张气氛的作用。

2. 谈判双方座位的布置

谈判双方立场的不同决定了双方处于一个对立的心理位置，但合理的、不对抗的座位布置可以起到很好的作用，从而实现双赢谈判。一般而言，主谈室桌子的形状可以采用长方形或椭圆形，谈判时双方多采用对面而坐的方式，洽谈者可以互相接近，便于信息交流，也有利于谈判人员产生心理安全感。

二、商务谈判的程序

（一）谈判开局阶段

在谈判开局阶段，己方一方面要与对方建立起良好的关系，另一方面要积极了解对方的基本情况、特点和意图，通过掌握并分析对方的信息来修正己方的谈判方案，从而在谈判过程中争取主动权。

1. 把握开场

在开场时，双方要做好介绍，应掌握介绍时机、次序与口气。安排谈判双方入座的原则有三：次序原则、距离原则、面向原则。谈判开始时的开场白很重要，好的开场白有两个判定标准：功效的发挥与时间的适度。在续会开场时要注意两点：一是明确上次谈判的状态，二是确定此次谈判的内容。开场时间一般不会太长，说清即可。

2. 谈判双方交换意见

在开场后，双方可以交换意见，就谈判目标、议程安排和谈判人员达成共识，做出安排，共同制定谈判日程安排，互相熟悉对方的谈判人员。

3. 开场陈述

在开场后，双方就谈判交换意见，即进入谈判正式阶段。开场陈述是指谈判双方分别简明扼要地阐述己方对有关问题的看法和基本原则。陈述内容一般包括己方追求的目标、谈判的进度和计划、谈判人员的情况、己方对议题的理解、己方的利益、己方对本次谈判的意愿等。

在开场陈述时，应注意内容简明扼要，注意倾听对方的意见，谨慎做出判断，并尽量同意对方的合理意见和建议。

（二）谈判实质性磋商阶段

谈判的实质性磋商阶段是谈判双方对所提的交易条件进行广泛磋商的阶段，这一阶段通过对交易条件的报价和讨价还价，从分歧、对立到让步与协调，最后取得一致或破裂。这一阶段是商务谈判的决定性阶段，起决定性的作用。

1. 报价

商务谈判中的报价不仅仅指商品的价格，还包括谈判一方向对方提出的所有要求。这是谈判的中心议题。如在商品交易谈判中，包括产品的质量、数量、包装、运输、安装、货款支付、售后服务等；在合资合作事宜中，包括双方的资金、技术、劳动力承担部分，各自享有的股份比例和利润的分配比例等。在报价后还需要适当地给报价做出解释和评论，当然，这些解释和评论性话语应该简洁，避免拖沓。

2. 讨价还价

讨价是指对报价方的价格解释进行评价后，认为其价格距离自己的期望值过远，要求对方重新给价。还价是指报价方根据评价方的讨论做出重新报价后，向评价方给出回价。在讨价阶段，谈判人员需要运用讨价的策略和技巧启发诱导对方降价，可试探对方的降价幅度或进行趋势分析，指出市场竞争状况，从心理上促使对方降价。

📖 **小案例**

购买灶具的谈判

南京市天恒装饰公司承接的一项公寓装修工程中包括安装抽油烟机和灶具，开发商要求购买成套的产品，天恒公司的王总经理打算购买老板牌家用电器。在谈判过程中，老板牌电器的主谈人李经理开出了每套 4 200 元的价格。

王经理："李经理，贵公司给出的价格也有点离谱了吧，我前两天看了网上的团购，似乎价格比你们的低很多啊！这样的价格我们不能接受啊，否则我们要亏本的，你诚心给个价吧。"

李经理："我们的这个价格已经是很低了，王经理，您到市场上去看看，哪家商场里的同款机型的价格不比这个高啊！我们这个价格是包含了良好的售后服务的，我们的安装工人都是专业工人，技术绝对到位的。"

王经理："李经理，我们对贵公司的产品是十分信任的。只是，我们也收到了很多别的公司的报价单，比如说光芒家电，他们的价格就比你们的低好几百元啊，他们的质量也是相当好的，这点你们也同意吧？"

◆ **课堂互动**

该案例中王经理为什么要举光芒家电的例子来谈产品价格？从中理解谈判中议价的方法和技巧。

3. 磋商

讨价还价的阶段已经包含磋商，但双方在出现僵局时，或在报价上出现较大分歧时，则要进行具体、细致的磋商和洽谈。在磋商阶段，谈判人员都应保持真诚合作的态度，共同分析产生分歧的原因，平心静气地面对分歧，寻求解决分歧的方法。

4. 让步

在谈判过程中，为达成协议，双方都应做出必要的让步。双方在做出让步时，要经过缜密思考，要恰到好处，不要做太大、太轻易的让步；己方做出让步后，应等待对方做出相应的让步；控制好让步的次数和幅度，应保留好余地；要灵活掌握让步的内容。同时，采取利用竞争、软硬兼施、最后通牒等策略促使对方做出让步。这要求谈判人员在谈判过程中把握时机，灵活运用。

（三）达成协议结束谈判阶段

一般来说，当经过实质性磋商阶段，交易双方确定在主要问题上基本达成了一致，谈判就进入将要达成协议的阶段，这一阶段包括达到目标、达成协议、谈判收尾、谈判总结四个方面。

1. 达到目标

经过实质性磋商阶段，都已经做出了必要的让步后，谈判双方若都觉得各自的谈判目标已经初步达到了，就会发出成交信号，如用最少的言语阐述己方的立场，最后出价，用真诚和期待的态度表达出一定的承诺，或提出完整的、明确的建议。

2. 达成协议

在达到谈判目标后，谈判双方在达成协议前一般会进行最后一次回顾，明确还有哪些问题没有解决，以及解决这些问题的方式、策略，并明确所有交易条件的谈判结果是否已经达到己方期望的目标。在回顾后，双方就交易条件等条款签订书面合同或契约，并使之成为一份有效的法律文件。

3. 谈判收尾

在谈判结束时，谈判人员要做好记录和整理，拟定一份简短的报告或记录，并向双方公布，得到双方的认可。若谈判以破裂收尾，则应正确对待谈判破裂的现实，尽量使对方在和谐的气氛中接受谈判结果。

4. 谈判总结

商务谈判结束后，谈判人员应该对本次谈判进行认真地回顾和总结，谈判小组共同探讨谈判中出现的问题及解决问题的途径和使用的谈判策略，发现不足，总结经验和教训，以指导下一次谈判，不断提高自己的谈判能力。

（四）履行协议阶段

签订完合同并不意味着谈判到此就结束了，谈判结束后，合同的依法履行才意味着谈判"双赢"结局的实现。双方都应遵守诺言，严格履行合同中的条款。在履行合同的过程中，若出现新的问题，则需经过双方再次磋商以达成一致，不得单方违约或毁约。

技能实训

1. 实训任务

任务1：了解商务谈判的程序

（1）上网查询"商务谈判的程序"相关资料，了解商务谈判的程序和特点，并讨论国际商务谈判的程序的特殊性。

（2）根据商务谈判的目的和进度安排，了解商务谈判过程中接待工作的安排方法，以及在商务谈判的过程中如何通过商务接待促进谈判的顺利开展，商务谈判中的接待工作包括哪些方面。

任务2：《谈判前王总做好了充分的准备》案例分析与操作

（1）案例分析：以小组为团队，分组研讨本案例中王总安排小张在谈判前到市区的家电大卖场做调研工作的原因。运用所学的商务谈判程序的有关知识，分析小张此次调研的主要内容以及小张该如何开展调研活动。每组制作一份本案例的分析报告；派1名代表登台演讲，时间不超过5分钟。

（2）案例操作：从一次成功的商务谈判市场调研的角度，分组进行情境模拟演示，并制作书面沟通脚本。

2. 实训提示

《谈判前王总做好了充分的准备》案例分析重点：

商务谈判前的市场调研活动非常重要，对于了解市场行情和谈判对手的品牌形象都有重要意义。王总让小张到市区各大家电大卖场进行调研，并要求其带回各类资料和报价单。小张很好地执行了此次调研活动，为接下来的商务谈判做好了充分的资料准备工作，了解了A品牌的市场影响力，了解了同类产品的价格区间和走向，真正地做到了心中有数。同时，王总还从侧面了解到谈判对手李经理的个人经历和处事风格，做到了知己知彼。

3. 任务评价

任务1：学生自我评价任务的完成情况、所获体验等。

任务2：各组评价＋教师评价。评价要点：对各组任务实施的目标、计划、过程和效果进行评判，肯定成绩，提出建议，指导学生进一步总结和提高。

4. 评分参考

《谈判前王总做好了充分的准备》案例分析和情境模拟。

内容	分值	占比
案例分析报告书面文本	30分	50%
案例分析登台演讲	20分	
案例操作情境模拟演示	30分	50%
情境模拟沟通脚本	20分	

任务三　掌握商务谈判的策略

案例导入

购买电子产品生产流水线

2019年12月，上海某电子仪表制造公司打算引进一条电子产品生产流水线。该公司技术人员考察了欧美和日本的同类产品，觉得美国ERC公司的生产线在质量和技术方面都是非常先进的，但美国公司自恃技术力量非常雄厚，要价也颇高。

第一轮谈判在上海举行，该电子仪表制造公司和美国ERC公司都进行了非常充分的准备。电子仪表制造公司由技术部门主管担任主谈人，还有熟悉销售业务的副总经理和人事部主管组成谈判小组，美国公司则由东南亚地区执行官、中国总代理和美国地区销售主管组成谈判小组。美国公司在谈判一开始便以其高技术含量高报底盘，价格为1 560万美元，比中方经考察所掌握的价格高出360万美元。在进行了几轮谈判后，美方声称坚决不让步，第一轮谈判便陷入僵局。

案例讨论：

在第一轮谈判后，中方应如何才能使得谈判继续下去而又不受任何损失呢？

知识链接

一、优势条件下的谈判策略

在商务谈判的过程中，实力处于优势的一方往往可以采用不开先例，先苦后甜，声东击西，价格陷阱，规定时限、最后通牒等策略。

（一）不开先例策略

不开先例策略是指占有绝对优势地位的卖方坚持自己的交易条件，尤其是价格条件，表示坚决不能让步，一旦让步，以后的交易都会遇到这样的情况，卖方承担不了这样的交易价格。不开先例策略一般适用于对谈判内容要求保密的交易活动、交易商品属于垄断性经营、买方急于成交、卖方退出谈判等谈判实例中。

（二）先苦后甜策略

先苦后甜策略是一种先用苛刻的虚假条件使对方产生疑虑、失望等心理状态后，再大幅度降低其期望值，然后在谈判过程中逐步给予让步和优惠，使对方满意地达成目标，结束谈判，而己方也获得较大收益的策略。

📋 **小案例**

苛刻的休斯

大富豪休斯是一位成功的企业家，但同时也是个脾气暴躁、性格执拗的人。一次，他要购买一批飞机，由于款额巨大，对飞机制造商来说是一笔好买卖。但休斯提出要在协议上写明他的具体要求，项目多达34项，并且其中的11项要求非得满足不可。由于他态度跋扈、立场强硬、方式简单，拒不考虑对方的面子，也激起了飞机制造商的愤怒，对方也拒不相让。谈判始终冲突激烈，最后，飞机制造商宣布不与他谈判。休斯不得不派他的私人代表出面商洽，条件是只要能获得他们要求的11项基本条件，就可以达成他认为十分满意的协议。该代表与飞机制造商洽谈后，竟然取得了休斯希望载入协议34项中的30项。当然那11项目标也全部达到了。当休斯问他的私人代表如何取得这样辉煌的战果时，他的代表说："那很简单，在每次谈不拢时，我就问对方，你到底希望与我一起解决这个问题，还是留待与休斯来解决？"结果对方自然愿意与他协商，条款就这样逐项地谈妥了。

在谈判中运用这一策略时还要注意，提出比较苛刻的要求，应是对方未掌握信息与资料的某些方面，或者是双方难以用客观标准检验、证明的某些方面，以增加策略的使用效果。为了更好地运用这一策略，提出一方可让谈判小组成员分别扮演不同的角色。比如，扮演白脸的谈判者提出苛刻条件，双方在围绕这些条件讨价还价、争得不可开交时，就需要有人扮演红脸的角色，不断妥协、让步，调和双方的关系，缓解紧张的气氛，达成双方的谅解。

（三）声东击西策略

声东击西策略是谈判者故意将洽谈的议题引向某些非主要的问题上去，引起对方的错觉，从而在谈判中取得有利地位。

📋 **小案例**

某主播和某品牌方的谈判

近年来，电商直播兴起。某主播与某品牌方对"玉容纱有色粉饼""双11"大促价格进行了谈判。该产品定价159元，包括1个粉饼，赠送干湿用粉扑各1个和5色粉底液小样。

某主播："我希望产品能给出149元的价格。"

品牌方："这款粉饼有定妆、遮瑕和磨皮等多重效果，无论是配方还是成分在去年的爆品上都有很大改进，价格已经很低了。"

某主播："我只要这次'大促'直播间首发149元就行，因为数据显示这个价格非常好卖！"

品牌方："我觉得国货品牌不要说涨十块钱，涨一两块也非常困难。"

某主播："正因如此，让利给消费者十块，大家都会非常感动。"

品牌方："我们可以再加送一个桃花酥的美妆蛋，原价就挺贵，今年产品又进行了升级，所以159元就不动了，好不好？"

某主播："我听说贵品牌的蜜粉畅销，蜜粉有个最大的缺点：没有替换或清洗的粉扑，所以可否在159元的基础上再加两个蜜粉粉扑？"

品牌方："这个粉扑定价39元，两个实在比较为难！"

某主播："赠送两个粉扑的话，这个'玉容纱有色粉饼'定会爆卖！"

品牌方："好吧，如果仅'双11'给消费者一次独一无二的价格也可以，但是有个小请求，希望能发布产品介绍视频。"

某主播："可以！我送一个产品首发小课堂的切片，用LED屏投放！"

最终双方谈妥，某主播也成功拿下该品牌爆款新品粉饼149元的价格。

声东击西策略其实就是转移对方视线，隐藏己方的真实意图。在谈判中，一方出于某种需要会有意识地将会谈的议题引到对己方并不重要的问题上，借以分散对方的注意力，达到己方的目的。

（四）价格陷阱策略

价格陷阱策略是卖方利用商品价格的变动和谈判者心理的不安所设下的圈套，通过把对方的注意力吸引到价格这个问题上来，而使对方忽略其他条款上的优惠，进而影响实际利益。

（五）规定时限、最后通牒策略

规定时限、最后通牒策略是指谈判实力较强的一方向对方发出最后期限通牒，表示对方若超出这一期限，己方将退出谈判，从而迫使对方做出决断。在实际的案例中，有经验的谈判者一般都会以客观标准或某客观因素来说服对方，而不是使用威胁性话语。这样，既可以使对方心悦诚服，也能与对方建立起长期良好的关系。

当然，提出最后期限的方式也很重要，是委婉、彬彬有礼地提出最后期限，还是强硬、直言不讳地提出要求，对谈判所起的效果是截然不同的。前者会融洽谈判的气氛，使对方为你的诚意所动，而后者只会引起对方的不满，招致报复，以致中断谈判。同时，要掌握提出最后期限的时机，时机把握不好，会使谈判发展于己方不利。而提出最后期限后又反悔，则是最失信誉的做法。

二、劣势条件下的谈判策略

在商务谈判的过程中，实力处于劣势的一方，往往采用疲劳战术、权力有限策略、先斩后奏策略、吹毛求疵策略和以退为进策略等。

（一）疲劳战术

疲劳战术就是实力处于劣势的一方，因为不急于实现目标，所以善于等待时机。即通过多个回合的疲劳战术，干扰对方的注意力和拖住其谈判进度，最终使其无过多精力，丧失部分斗志，从而抓住有利时机达成协议。在商务谈判中，己方有时会遇到锋芒毕露、咄咄逼人的谈判对手，他们以各种方式表现其居高临下、先声夺人的挑战姿态。对于这类谈判者，疲劳战术是一个十分有效的策略。这种战术的目的在于通过许多回合的拉锯战，使这类谈判者感觉疲劳生厌，因此逐渐磨去锐气。同时，也扭转了己方在谈判中的不利地位，等到对手精疲力竭、头昏脑涨之时，己方即可反守为攻，促使对方接受己方的条件。

（二）权力有限策略

权力有限策略是指实力较弱一方的谈判者在面对对方苛刻的条件时，申明自己没有接受这种条件的权力，以便使对方放弃条件。实力较弱一方的谈判者的权力受到限制，可以促使其立场更加坚定，可以委婉地对对方说"不"，以"不是个人问题，而是公司的规定使我不能答应这样的条件"为借口，既维护了己方的利益，又给对方留了面子和考虑的余地。

（三）先斩后奏策略

在商务谈判中，先斩后奏策略是一种促使交易先达成，然后迫使对方做出让步的做法。有时，卖方常常运用这种方法向买方施加压力。在商务谈判中，应注意防止对手使用这一策略。

（四）吹毛求疵策略

吹毛求疵策略是指处于谈判劣势的一方，在谈判过程中，对实力较强一方的优势采取回避态度，或主动避开对方的这些优势，再三挑剔，寻找对方的弱点，提出一些问题和要求，以降低对方的期望值，找到突破口，达到以攻为守的效果。

而对于对方的吹毛求疵，己方则应直接摆出条件，不要在一些非关键问题上纠缠过久，让对方不攻自破。

📖 **小案例**

吹毛求疵的黄经理

某企业打算购买一家即将倒闭的大酒店作为其总部办公大楼。该楼位于市中心的商业步行街，地理位置非常好，价格也非常高，卖方喊出了每平方米3万元的高价。

该企业的黄经理："贵酒店所在的这栋大楼的地理位置和商业氛围都非常好，我们公司很看重这一点，相信这也是贵酒店给出这个价格的主要原因。但是，对这栋楼我们有几点不满意的地方：其一，这栋楼建成并投入使用已有近二十年了吧，虽然从外面粗略地看上去还是不错的，但仔细看，墙体开始出现裂痕，楼顶层有渗水的水印，想必是多年未曾加以整修了吧。其二，这栋楼的结构也不符合我们公司的部门布置，我们一旦购买后，还要花费很多的财力、物力和人力加以翻新和装修。其三，贵酒店的所有办公家具都不适合我们公司使用，我们还需要重新购置新的办公家具，这也是不小的开支，您觉得呢？"

（五）以退为进策略

商务谈判中处于劣势的一方，衡量了自己的长期利益和短期利益、局部利益和整体利益后，可以采取以退为进的策略，从形式上满足对方的要求，实际上则维护了自己的利益，甚至扩大了自己的利益。从表面上看，一方采取了退让，但实际上则实现了更大的目标。

三、均势条件下的谈判策略

在商务谈判的过程中，双方实力相当，此时的谈判策略有攻心为上、开诚布公、化解压力、制造和打破僵局、暂时休会等。

（一）攻心为上策略

攻心为上策略是指谈判者从心理和情感上消除双方间的分歧，从而达成协议。这个策略一方面主动制造融洽的双方关系，另一方面则抓住要害，以理服人。可以通过私人接触、私下会晤、领导会晤、避免争论、攻其要害等方法来促成双方达成一致。

（二）开诚布公策略

微课：商务谈判技巧

开诚布公策略是指在商务谈判的过程中，谈判者以真诚坦率的态度向对方表述己方的真实观点，客观实际地分析问题，真实地提出己方要求，以态度打动对方，以情理说服对方。这是一种较为有效的策略，能促使双方进行真诚的合作，使双方在坦诚、友好的氛围中达成协议。

（三）化解压力策略

化解压力策略是指谈判者对谈判压力有所认识、有所防备，并有效抵御这些压力，更好地维护己方的利益。对于对方的威胁性压力，己方可以不要过分重视，或指出威胁所带来的负面影响；对于对方强硬的措施性压力，则要灵活处理，可以用巧妙的问话来抵御，也可以适当运用幽默话语，以柔克刚。

（四）制造和打破僵局策略

在商务谈判的过程中，当双方意见和条件不一致，且双方都不愿意做出让步时，就有可能出现僵局。有经验的谈判者会主动制造僵局以给对方施加压力，同样也能采取有效的策略来打破僵局。打破僵局有一些常用的策略，如满足对方的真实需要、制造竞争、寻找中间人进行调解、调整或变更谈判人员、采取强硬态度以施加压力等。

（五）暂时休会策略

暂时休会策略是指谈判进行到一定的阶段，如谈判接近尾声时、谈判出现低潮时、谈判出现僵局时、谈判遇到某种障碍和出现疑难问题时等，谈判的一方提出中断谈判、暂时休会的方法。这种方法有利于双方赢得机会和时间重新思考、调整对策、缓和谈判气氛和融洽双方关系。

四、商务谈判中的让步策略

（一）让步模式

谈判大师卡洛斯提出了八种让步模式，并分析了每种让步模式的利弊得失，谈判者可以选择并加以借鉴，如表 7-1 所示。

表 7-1　让步模式（以让步总幅度 60 为例）

让步模式	第一期让步	第二期让步	第三期让步	第四期让步
模式 1	0	0	0	60
模式 2	15	15	15	15
模式 3	8	13	17	22
模式 4	22	17	13	8
模式 5	26	20	12	2
模式 6	59	0	0	1
模式 7	50	10	-1	1
模式 8	60	0	0	0

1. 第一种让步模式：0/0/0/60

这是一种较为冒险的模式。己方在前三个阶段态度十分坚决，不肯做出一丝一毫的让步，容易使对方退出谈判，导致谈判破裂。而己方最后的一次性让步，也容易使己方利益得不到很好的实现。

2. 第二种让步模式：15/15/15/15

这是一种平均让步模式。这种模式容易使对方产生期望，而期望在得到了前三个阶段的实现时，则会产生更大的期望，这样会使得己方在谈判中的地位由主动变为被动。

3. 第三种让步模式：8/13/17/22

这种让步模式会使得对方的期望值不断升高，而在第四阶段，若对方的期望值超过己方的让步范围，谈判则会受到阻碍，双方都不愿意做出让步时，谈判就会出现僵局。

4. 第四种让步模式：22/17/13/8

相对而言，这种让步模式较为有效，能显示己方的诚意和立场，让步的余地越来越小，也能降低对方的期望，使对方产生适可而止的想法，最终实现双方的目标。

5. 第五种让步模式：26/20/12/2

这种模式在商务谈判中也是较为成功和有效的。己方在前两个阶段表现出较强的诚意，做出较大的让步，在后期，让步幅度锐减，显示己方几乎没有让步的余地了。

6. 第六种让步模式：59/0/0/1

这种让步模式幅度变化很大，风险也较高。己方一开始大幅度地让步使对方抱有较大的期望，而接下来则没有丝毫的让步又使得对方无法接受，双方互不相让往往会使谈判陷入僵局。

7. 第七种让步模式：50/10/−1/1

这种让步模式第一阶段的让步幅度很大，风险也较大。第二阶段的让步幅度很小，第三阶段则出现反弹，第四阶段又给对方一点补偿，这使对方觉得己方的让步已经到了极限，从而达成一致。

8. 第八种让步模式：60/0/0/0

这种模式与第一种恰好相反，一开始给对方很大的让步，继而丝毫没有松口，容易使谈判出现僵局。

这八种让步模式比较而言，第四种和第五种模式较为有效，也是成功概率较高的谈判让步策略，但其余六种并非都是不可取的，谈判者应在不同的时机选择不同的模式，灵活运用，使商务谈判达到双赢。

（二）让步策略

在商务谈判的过程中，让步时既要经过缜密的思考，步伐稳健，又要恰到好处。基本原则是让己方没有大的损失，又使对方得到一定的好处，以便达成对己方有利的协议。让步的策略有以下几点：

1. 不要做太大、太轻易的让步

一旦做出太大、太轻易的让步，则会使对方轻视己方，对方会觉得让步是理所当然的事情。有时，己方可以在次要问题上做出让步，从而诱使对方在主要问题上做出让步。

2. 己方做出让步后，一定要等待对方做出一定的让步

不要过于轻率地做出决定。若对方没有诚意做出让步，己方则没有必要再做出任何让步决定了。

3. 控制好让步的次数和幅度

在商务谈判的过程中，要记住己方让步的次数，做到步步为营，并在每次让步时都留有一定的余地，不要将自己逼到无路可退的地步。

4. 灵活掌握让步的内容

卖方的让步内容通常有：
（1）降低商品的最终价格。
（2）为买方提供运输、仓储等服务。
（3）采取各种付款方式，如分期付款或延期付款等。
（4）在一定的期限内，提前送货。
（5）改善商品质量，或者提供质量更好的商品。
（6）在一定的期限内，保证价格稳定，不因某种因素抬高价格。
（7）向买方提供很好的售后服务。
买方的让步内容通常有：
（1）向卖方迅速提交货款。
（2）与卖方进行某个项目的合作。
（3）增加订货数量。
（4）承诺日后购买同种商品将尽量选择卖方。

（三）迫使对方让步的策略

1. 利用竞争

在商务谈判的过程中，制造和利用竞争是迫使对方让步的有效策略。如向对方透露

存在很多竞争对手，并且这些竞争对手有较多有利的竞争条件。在谈判尚未结束前，谈判者不要与其余的厂商结束联系，以保持竞争局势。

2. 软硬兼施

对方在某一方面不肯做出让步时，己方可以采取软硬兼施的策略。即谈判小组中一人持强硬态度，一人持温和态度，这需要把握时机和分寸软硬兼施，只要配合默契，就有可能迫使对方让步。

3. 最后通牒

当谈判双方争执不下时，己方向对方发出最后通牒，若对方在这个期限内不接受己方的条件，己方将宣布谈判破裂或退出谈判。一般而言，最后通牒策略适用于双方在很多问题上达成了一致，只在个别问题上还有争议而相持不下的情况。

技能实训

1. 实训任务

任务1：了解商务谈判的让步策略

（1）上网查询"商务谈判的让步策略"的相关资料，了解商务谈判的让步模式和让步内容的选择，并讨论商务谈判的让步模式在不同阶段的使用策略。

（2）以《吹毛求疵的黄经理》案例中"某企业打算购买一家即将倒闭的大酒店作为其总部办公大楼"为例，讨论在此次商务谈判中，售楼方始终不愿意在价格上给予让步，黄经理应该如何迫使对方做出让步以及可以运用哪些策略。

任务2：《吹毛求疵的黄经理》案例分析与操作

（1）案例分析：以小组为团队，分组研讨本案例中黄经理为什么要提出大楼投入使用的时间比较长以及大楼结构的问题。运用所学的商务谈判中让步策略的有关知识进行分析：黄经理在什么时候提出这样的问题比较合适？黄经理在迫使对方做出让步时，除了案例中提到的问题，还可以提出哪些问题？而当黄经理提出这样吹毛求疵的问题后，作为售楼方应该如何应对？每组制作一份本案例的分析报告；派1名代表登台演讲，时间不超过5分钟。

（2）案例操作：从成功使用商务谈判让步策略的角度，分组进行情境模拟演示，并制作书面沟通脚本。

2. 实训提示

《吹毛求疵的黄经理》案例分析重点：

案例中黄经理提出的这些问题，是使用了商务谈判中的吹毛求疵策略。黄经理在对方不愿意在价格上让步的情况下采取相对强势的态度，找出了对方的弱点，并提出这些问题和要求，从而迫使对方做出一些让步。

当谈判一方使用了吹毛求疵策略后，另一方则应该避其锋芒，不在非关键问题上纠缠，应就事论事，从而巩固己方的优势。

3. 任务评价

任务 1：学生自我评价任务的完成情况、所获体验等。

任务 2：各组评价＋教师评价。评价要点：对各组任务实施的目标、计划、过程和效果进行评判，肯定成绩，提出建议，指导学生进一步总结和提高。

4. 评分参考

《吹毛求疵的黄经理》案例分析和情境模拟。

内容	分值	占比
案例分析报告书面文本	30 分	50%
案例分析登台演讲	20 分	
案例操作情境模拟演示	30 分	50%
情境模拟沟通脚本	20 分	

任务四　商务谈判技巧综合实训

实训案例

购买设备的国际商务谈判

上海某冶金公司要向美国一公司购买一套先进的冶炼组合炉，由高级工程师陈总带头组建谈判代表团与美商谈判。谈判前，陈总与谈判代表团做了充分的准备工作，收集了大量有关冶炼组合炉的资料，花了很多精力对国际市场上冶炼组合炉的行情及美国这家公司的历史和现状、经营情况等了解得一清二楚。为了节约谈判成本，陈总将谈判地点定在公司内部会议室，美方谈判代表团的成员就在公司旁边的一家酒店入住。考虑到该美国公司的谈判风格是爽快型的，陈总决定速战速决，谈判分三个阶段进行：第一阶段谈冶炼组合炉的价格，第二阶段谈冶炼自动设备的价格，第三阶段商谈设备的运输费用和技术支持的培训事宜。

谈判开始，在关于冶炼组合炉的价格谈判的第一阶段，美商一开口要价 150 万美元。中方工程师直接列举出美方给其他各国企业的成交价格，使美商目瞪口呆，终于以 80 万美元达成协议。

当谈判进入关于购买冶炼自动设备的第二阶段时，美商报价 230 万美元，经过讨价还价压到 130 万美元，中方仍然不同意，坚持出价 100 万美元。美商表示不愿继续谈下去了，把合同往陈总面前一扔，说："我们已经做了这么大的让步，贵公司仍不能接受，看来你们没有诚意，这笔生意就算了，明天我们回国了。"陈总没有挽留，还请助理为美方谈判代表团预订了飞机票，并且在晚上还宴请了美方谈判代表团，宴会上中方关于谈判只字未提，这让美方谈判代表团有点摸不着头脑。美方谈判代表团回国了，冶金公司内部的其他人有些着急，甚至埋怨陈总不该抠得这么紧，导致谈判只进行了前期阶段，如果后期谈不下来，那么前期的投入都是白费工夫。陈总十分淡定地表示："放心吧，他们会回来的。同样的设备，去年他们卖给法国只有 92 万美元，国际市场上这种设备的价格在 100 万美元上下是正常的。"果然不出所料，一周后美方谈判代表团发来电子邮件提出继续谈判。第二阶段的谈判继续进行，陈总在一番寒暄后，直接向美商点明了他们与法国的成交价格，美商又愣住了，他们没有想到眼前这位中国商人如此精明，于是不敢再报虚价，以通胀为由提出产品价格上扬是没有办法，说："现在物价上涨得厉害，跟去年无法相提并论。"陈总不慌不忙地从国际经济形势和国际货币流通情况讨论起，说明对于美国公司而言，这样的价格绝对是不会吃亏的。美商被说得哑口无言，在事实面前，不得不让步，最终以 101 万美元达成了这笔交易。

谈判进入第三阶段，陈总提出设备的运输及费用由美商承担，美商则表示不能接受。在第三轮谈判进行到第四天的时候，中方做出让步，提出运费双方共担，各自承担 50%。此外，公司需要培训相关技术人员，提出让美方派技术代表来中国给予为期一个月的技术支援，培训总费用控制在 10 万美元之内。美方则提出培训费用中将不包括技术人员来回的交通费用、在中国期间的生活开销等。陈总原则上同意美商的要求，并提出技术人员的住宿和来回交通费用将执行中国公司的在职员工标准，不执行美国公司的标准，从而节省了一笔成本。

此次谈判，陈总在从谈判前期到谈判后期的合同履行的过程中花费了大量时间并付出了大量精力，为公司节约了经营成本。

🗣 实训任务

任务 1：了解商务谈判的各项技巧与策略

（1）上网查询国际商务谈判的技巧、语言表达技巧等知识，整理出此次商务谈判的方案，包括谈判地点、时间安排和谈判程序等。

（2）了解商务谈判团队中主谈人的知识储备和能力、素养等方面的要求。

任务2：《购买设备的国际商务谈判》案例分析与操作

（1）案例分析：以小组为团队，分组研讨本案例中陈总取得谈判成功的原因。运用所学的商务谈判的相关知识进行分析：陈总在此次商务谈判中运用了哪些谈判技巧？如果谈判的对方是日本企业，他该如何应对？每组制作一份本案例的分析报告；派1名代表登台演讲，时间不超过5分钟。

（2）案例操作：从商务谈判策略的角度，分组进行商务谈判模拟演示，包括谈判前的准备、谈判场所的布置和谈判过程中的各个环节，并制作书面沟通脚本。

💡 实训提示

《购买设备的国际商务谈判》案例分析重点：

（1）从中方的角度来看，陈总所代表的中方在此次谈判中取得胜利的最关键一点在于对对方信息充分的收集和整理，用大量客观的数据给对方施加压力，从收集的内容可以看出，不仅查出了美方与他国的谈判价格（援引先例），也设想到了对方可能会反驳的内容并运用相关数据加以反击（援引惯例），对商务谈判策略做了恰到好处的运用，体现了《孙子兵法》中所说的"知彼知己，百战不殆"的战术。

（2）中方的胜利还在于运用了多种谈判技巧：

1）谈判前，评估双方的依赖关系，对对方的接收区域和初始立场（包括期望值和底线）做了较为准确的预测，由此才能在随后的谈判中未让步于对方，佯装退出。

2）谈判中，依靠数据掌握谈判的主动权，改变了对方不合理的初始立场。

3）在回盘上，从结果价大概处于比对方开价一半略低的情况来推测，中方的回盘策略也运用得较好。

（3）从美方的角度来看，美方谈判代表团的开价策略有问题，产品价格虚高，给购买方以不真诚感；在谈判过程中，在未摸清中方情况的前提下，轻易地提出休会，反而增加了谈判成本和谈判难度。

✅ 任务评价

任务1：学生自我评价任务的完成情况、所获体验等。

任务2：各组评价+教师评价。评价要点：对各组任务实施的目标、计划、过程和效果进行评判，肯定成绩，提出建议，指导学生进一步总结和提高。

评分参考

《购买设备的国际商务谈判》案例分析和情境模拟。

内容	分值	占比
案例分析报告书面文本	30分	50%
案例分析登台演讲	20分	
案例操作情境模拟演示	30分	50%
情境模拟沟通脚本	20分	

项目八　跨文化沟通技巧

　　全球化时代，企业的员工来自多元化的文化背景，如何管理多元文化背景的员工队伍，是企业管理者面临的一个严峻挑战。

——张维迎

　　企业管理过去是沟通，现在是沟通，未来还是沟通。

——松下幸之助

　　管理的问题 70% 都是沟通问题。

——彼得·德鲁克

　　在全球供应链越伸越长的当今市场，具有跨文化知识和技巧成为个体独特的竞争优势。

——佚名

　　理解不同语言、文化思维方式之间的差异，并随时调整自己的沟通方式，是国际商务活动取得成功的基础。

——佚名

🖥 学习导航

　　随着经济全球化的进一步深化，跨文化管理成为我国企业面临的难点问题之一。跨文化沟通作为跨文化管理的一个重要组成部分，越来越受到国内外管理界的重视。本项目以党的二十大报告中的"深化文明交流互鉴，推动中华文化更好走向世界"为主旨，紧密结合涉外商务人员跨文化沟通能力的岗位要求，通过跨文化沟通技巧训练，指导学生深入理解跨文化沟通的理论知识和策略，培养跨文化沟通的素质，培训跨文化商务沟通技巧。

　　◆ 知识能力目标

　　1. 理解和领悟跨文化沟通的内涵，了解跨文化沟通的特征以及与跨文化沟通有关的文化特征；

2. 识别文化差异，领悟解决文化冲突的途径；

3. 正确比较文化差异和沟通方式差异，理解跨文化沟通的主要障碍；

4. 理解和领悟选择跨文化沟通方式的基本原则，学习提高跨文化沟通的策略；

5. 理解和领悟跨文化商务沟通的内涵，掌握跨文化商务沟通能力的培养方法和途径。

◆ **素质素养目标**

1. 理解和领悟跨文化沟通多样化的特征，能够正视差异、求同存异，掌握不同的沟通风格，强化文化敏感性，培养跨文化的理解力；

2. 能够自觉参加小组项目研讨与操作，具有团队合作精神；

3. 在经济全球化的大环境下具备跨文化交流的基本素养；

4. 在与具有不同文化背景的人交流时能够进行换位思考，坚定文化自信，彰显爱国情怀。

 领悟跨文化沟通的内涵

📞 **案例导入**

《哪吒之魔童降世》里，"急急如律令"怎么翻译？

2019 年的电影暑假档期，《哪吒之魔童降世》成了一匹不折不扣的黑马。该片累计票房超过 50 亿元。除骄人的票房成绩让人喜悦外，《哪吒之魔童降世》出品方更是官宣了影片将要在海外上映的消息："踩上风火轮，去更远的远方……"

有意思的是，就在这喜大普奔的消息传开之时，片中诸如"急急如律令"等一系列有着极强中国印记的台词怎么翻译成英文语句，在网上迅速成了网友们争相讨论的热门话题。

确实，这部影片里很多台词和梗，熟悉中华传统文化的观众可以轻松理解其背后的含义，从而产生共鸣。但要让那些不知道哪吒的故事甚至不懂汉语的外国人共情，英语字幕就显得尤其关键了。包括太乙真人传授给哪吒的"日月同生，千灵重元，天地无量乾坤圈，急急如律令"，还有申公豹的口吃和哪吒随口吟出的打油诗等。

如果要在外国上映，那么这些台词要怎么翻译呢？

对此，万能的网友也是发表了自己的看法，果然人民群众的智慧是无穷的。比如

"急急如律令"，原是汉代公文常用的结尾语词，意谓情势紧急，应依照像是推行法律命令一般火速办理，后来才发展成一种咒语。如此溯源之后，网友们给出了自己的翻译建议：

- Fast fast biubiu——这属于搞怪拟声型，也是网友接受度较高的一个版本；
- Urgent as law——这是直译型，意为"如律法一样紧急"，这个版本的意思最接近"急急如律令"的中文意思；
- Everything listens to me right now——这是咒语型，意为"天地万物听我号令"；
- Jijirulvling——这是拼音型，有网友表示《哈利·波特》的咒语都不给我们翻译，我们也给他们来个神秘的咒语，直接用拼音当字幕，"这才是文化输出的正确打开方式""没准老外还会觉得它很酷"等评论不绝于耳。

如此热闹可以看出，作为国产动画片的一部优秀代表作，《哪吒之魔童降世》"出海"这件事，承载了我们对传统文化怎么走出去的希望和期待。这种期待中，自然包括文化输出所要面临的种种挑战：翻译是其中重要的一环。虽然这是一部取材于神话的动画片，但其中涉及大量的历史、习俗、神话人物、歇后语……如何译出本来就来自虚构的那些盖世神功、无敌招式，更是一件令人头疼的事情。有人因此认为，越是根植于传统的作品，越不容易跨文化传播。

💬 **案例讨论：**

1. 你对电影《哪吒之魔童降世》"票房热"与"出海冷"所形成的巨大反差有何思考？
2. 什么是跨文化沟通？跨文化沟通中会遇到哪些障碍？

🖳 **知识链接**

一、跨文化沟通的内涵

文化源远流长，包罗万象，无处不在，很难有统一的定义。根据世界著名跨文化与管理专家霍夫斯泰德的定义，文化是一个人群的成员赖以区别于另一个人群的成员的共同思维方式。文化包括价值体系，价值观是文化的基石。

为了让人们更好地了解文化，霍夫斯泰德把文化比作洋葱，有很多层。最外表的一层称为象征物，如服装、语言、建筑物等，人的肉眼能够很容易看见；第二层是英雄人物性格，在一种文化里，人们所崇拜英雄的性格代表了此文化里大多数人的性格，因此，了解英雄的性格，在很大程度上也就了解了英雄所在文化的民族性格；第三层是礼仪，礼仪是每种文化里对待人和自然的独特表达方式，如在中国文化中，在主要场合吃饭时的座位安排很有讲究，又比如日本人的鞠躬和进门脱鞋的习惯；最里面的一层是价值观，是指人们相信什么是真、善、美的抽象观念，也是文化最深邃、最难理解的部分。

跨文化沟通是指跨文化组织中拥有不同文化背景的人们之间的信息、知识和情感的互相传递、交流和理解过程。跨文化沟通是不同文化之间，通过一定的途径和方式（如通过经商、婚姻、遣使、求学、传教等方式），在一定的时间和空间内发生相互碰撞、相互接触，从中互相学习、彼此融合，从而不断发展的一种文化现象。

二、跨文化沟通的特征

划分文化的标准可以有国家、省、地市、性别、职业、年龄、专业、民族等。划分文化的标准不一样，直接决定了某一沟通行为、现象、活动等是否属于跨文化的范畴。

跨文化沟通的区别性特征就是文化多样化：信息的发送者与接收者存在文化差异。信息发送者的文化背景与信息接收者的文化背景存在差异，也是跨文化沟通发生的前提条件。文化差异体现在传统、风俗习惯、信仰、价值观、法律、经济、政治、科学技术等方方面面。跨文化沟通还有一个重要的特征就是语言多样化。目前，在我国进行跨文化沟通中使用的语言主要有英语和汉语。

三、与跨文化沟通有关的文化特征

霍夫斯泰德认为，文化是一种"共同的心理程序"，即文化不是一种个体特征，而是具有相同的教育和生活经历的许多人所共有的心理程序。正是此程序才将不同的群体、区域或国家的人相互区分开来，而这个共同心理程序的核心就是共有的价值观。与跨文化沟通有关的文化特征主要有以下几个方面：

（1）群体性。文化不是一种个体行为或个体特征，而是生活在该群体中的人们所共有的行为和特征。

（2）习得性。群体文化不是其每个成员生来就有的，而是其成员不断向群体其他成员和环境学习的结果。

（3）差异性和同一性。文化的差异性是指由于人类历史演进中的条件和过程存在差异，因此不同的文化有不同的特点。文化的同一性则反映了人类一般的生理特征和他们适应自然和社会环境的一般需要。

（4）层次性。文化的各个方面对其成员的重要程度是不同的，有些方面是其文化的核心，有些方面则是较次要的。

（5）稳定性与变迁性。文化的稳定性是指文化是由数千年的经验和知识积累而成的，它保持着相对的稳定不变性。文化的变迁性是指由于族群社会内部的发展、不同族群之间的接触而引起的一个族群文化的改变，分为无意识的改变和有意识的改变。文化的变迁性是一切文化的永存现象。

📋 小案例

咖啡里的苍蝇

几个人到咖啡馆喝咖啡，发现咖啡里有苍蝇。第一个发现的是英国人。这个英国人一声不响地站起身来，掏出钱放在咖啡杯下，扬长而去。第二个是日本人。日本人拍案而起，把领班臭骂了一顿，并扬言要教会他们如何管理企业。第三个是美国人。美国人舒舒服服地靠在椅子上，叫来服务员，笑眯眯地说："小姐，在美国，苍蝇是单独放在碟子里，和咖啡、伴侣、奶、糖一起送上来的，顾客自己放，想要多少就放多少。"

◆ 课堂互动

面对咖啡里的苍蝇，不同国家的人的反应为什么不尽相同？请挖掘不同民族"文化性格"的差异性，从中深刻领悟跨文化沟通的重要意义。

四、解决文化冲突的途径

（一）识别文化差异

工作过程中，按照自己的文化特点来处理与自己不同文化的人之间的关系时，问题就产生了，这就需要改进自身对其他文化的敏感度，识别并适应不同种族、不同社会风俗等方面的文化差异。

微课：跨文化沟通技巧

（二）克服文化思维定式

文化思维定式指的是通过某一组织团体的特征来推断某个人的行为或者性格特点。在了解其他文化时，一般会首先了解在这种文化中的共同取向特征。文化思维定式在开始的时候是很有用处的，但是每个人的性格特点是不同的，过度的模式化会使得交流受限而忽视个人的特点，容易产生误会。

（三）懂得换位思考

换位思考也称移情，指的是站在对方的角度客观看待问题，对于不同的价值观、信仰和习俗能够以宽容的态度对待，设身处地地为对方着想，避免产生误会。

👤 技能实训

1. 实训任务

任务1：认识跨文化沟通

（1）上网查询"跨文化沟通"的相关理论知识，进一步学习和领悟什么是跨文化沟通以及沟通和文化的关系。通过自我反省和对照，发现自己在跨文化沟通方面的优势和不足，分析存在的主要障碍，有针对性地提出改善措施。

（2）上网查询"跨文化沟通"的资料，收集相关跨文化沟通成功和失败的案例，总结其经验和教训，从而认识跨文化沟通的内涵和重要意义。

任务2：《哪吒之魔童降世》案例分析与操作

（1）案例分析：以小组为团队，课后观看电影《哪吒之魔童降世》，分组研讨《哪吒之魔童降世》中具有极强中国印记台词的翻译困境。每组制作一份本案例的分析报告；派1名代表登台演讲，时间不超过5分钟。

（2）案例操作：电影《哪吒之魔童降世》"票房热"与"出海冷"形成巨大反差，请查找相关资料，从文化差异性的角度分析和讨论阻碍国漫电影出海的"症结"有哪些。分组进行情境模拟演示，并制作书面沟通脚本。

2. 实训提示

《哪吒之魔童降世》案例分析重点：

影视"出海"的译制除了需要突破语言、文化等障碍，还要兼顾剧名的译制有利于本土化的交际和传播。

首先，影视翻译对象是由图像、声音、文字融合成的多重符号组成的多维语言载体，字幕语言是最直观、最直接的信息呈现形式。在译制时，要在有效的时间与空间内，表达出核心信息，让观众读懂其中的意思，还要保持与人物性格、声音画面相统一。

一位资深影视译员认为："影视译制既要忠于原文的语义，还要尽量做到风格与作品类型一致，语气与人物性格相符，节奏与画面切换同步，字幕长度也要符合时间和空间的限制。在翻译过程要兼顾上述环境因素，做好各因素的取舍、平衡和协调工作，在实际审校过程中还要和导演、片方进行细致的、反复的推敲和沟通，达到最佳效果。"

其次，影视译制不是单纯的语言转化那么简单，还要权衡文化差异，达到和而不同。译制不是单向文化强输出和文化弱同化，而是要保证影片原有文化的纯真与本土文化二者平衡，这就要求翻译工作者既尊重原有地的文化意象建构，又与译入语受众有一定的共同文化心理和共有知识。

《哪吒之魔童降世》中具有大量中国特色的东方元素，如哲学、历史、民俗、道家、佛教文化等。面对这些翻译难题，译者既要在语言体系构词法上翻译得流畅，让外国观众能够无障碍欣赏影片，又要保证东方文化特色不被舍弃，通过对本土文化和价值体系的深度研究，保证翻译的本土化，让目标语听众觉得如同和本国人交谈，从而达到借助电影传播悠久灿烂文化的效果。

正如德国著名语言学家洪堡特曾说的："译文应该具有异域色彩，但需要把握一个度：读者不应该感觉到洋腔洋调，而是应该感觉到异域情调，这样翻译就达到了它的最高境界。"

最后，影视译制还需遵守一定的交际与传播规律，在剧名译制上下足功夫。翻译本身是一种跨文化交际与传播的重要手段，肩负着传递原作交际意图的使命。在影视剧名称翻译的过程中，挖掘原剧名的真实交际意图非常必要。剧名是作品给观众的第一印象，翻译好坏直接影响目标语言地区受众的理解和市场推广。《哪吒之魔童降世》如果译为"The Coming of the Devil Child of Nezha"可能让输出地的受众感到莫名其妙，所以如何翻译得巧妙，值得思考。

随着国家"一带一路"倡议的提出，"中国文化走出去""讲述中国故事""国家形象构建"等理念随之将更加不断地深入影视创作之中，未来将会有更多影视巨制走向国际市场，译制需求更加迫切，策略也将呈现多样化。影视译制者应发挥自身优势，积极推动影视文化全球化，成为在语言服务领域赋能"一带一路"、传递文明的创新者和引领者。

3. 任务评价

任务1：学生自我评价任务的完成情况、所获体验等。

任务2：各组评价＋教师评价。评价要点：对各组任务实施的目标、计划、过程和效果进行评判，肯定成绩，提出建议，指导学生进一步总结和提高。

4. 评分参考

《哪吒之魔童降世》案例分析和情境模拟。

内容	分值	占比
案例分析报告书面文本	30 分	50%
案例分析登台演讲	20 分	
案例操作情境模拟演示	30 分	50%
情境模拟沟通脚本	20 分	

任务二　理解跨文化沟通的障碍

📞 案例导入

案例：美国籍副总裁与中国员工的交谈

A 公司某区人力资源部一名美国籍副总裁与一位被认为具有发展潜力的中国员工交

谈，他很想听听这位员工对自己今后五年的职业发展规划以及期望达到的位置。中国员工并没有正面回答问题，而是开始谈论起公司未来的发展方向、公司的晋升体系，以及目前他本人在公司中的位置等，说了半天也没有正面回答副总裁的问题。副总裁有些疑惑不解，没等他说完已经不耐烦了。同样的事情之前已经发生了好几次。

谈话结束后，副总裁忍不住向人力资源总监抱怨道："我不过是想知道这位员工对于自己未来五年发展的打算，想要在A公司做到什么样的职位而已，可为什么就不能得到明确的回答呢？"

"这位老外总裁怎么这样咄咄逼人？"谈话中受到压力的员工也向人力资源总监诉苦。

💬 **案例讨论：**

1. 案例中中国员工为什么没有正面回答美国籍副总裁的问题？
2. 请从文化差异的角度分析双方在沟通交流的过程中产生的一系列障碍。

🖥 **知识链接**

跨文化沟通是指不同文化单元之间发生的信息传递和交流过程。不同的文化单元之间势必有差异，这些差异便构成了跨文化沟通的障碍。一般的跨文化沟通障碍主要有以下几种：

一、价值观和思维方式的差异

在跨文化沟通中，来自不同文化背景的人，他们的价值观和思维方式是不同的，对同一信息的理解会产生差异，甚至会得出截然不同的结论。由于文化差异所形成的价值观的不同导致了管理方式、方法的差别，而不同类型的管理容易给跨文化沟通造成障碍。霍夫斯泰德按他提出的4个维度将53个国家和地区的个人主义和集体主义价值观进行了比较排序，其结论是："亚洲国家更崇尚集体主义，强调集体和社会的紧密联系。欧洲和北美等国家个人主义指数偏高，集体和社会关系松散。这些差别在企业的商务沟通中有着很大的影响。"例如，美国是一个具有高度个人主义价值取向的国家，因而美国管理者偏好个人决策，提倡竞争并奖励创新；而中国是一个具有高度集体主义价值取向的国家，其管理更倾向于集体决策和共同承担责任。在缺乏跨文化沟通的前提下，由于受传统文化的熏陶，中国员工倾向于接受集体决策方式，而排斥或抗拒美国管理者的个人决策方式。由此可能产生跨文化沟通的障碍，进而导致合作中的严重不协调，乃至合作失败和终止。

二、语言沟通中的差异

不同的语言源于不同的文化，每种语言都有独特的文化内涵。在跨文化沟通过程中，语言的多样性与复杂性常常是造成沟通障碍的主要原因。有效的沟通不仅在于信息的传递，还在于信息传递渠道的畅通和所传递信息的意义为接收者所感知和理解。在跨文化沟通过程中，信息的发送者和接收者、编码和解码都受到文化的影响和制约。北美和北欧国家包括英国、德国和瑞典等国家，他们的语言表达准确，基本上不用考虑语言的环境背景；而日本、中国、法国、西班牙、意大利和其他一些非洲、亚洲国家，其信息的传达不仅要靠所听所写，还要看语言的场合，离开了特定的环境背景，则一句话的意义可能完全不同。如果不了解不同国家的文化背景和语言，就很难与其进行沟通和交流。

📖 小案例

"白象" ≠ "white elephant"

我国一家生产"白象"牌电池的企业在进军国际市场时，把其品牌直接翻译为"white elephant"，致使该产品在国际市场上无人问津。因为"white elephant"在英语中是"无用"的意思。

◆ 课堂互动

沟通中的语言障碍常常表现在语义和语用两个方面，请从语义的角度分析"白象"牌电池翻译的失误之处。

三、非语言沟通中的差异

在跨文化沟通过程中，人们有时候采取非语言沟通形式。不同文化背景的国家对非语言的使用偏好不同。文化的差异会导致不同国家或地区的谈判者在身体语言的运用上有着巨大的差异，甚至同样的动作语言传递着截然相反的信息。例如，绝大多数的国家都是以点头方式来表示赞成，但在印度、尼泊尔等国则以摇头表示赞成、肯定之意；英国人不愿直接道明自己的用意，美国人则喜欢通过集会或视觉效果强烈的标语进行沟通；日本人一般不正视别人的眼睛，认为眼对眼的谈话是一种失礼的行为，而欧美人则认为谈话时应保持适当的眼神接触，不正视对方会被认为是不友好、轻视对方、内疚、害怕、不诚实、不可信，甚至是诡诈的表现。因此，若不能真正理解说话者身体语言运用的差异，同样容易产生误解。

四、沟通风格的差异

虽然全世界人们的沟通过程基本是相同的，但不同文化背景下人们的沟通风格却具有很大的差异。沟通风格就是人们在沟通过程中将自己展现给对方的方式，它包括自己喜欢谈论的话题，最喜欢的交往方式，如礼仪、应答方式、辩论、自我表白及沟通过程中双方希望达到的深度等，还包括双方对同一沟通渠道的依赖程度（即靠语言或非语言），以及对相同意思的理解主要是靠信息的实际内容还是靠情感的内容等。跨文化沟通是一个双向的、互动的过程，如果相互之间的沟通风格不同，就可能给沟通带来问题。如在对强烈情绪的表露方面，美国人喜欢通过交谈、辩论来发泄心中的积愤和澄清事实，而地中海地区的许多国家则倾向于使用身体语言，如用哭来表达强烈的情绪。在另外一些国家如日本，人们就不喜欢向别人表露自己的情绪。

五、文化迁徙

文化迁徙也称归因错误，是指跨文化沟通中人们下意识地用本民族的文化标准和价值观念来指导自己的言行和思想，并以此为标准来评判他人的言行和思想。在跨文化沟通中，不同文化背景下的人们在归因方式上存在差异，归因错误常常成为顺利沟通的一种障碍。人们常常理所当然地认为自己群体或民族的价值观念、社会规范、社会语言规则等要比其他群体或民族的更加真实和正确，因此在跨文化交往中也就很自然地流露出这种文化优越感来。强烈的文化优越感，使得人们不愿了解其他文化，有时候会忽视甚至蔑视其他文化，造成不同文化间的误解和敌视。

🗨 技能实训

1. 实训任务

任务 1：了解跨文化沟通障碍

上网查询"跨文化沟通障碍"的相关知识，分别列举由于价值观、语言、非语言、思维方式、沟通风格等方面的差异所造成的跨文化沟通障碍。

任务 2：《美国籍副总裁与中国员工的交谈》案例分析与操作

（1）案例分析：以小组为团队，分组研讨本案例中跨文化沟通失败的原因。运用所学的关于跨文化沟通障碍的知识，从中美之间思维方式、生活习惯、文化背景、教育程度、文化差异等多个方面进行分析。每组制作一份本案例的分析报告；派 1 名代表登台演讲，时间不超过 5 分钟。

（2）案例操作：从跨文化沟通的角度，谈谈应如何与美国籍副总裁沟通。分组进行情境模拟演示，并且制作书面沟通脚本。

2. 实训提示

《美国籍副总裁与中国员工的交谈》案例分析重点：

在该案例中，副总裁是美国籍，而那位员工则是中国籍。显然，对于出生于两个不同国度的人，中美之间思维方式、生活习惯、文化背景、教育程度、文化差异等多个方面都存在显著的差异。正是由于这些文化差异的存在，才使得双方在沟通交流的过程中产生一系列障碍。案例中"中国员工并没有正面回答问题"，原因可能是多种多样的。

（1）语言障碍，没有理解透彻美国籍副总裁所说话语的原意。中文和英文之间存在很大的差异，在我们学习英文的过程中可以体会到，对于一个中国人，要完全体会英文背后的文化是一件很困难的事。例如，"pull one's leg"本意是"开玩笑"，但我们很容易就理解成"拉后腿"的意思了。

（2）思维方式明显不同。假设这位中国员工从正面直接回答了副总裁的问题，比如，中国员工回答："想在五年之内做到营销部经理的职位。"很显然，按照中国人的传统心理，这样的回答违反了中国人一向谦虚、委婉的心理习惯，太直接反而暴露出自己很有野心、高傲自大的缺陷。谦虚也可以给自己留有后路，万一做不到那个理想的位子，也不至于丢面子，被人耻笑。恰恰相反，美国人一向简单明了，很直接，这也是他们一贯的思维方式。

另一方面，美国籍副总裁询问这位员工对于自己未来五年发展的打算，及想要在A公司做到什么样的职位，这是由于美国人很注重个人在企业的发展状况，通过个人才华的施展和努力来取得企业的辉煌业绩和达到理想目标。而从中国员工的回答来看，基本上是习惯于重视集体。他先谈论的是与公司有关的一些情况，如公司未来的发展方向、晋升体系；接着才说到自己在公司所处的位置等。一个好的集体是由每个优秀的个体创造和组成的。

（3）中国员工有意回避正面回答。这可能是由于这位员工根本不知道自己希望达到什么位置。一些人似乎没有一个明确的奋斗目标或规划，只是做一点算一点，得过且过，而另一些人则事先做好精心的策划，然后在一个明确的目标的指导下采取行动。美国籍副总裁也希望员工能在一个明确的目标下努力，因为只有每个员工都朝着一个方向前进，整个企业才能共同向上。

3. 任务评价

任务1：学生自我评价任务的完成情况、所获体验等。

任务2：各组评价＋教师评价。评价要点：对各组任务实施的目标、计划、过程和效果进行评判，肯定成绩，提出建议，指导学生进一步总结和提高。

4. 评分参考

《美国籍副总裁与中国员工的交谈》案例分析和情境模拟。

内容	分值	占比
案例分析报告书面文本	30分	50%
案例分析登台演讲	20分	
案例操作情境模拟演示	30分	50%
情境模拟沟通脚本	20分	

任务三　学会跨文化沟通的策略

📞 案例导入

迪士尼系列动画片《花木兰》的中国化元素移植与美国式改造

1998 年，迪士尼推出了以中国历史故事人物花木兰为题材的动画片《花木兰》，夺得了全美电影票房排行榜的冠军；2005 年初，迪士尼又推出了《花木兰Ⅱ》。这两部动画片既对中国传统思想和意象做了尽可能的保留，又在人物形象、价值观念、情节等方面做了美国式改造，为电影剧本的中国化元素移植与改造提供了一个成功范本。作为一部好莱坞制造的动画电影，《花木兰》《花木兰Ⅱ》从中国历史中汲取故事素材，通过一系列中国式传统意象的包装与好莱坞式的故事勾兑方法，将一道承载着美式价值观、癫狂的后现代狂欢情怀的中西合璧的文化快餐呈现在观众面前。目前，学术界对好莱坞影片如何处理中国化元素表征与美国文化精神内核的研究，大多是基于全球化、跨文化、后殖民的语境的关系对其进行阐释与分析的。

迪士尼系列动画片《花木兰》在保留中国历史故事蓝本中部分中国传统思想和传统意象的基础上，大胆进行改造，不仅让我们看到了普遍存在于好莱坞大片中的女权意识、个人主义与独立自主的思想意识，更是以标志性的西方视觉符号加以彰显。在好莱坞影片中，花木兰的形象虽然是典型的黄种人长相，却是一个外黄内白、具有西方独立自主意识、敢想敢干精神的新时代女性。

资料来源：冯莉颖. 迪士尼系列动画片《花木兰》的中国化元素移植与美国式改造 [J].
郑州轻工业学院学报（社会科学版），2015（4）.

2020 年 9 月 11 日，迪士尼真人翻拍电影《花木兰》在中国上映。作为第一部真正意义上的由好莱坞主导、华裔演员主演，以中国民间故事为基础的迪士尼真人版电影，自官方宣布女主角人选后，中国影迷便对迪士尼2020版《花木兰》格外期待。从前期的筹备、拍摄，到后期的制作、宣传，该电影也一直受到海内外媒体和观众的广泛关注。然而，该电影在中国上映后，却饱受争议，且争议主要是围绕不符合中国历史史实和借中国故事传达西方精神这两点。但正如影片开头所说，"这世上流传着许多伟大战士花木兰的传说，但是祖先们，这是我的版本"。在跨文化传播语境中，迪士尼公司只是将2020版《花木兰》置于一种带有"中国地域感觉"的"世界架构"中，通过借用中国传统文化符号输出西方文化与精神，使得原本应该从中国走出去的花木兰，却在以"他塑"为主的逆向传播中走向世界。

资料来源：靳婉玉. 从逆向传播问题看中华文化的跨文化传播——以电影《花木兰》（2020）为例 [J]. 美与时代，2023（2）.

💬 **案例讨论：**

收集相关资料，讨论迪士尼系列动画片《花木兰》是如何进行中国化元素移植与美国式的改造的。

📖 **知识链接**

一、选择跨文化沟通方式与渠道的原则

跨文化沟通的根本点就是揭开异质文化的隐蔽层，跨越文化障碍，使各个国家和民族顺利交往。在选择跨文化沟通的方式与渠道时，应把握以下基本原则：效果原则、效率原则、成本领先/低成本原则、安全原则、对等原则、重视/尊重原则、异化—归化原则、得体原则、可行原则、多元化原则、灵活原则。

📑 **小案例**

海尔在美国的成功

海尔在美国南卡罗来纳州开厂的成功事实在很大程度上得益于跨文化团队建设的成功。该公司在南卡罗来纳州的工厂的大多数员工为美国人，只有工厂的总经理、1名助理和6名工程师来自中国。美国《财富》杂志这样报道海尔在南卡罗来纳州的工厂：中国管理团队的特点是依靠领导，而美国人习惯的团队是双向沟通，即领导和成员不断交换意见、信息和建议。如何融合这两种看似很不相同的管理风格虽然困难，但可以达成。海尔带来了自己的风格，但愿意根据美国员工的特点和需求对原有风格加以调整，从而使跨文化团队有效地建立起来。

◆ **课堂互动**

海尔在美国成功的经验是什么？从中深刻领悟在选择跨文化沟通的方式与渠道时的基本原则。

二、提高跨文化沟通有效性的策略

跨文化沟通较之同文化背景下的人们之间的沟通来说有更大的复杂性和艰巨性，因此在沟通之前有必要制定一个战略，以便使沟通按预定的计划进行。

（一）正视文化差异性

为了有效地进行跨文化沟通，首先要在思想上树立文化差异的概念，并积极接受这种差异。文化没有高低贵贱之分，要学会尊重对方的文化，消除成见，通过跨文化沟通实现沟通各方对他方文化予以足够的理解、承认和尊重，不要拿本国文化的标准去衡量异国文化中人们的行为方式，也不要将自己的观点和行为方式强加给别人。

有效的跨文化沟通的目标是实现文化认同。文化认同的积极沟通心态在于保持自己文化的特色和优势，而又不侵犯他方文化，并且要在沟通结束后总结本次沟通的经验和教训，以保证在日后的工作中避免重蹈覆辙，也可以寻找跨文化沟通的内在规则。

（二）强化文化敏感性

具有文化敏感性的人理解文化对人的行为举止的影响，具有把对文化的了解转化为与来自不同文化背景的人建立有效关系的能力。增强沟通中的文化敏感性，一是要了解他方文化背景，二是要了解自己。

企业应针对存在的两种或多种文化，有目的、有意识地进行文化背景、文化特征及文化本质的培训，培养管理者和员工对异质文化的敏感性，提高其对他方文化属性及环境的自觉和自知。同时，提高其对他方文化属性在知识和情感上的反应能力，正视管理与其文化背景相联系的价值观、行为模式等，这样就能减少甚至避免因跨文化而造成的沟通误会。

（三）掌握语言沟通技巧

理查德·M.霍杰茨和弗雷德·卢桑斯根据跨文化沟通的大量研究成果，总结出四种跨文化的语言沟通风格，即直接性与间接性、详尽性与简明性、情景性与私人性、情感性与工具性。

为了有效地与具有不同文化背景的同事、雇员、客户沟通，国际管理者必须熟练地掌握公司从事经营活动的那个国家的语言，而不能处处依赖翻译。语言技巧不仅使得国际管理者能与当地人更容易、更精确地沟通，而且能使当地人将管理者视为自己人，这本身就是一种竞争优势。同时，国际管理者必须了解不同国家的语言表达方式的文化特征，这也是进行有效的跨文化沟通的基本要求。在跨文化沟通中，语言交往的相同或相悖，往往是由不同文化的共同性和特异性所致。在和对方进行语言沟通时要经常停顿，给他人理解的时间，不要急于打破沉默，一开始如果不能肯定的话，要假定双方之间存在差异，在语言表达完之后不要认定对方理解了，而要先假定对方不理解，再检查其理解程度。

（四）建立共同的价值观和经营观

确立了共同价值意识的企业，无论属于哪种文化范畴，都能顺利地进行深入沟通，培养认同感和归属感，这有利于激发员工的工作积极性，从而顺利整合各部门的目标，为企业战略的实施奠定基础。此外，共同的价值观和经营观还能使个体与集体共鸣，减少文化摩擦，使得每个员工都能够把自己的思想与行为同公司的经营业务和宗旨结合起来，从而在国际市场上建立起良好的声誉，增强国际企业的文化变迁能力。

技能实训

1. 实训任务

任务1：学会运用跨文化沟通策略

（1）上网查询"跨文化沟通策略"的相关知识，举例说明选择跨文化沟通方式与渠道的原则。

（2）上网查询"跨文化沟通成功和失败"的相关案例，归纳总结跨文化沟通的有效策略。

任务2：《迪士尼系列动画片〈花木兰〉的中国化元素移植与美国式改造》案例分析与操作

（1）案例分析：以小组为团队，运用所学的关于跨文化沟通策略的知识，分组研讨迪士尼系列动画片《花木兰》跨文化沟通策略的成功经验。每组制作一份本案例的分析报告；派1名代表登台演讲，时间不超过5分钟。

（2）案例操作：从有效选择跨文化沟通策略的角度，分组进行情境模拟演示，并制作书面沟通脚本。

2. 实训提示

《迪士尼系列动画片〈花木兰〉的中国化元素移植与美国式改造》案例分析重点：

（1）《花木兰》《花木兰Ⅱ》的中国化元素移植。

好莱坞制造的嫁接类影视作品，多是在外部形象上与蓝本保持一定的相似度，在故事情节上与蓝本保持基本一致。《花木兰》的中国化元素移植主要体现在其对于蓝本传统思想的保留和传统意象的再现上。

1）传统思想的保留。

《花木兰》《花木兰Ⅱ》保留了中国历史故事中花木兰的忠孝和光宗耀祖思想。《花木兰》一开头就为木兰安排相亲，木兰母亲、木兰奶奶和媒婆等人一直都在强调木兰要为花家争光；当接到圣旨命每家出一名男丁出征对战匈奴时，父亲认为"保家卫国是我义不容辞的光荣"。在中国传统文化中，以"忠孝"为核心的社会伦理规范要求个人对家族长辈尽孝、为国家尽忠。当父母发现木兰扮男装离开家时，迅速追了出去，母亲说要把木兰追回来，不然就是欺君之罪；父亲也担心女儿万一暴露了自己的真实身份是要被杀头的；奶奶则祈求列祖列宗保佑木兰。花木兰孝顺父母、尊重长辈，当国家面临危机、年迈体弱的父亲要披甲上战场的时候，她选择了替父从军，穿上父亲的铠甲走上战场。木兰皇城救驾后淡泊名利，不求权贵，毅然决然放弃封赏，只愿回到家中与家人团聚。可见，木兰是为孝敬父母、家庭荣誉、保卫国家而从军的，在其身上体现了中国传统文化中的忠孝思想，而迪士尼动画影片《花木兰》对这一传统思想给予了保留。

2）传统意象的再现。

基于中国本土的接受主体，动画片《花木兰》《花木兰Ⅱ》将中国文化的意境通过极富中国神韵的传统意象再现出来。

《花木兰》开头出现的龙形香盏古色古香，具有浓郁的时代特色。《花木兰Ⅱ》开头则出现了大量由祥云构成的骏马和亭子，以及由毛笔勾勒出的中国国画——云彩和红梅，随后出现了八卦乾坤的图案，为即将到来的婚典而悬挂的灯笼，木质的马厩，木兰父母送给木兰和李翔象征阴阳两极的项链，高贵大气的中国古代皇宫，以及路边饭店里摆设的古朴简单的桌椅、屏风，尤其是护送公主和亲途中出现的错落有致的群峰、像棋盘般整齐的稻田、垂柳群峰间卷起裤腿在稻田里插秧的农妇，使中国特有的自然环境和地貌得到了较好呈现。另外，木兰与李翔护送公主途中出现的影影绰绰、疏密有致的竹林、与唐三彩马俑极其相似的骏马、乌篷船、民间杂耍、擂台比武、悬挂着串串干辣椒的售货小屋、古代石拱桥、错落有致的民屋、吊桥、石狮，以及传递信息的长城烽火台狼烟等传统意象，无不彰显出北魏时期浓郁的"中国味道"。其他的传统意象，如媒婆的姻缘相牵、和亲联盟、传统的小吃饺子、墙壁上的挂毯、喜气的红灯、红色的护城墙、皇宫风格的建筑、皇服、庆典的礼花及四合院等，从细微之处让人感受到影片中的中国传统意象。除中国传统意象再现外，影片还保留了宗亲文化，如影片中出现的祠堂、供奉祖先的牌位、木须龙的神龛等，都是中国传统文化中宗亲文化的具体意象再现。

总之，作为一部"黄皮白心"的动画片，《花木兰》《花木兰Ⅱ》尽管在故事情节、价值观念等方面进行了美国式的改造，但在包装上首先抓住了中国本土观众对于片中主要人物的外观形象、道具背景、美工等的接受心理。

（2）《花木兰》《花木兰Ⅱ》的美国式改造。

迪士尼系列动画片《花木兰》在从中国历史故事中汲取素材、保留蓝本传统思想和传统意象的基础上，还采用了一系列好莱坞式的故事勾兑方法，对人物外在形象、故事情节和价值观表达进行了美国式改造。

1）对人物形象与价值观的美国式改造。

动画片《花木兰》一开始映入人们眼帘的是，身着现代吊带背心和齐膝短裤的木兰从屋里飞奔出来。有别于中国传统审美的大眼睛、双眼皮的美女形象，木兰披肩长发、单眼皮、大嘴巴、厚嘴唇，说话时像典型的欧美人那样耸耸肩膀，这显然是按照美国人眼中中国美女形象的标准来进行打造的。

木兰由于与媒婆相见时未给对方留下好印象，因此回到家后不好意思与父亲说话，独自一人唱出了心中苦闷。木兰女扮男装离开家后，宗亲祠堂中的祖先们都显灵了，一开始他们并没有想如何解决问题，而是像孩子般地争吵起来。

这些人物形象的改造都极具现代人气质，全然不见隐忍、沉稳的古人特质。动画片《花木兰》除了对人物形象进行改造外，还进行了美国文化及价值观的植入。木兰认为"一个勇士有时就可以决定一切"。木兰虽是因替父从军而走上战场的，但她认为，"也许并不是为了爹爹，也许是为了证明我自己"。"中国女英雄漂洋过海之后，充满个性自觉、自尊，夹带着现代女权主义者的传奇神采。这表明美国人对中国女性独特的欣赏角度，也是迪士尼吸引全球观众、迎合女权主义思潮的策略。"经过迪士尼对人物形象的改造，美国文化中的女性主义、个人英雄主义、男女平等的思想在花木兰身上彰显得淋漓尽致。

中国传统观念强调君臣义、父子亲、夫妇顺，意即我们常说的"三纲"（君为臣纲，父为子纲，夫为妻纲）。"三纲"中"父为子纲"强调子女要绝对服从父亲，不能有任何违背，意味着家长在中国的传统家庭观念中具有不容置疑的至尊地位，父权至上，父子之间等级森严，两者是不平等的。当木兰知道父亲要带伤上战场后，想阻止父亲，但被父亲坚决地拒绝了，因此她生气地对父亲说她会为荣誉而战死沙场的，这种强硬的言辞在中国传统文化中是不被接受的。

木兰从军前在家里专门负责照料和管理家禽和家犬，她把属于自己的家务活儿用一根骨头的代价交给了家犬小白，用一根绳子把骨头和一袋漏洞的米糠同时拴在了小白脖子上。小白为了吃到骨头边追边啃，奔跑的时候米糠洒了一地，刚好完成了家禽的喂食，这些情节的安排不是为了显示木兰的吃苦耐劳，倒更像是对其"小聪明"的肯定。这显然与踏实肯干的劳动人民形象不相符合。因为在中国封建社会，只有男性才能成为"劳心者"，而木兰摆脱了"劳力者"的身份，蕴含着向当时男权主义社会挑战的意味，体现出女性主义的色彩。

在婚姻观念上，木兰第一次去相亲时心不在焉，不仅迟到还因为种种失误令媒婆狼狈不堪。从军后，木兰碰到让自己心仪的人——李翔，便主动出击，毫不羞怯，一反中国传统女性在婚姻上被动的境况。正如木兰面对镜子时的歌唱："我仿佛在饰演一个角色，现在的我戴着一个面具生活，即便我能骗过身边的人，但是我不能愚弄自己，我的心想要自由飞翔……"她想要做真正的自己，变回女儿身，继而表达内心真实的对爱的追求、对真理的追求，实现自我的回归。

在等级观念上，木兰拯救了皇帝和国家后，皇帝在全城百姓的面前向木兰鞠躬致谢，朝中官员与成千上万的百姓纷纷给木兰下跪，这在等级森严、男尊女卑的传统社会里是不可想象的。第一次战争后木兰即被发现是女儿身，但并未因此受到任何惩罚，反而在战争中发挥了指挥、领导的重要作用，这在等级森严的中国传统社会中是不现实的。这是美国自由平等观念下对女性的尊重与肯定，而这显然融合了美国的自由平等思想。当皇帝嗔怒木兰"第一犯了欺君之罪，第二毁了皇宫，第三你救了朕与百姓"时，木兰在众人的惊叫声中猛地抱住了不知所措的皇帝。由此我们可以看出，木兰对皇帝的态度并不仅是敬畏和仰视，而更像是亲如父兄的朋友，然而这不是中国封建社会君臣、君民的原本面貌。

中国民间传说中花木兰的故事，被迪士尼借助其醇熟的商业文化运作模式成功改编成了一个现代故事。按照后结构主义者的看法，每一个故事的讲述都是在不知不觉中巩固或建构"说话人的话语权"。迪士尼通过改编他国的故事来体现自己的权力意识，在以美国为中心的话语构建中，自我与"他者"是成对立态势的。

2）对故事人物与情节的美国式改造。

《花木兰》系列动画片在情节上添加了几个贯穿始终的关键人物和动物，这是好莱坞影片常用的手法。在两部动画片中添加的人物有木兰的奶奶、媒婆、公主、侍卫等，添加的动物有单于的秃鹰、花家宗亲祠堂里的木须、奶奶饲养的吉祥物蟋蟀、木兰的黑鬃马等。

在故事情节的发展过程中，木须自始至终都是一个不可或缺的重要角色。它日夜陪伴木兰，监督木兰的言行举止，见证木兰的喜怒哀乐，在木兰彷徨时帮助木兰克服软弱心理、解难答疑，在木兰功成名就时为她高兴。木须既是木兰的亲人，又是木兰的引路人，同时还是木兰的助手和营养师，甚至是保姆，木兰的一举一动都离不开它，它是木兰整个成长历程必不可少的见证者。

与木须相比，蟋蟀虽不那么重要，但也为影片增添了些许乐趣，它更像是木须的随从，但对木须并不是言听计从，反而会在木须意欲使坏时讥笑木须，必要时还充当了木兰忠实的守护者的角色。黑鬃马虽然戏份不多，但它和蟋蟀在衬托木须的角色上作用相同，黑鬃马看不惯木须的颐指气使，初次见面就把夸夸其谈的木须几脚踩扁了。

木兰的奶奶也被塑造为一个非常西化的时髦奶奶形象。木兰去相亲的时候，奶奶临别时给她用歌曲形式所做的嘱咐，竟然出现了要"迷倒男人"之类的歌词。当看到木兰带着皇帝赏赐的宝剑和玉佩回来时，木兰的奶奶用酸溜溜的语气略带遗憾地说："她还应该带一个男人回来！"上门求亲的李翔出现后，奶奶脱口而出，"下次打仗我也要去"。这些对人物形象的改造与添加都让人忍俊不禁。

通过对情节的再设计，迪士尼系列动画片《花木兰》在尊重原来木兰故事的基本情节上，使原本的"封建忠孝故事"变成了"女性实现自我"的故事，由男性凝视变为女性凝视，由王子吻醒沉睡的公主变为公主拯救王子。

因此，《花木兰》系列动画片赋予木兰的性格特质是——她不仅仅是一个女英雄，还是一个具备女性独立意识的个体。这样，木兰身上既承载了中国文化的忠孝观念，又反映了西方文化中的个人英雄主义、女权主义思想。对好莱坞制片商来说，通过不同文化间的碰撞，实现了将外来文化本土化继而全球化的目的。

3. 任务评价

任务 1：学生自我评价任务的完成情况、所获体验等。

任务 2：各组评价＋教师评价。评价要点：对各组任务实施的目标、计划、过程和效果进行评判，肯定成绩，提出建议，指导学生进一步总结和提高。

4. 评分参考

《迪士尼系列动画片〈花木兰〉的中国化元素移植与美国式改造》案例分析和情境模拟。

内容	分值	占比
案例分析报告书面文本	30 分	50%
案例分析登台演讲	20 分	
案例操作情境模拟演示	30 分	50%
情境模拟沟通脚本	20 分	

任务四　学会跨文化商务沟通的技巧

📞 案例导入

案例：三星电子跨文化管理

韩国三星电子公司在 1992 年 8 月于中国惠州投资建立了三星电子有限公司（SEHZ）。此后，三星电子不断扩展在中国的投资与合作，到 2002 年，三星在华的投资额已高达 26 亿美元，三星也成为对中国投资最大的韩国企业。

三星电子在华跨文化管理中存在的问题：（1）交际障碍，语言沟通障碍，生活环境差异大，文化习俗不一致。（2）人事管理、地域专家和现场专家等重要职位难以选出合适的外派对象。（3）决策管理的问题。公司决策标准不一致，决策过程不同，决定方案以及实施方法不同，从而导致很多员工不愿承担责任及不愿意发挥主观能动性，缺乏团队意识和参与精神。（4）监督管理中的问题。相比较而言，中国的员工更容易接受管理和监督，但是外派员工对监督的需求程度更大，对素质要求更高。

三星电子跨文化管理采取的措施：（1）培训体系的改善。三星电子与当地的对外汉语培训中心签订合作关系，给予外派人员免费的汉语培训，并且以此作为晋升的考查项目之一，从而大大提高了外派员工学习和工作的积极性。（2）能力第一。三星电子为了消除文化差异障碍，采取"当地人才战略"和"本土化战略"相结合的策略，使得品牌信任度大幅提高。韩国三星公司一直奉行人才第一的原则，始终坚信企业的成败在于员工的能力和素质。其中最具特色的当属对销售人员的培训，规则是两人为一组，身上只可以携带三星的产品，不能携带任何现金，他们必须想方设法卖掉自己身上的产品，在最短时间内，以最高价先卖出去的员工将会取得最好的成绩。（3）充分的人文关怀。外派的韩国员工来华工作，公司除了给予他们免费的汉语培训外，任职两年以上的现场专家还可以携带自己的家人来工作地，并且对家属有很多照顾和福利政策，也会对家属及子女提供语言和生活培训，使他们更好地融入工作环境。（4）强调和谐。在华的韩国三星公司的领导特别重视协调与和睦，重视与下属的沟通交流，非常体谅下属的感受并积极倾听下属的想法。所有的重大决策都是在员工和下属支持和赞成之下做出的。韩国人大多比较含蓄，不是非常愿意直接表达或者积极发表自己的看法和意见，所以领导在这个方面的做法很值得借鉴，这种重视参与度和民主的氛围更适合调动员工的工作积极，并且可以激发他们的创造力。这样的人文关怀和融洽的氛围成为企业不可或缺的凝聚力。

资料来源：张妍.韩国在华企业的跨文化管理——以三星电子公司为例 [J].

企业改革与管理，2019（2）.

💬 **案例讨论：**

1. 根据本案例，三星电子在华跨文化管理方面存在哪些问题？
2. 针对这些问题，三星电子在跨文化管理方面采取了哪些措施？

🖥 **知识链接**

一、跨文化商务沟通能力的内涵

跨文化商务沟通是一个新的概念，是指不同文化背景的经营管理者之间的交流。跨文化商务沟通由跨文化交际、沟通和商务三个变量组合而成。商务作为单一的变量是跨文化商务沟通中的一个重要变量，而跨文化交际却把商务当作例子进行研究。在跨文化商务沟通语境中，这三个变量相互作用、有机组合，产生整合效应，体现了跨文化商务沟通的动力特征。

在对国际商务人才所应具备的商务能力的研究中，美国学者比格罗（Bigelow）的研究具有重大贡献。比格罗（1994）提出跨文化商务环境下的商务能力应涵盖10个方面：对文化和组织的理解力、适应能力、建立关系的能力、系统和多视角的思维能力、态度、敏感性、语言能力、文化影响下的决策能力、外交能力和跨文化能力。莱恩（Lane）与迪泰方诺（Distefano）（1992）在回顾了有关全球国际商务战略管理和国际营销领域中亟须解决的人力资源能力问题后，强调国际商务管理人才必须具备的能力包括发展和运用国际商务技巧的能力、管理变化和过渡的能力、在多元文化下进行管理的能力、在各组织结构中设计和运作的能力、与人合作的能力、与人沟通的能力和在组织中学习与转移知识的能力。

二、跨文化商务沟通能力的培训内容

一些西方管理学家提出，跨文化培训是人力资源发展的重心，是应对文化差异、防止文化冲突的最基本、最有效的手段。跨文化商务沟通培训的内容分为知识认知类、情感情绪类和经验技能类。

（一）知识认知类

这是跨文化商务沟通培训的一项基础内容，它能使受训者对于有关跨文化的知识建立理性认识。狭隘主义或偏见是缺乏对文化的理性认识的表现。知识认知类培训的内容主要包括：

（1）文化的概念与内涵、文化的价值模式、特定文化环境的分析介绍等。

（2）文化的影响领域。文化具有广泛的影响力，其中有一些与工作相关，如员工行为、管理风格、决策、行业规范等。因此，根据不同的工作性质和任务特点，要将文化对特定领域的影响告诉受训者。

（二）情感情绪类

情感情绪类培训是为了让受训者在情绪、情感和感受方面对异质文化有接纳能力和愉悦感。这种培训之所以有必要，是因为直接接触或暴露在异质文化中并不会让人们自动地对异质文化有好感。如果人们带着负面情绪进入异质文化，就会感受到焦虑、被歧视或者产生偏见和抵触情绪。由于情绪和人的行为有着密切的关系，因此通过培养积极的情绪，可以改变人们的动机。

（三）经验技能类

跨文化商务沟通涉及信息的发送者和接收者双方。在沟通过程中，信息的发送者如何将信息编码，如何赋予信息以意义，是否可以发出，以及接收者解释各种信息的条件和解码，都受到文化的影响和制约。来自不同文化背景下的双方在价值观、语言、宗教背景、风俗习惯等方面的文化差异都会影响沟通过程，最终影响到对信息的反应——行为。为此，要克服沟通障碍，开发人际交往的有效行为，培训内容应该包括：倾听技能、反馈技能、授权技能、冲突管理技能、谈判技能、语言技能。

确定跨文化培训内容时，还要考虑培训对象的差异问题。例如，对母国派出人员的培训内容，可能重点要放在对当地文化的认识和了解上，以及如何在跨文化的背景下与当地员工进行有效沟通的问题上；而对于当地雇佣人员的培训来讲，重点是公司管理方法及经营理念的培训等。跨文化培训的内容，还要根据对象的不同层次而有所区别。对于高层管理人员，应强调跨文化沟通的培训内容，而对基层工作人员，应主要以语言、具体的管理方法与手段为培训的主要内容。

技能实训

1. 实训任务

任务1：了解跨文化商务沟通能力

（1）上网查询"跨文化商务沟通能力"的相关知识，通过自我反省与对照，发现自身在跨文化商务沟通中的不足之处。

（2）上网查询"跨文化商务沟通能力"的培养途径和方法，结合自身情况制订提高跨文化沟通能力的计划。

任务2：《三星电子跨文化管理》案例分析与操作

（1）案例分析：以小组为团队，分组研讨三星电子的跨文化管理措施。运用所学的关于跨文化沟通的知识进行分析：三星电子跨文化管理的目的、内容和功效分别是什么？每组制作一份本案例的分析报告；派1名代表登台演讲，时间不超过5分钟。

（2）案例操作：从有效跨文化商务沟通的角度，分组进行情境模拟演示，并制作书面沟通脚本。

2. 实训提示

《三星电子跨文化管理》案例分析重点：

（1）本土化策略。本土化策略即根据"思维全球化和行动当地化"的原则进行跨文化的管理。跨国公司要在海外进行跨文化管理，就一定需要雇用相当一部分当地员工，通俗点说就是入乡随俗。因为当地员工了解本土的环境、市场、消费状态、文化以及生活习俗。这样不仅有利于制造出更符合消费者心理的产品，而且能降低外派人员和跨国经营的成本，同时有利于东道国的经济安全，增加就业机会，加速与国际接轨的步伐。

（2）文化创新策略。文化创新战略指的是将母公司的企业文化与国外分公司当地的文化进行有效的整合，通过各种渠道促进不同的文化相互了解、适应、融合，从而在母公司文化和当地文化的基础上构建一种新型的企业文化，以这种新型文化作为国外分公司的管理基础。这种策略不但保留了母公司原有的文化特征，而且与当地的文化环境相交融。这是两种文化的有机结合，它既不同于母公司的本有文化，也不完全等同于当地的文化，而是在两者基础上产生出来的一种新型的文化。这样不仅可以使跨国公司适应各种不同地区的文化环境，还可以提高企业本身的市场竞争力。

（3）文化规避策略。在跨国企业中，虽然母国文化占领着企业的主导优势，但当母国文化与当地文化产生矛盾与冲突时，一定要规避文化敏感地带，尤其是一些重视宗教的国家及地区。在产生冲突时，母国应该尊重东道国的传统习俗与特有文化，这样才能使企业的形象树立得更好，才能为企业长远发展做好铺垫。

（4）文化渗透策略。文化习惯是每个地区人们根深蒂固的思想习惯，所以文化渗透不可能在短时间内做到。因此，母国的外派管理人员在进行企业管理时，不能强硬要求当地员工顺从自己的管理方式，而是应该树立更好的企业形象，在潜移默化中使得当地的员工慢慢接受母国公司的管理体制，这就更加明确了跨文化交际的重要性。

3. 任务评价

任务 1：学生自我评价任务的完成情况、所获体验等。

任务 2：各组评价＋教师评价。评价要点：对各组任务实施的目标、计划、过程和效果进行评判，肯定成绩，提出建议，指导学生进一步总结和提高。

4. 评分参考

《三星电子跨文化管理》案例分析和情境模拟。

内容	分值	占比
案例分析报告书面文本	30 分	50%
案例分析登台演讲	20 分	
案例操作情境模拟演示	30 分	50%
情境模拟沟通脚本	20 分	

任务五 跨文化沟通技巧综合实训

实训案例

海外企业跨文化冲突管理

随着海外业务深入发展、逐步走向属地化，跨文化冲突也逐渐突出，调和企业文化与属地文化的本位冲突成为中国建筑企业项目运营、组织管理的重要目标。

问题源起

中东地区的建筑市场历来大型国际承包商云集，从业人员国际化程度非常高。2012年，中建钢构与中建中东公司以联营方式中标阿布扎比国际机场核心工程——中央航站楼钢结构工程。双方先后抽调各国籍管理人员、工程师等职业员工200余人次，组建了庞大的项目管理团队。在项目的日常管理活动中不同程度地发生过大量文化冲突。尽管通过及时地沟通和排解消除了误解，但如不能从根源上解决员工对于文化管理冲突的理解和认知，将可能导致重要决策迟迟无法做出而贻误时机，给项目带来无法挽回的损失。

在项目实施过程中，中建钢构根据国内施工经验，提出了"采用成熟的沙箱卸载施工技术，进行分区卸载"的最初方案，向项目总包、监理、设计及业主等评审员进行汇报。评审员基于过往的经历，要求中建钢构提供一套严谨的实证论证而非基于类似经验得到的演绎论证，双方相持不下。

实施过程

为了寻找双方决策中的平衡点，进一步推动卸载方案通过审批，也为解决日常管理中常见的文化冲突，中建钢构进行了深入的跨文化冲突管理研究。

在面对国家或者种族差异的情况下，国家或种群文化因素在企业文化中的地位急剧上升，而员工对企业文化的差异化理解则下降到次要位置。根据不同的冲突情况，采取"事先识别—过程培训—行为约束—冲突调解"的四步骤机制，但类别不同，具体的约束和解决措施截然不同。

公司根据人员的基本情况，按照文化分为三个族群，分别是中国企业文化族群、西方主流企业文化族群和中东文化族群，三个族群的企业文化体现出不同的特点。中国企业文化强调人的主观能动性，经过融合西方科学管理等思潮，体现了人本位与物本位相融合，保持了员工对企业的归属感。中建中东公司与中建钢构同源于中建系统，在企业文化上都强调人的核心作用。西方主流企业文化源于泰勒的科学管理体系，经历了系统论、信息论和控制论时代，企业文化重心由对物的管理转向人－机协调控制。另外，西方在 20 世纪 90 年代对日本企业高速发展的研究，吸纳了东方国家对人的管理的思维，形成了企业精神和柔性管理的主流思路。中东文化在企业文化管理中的影响因素是占据统治地位的，主要企业管理理念与思路主要来源于全盘学习欧美国家的经验。

资料来源：张林. 海外企业跨文化冲突管理 [J]. 施工企业管理，2018（9）.

实训任务

任务 1：案例分析。以小组为团队，分组研讨本案例中产生跨文化冲突的缘由。运用所学的跨文化沟通的相关知识，分析导致中建钢构在项目的日常管理活动中不同程度地产生过大量文化冲突的因素有哪些，分别可以采取哪些措施。每组制作一份本案例的分析报告；派 1 名代表登台演讲，时间不超过 5 分钟。

任务 2：案例操作。从跨文化有效沟通的角度，分组进行情境模拟演示，并制作书面沟通脚本。

实训提示

《海外企业跨文化冲突管理》案例分析重点：

（1）产生文化冲突的因素。

1）思维模式不同。西方文化思维模式主要体现为实证主义，而东方文化思维主要是演绎模式。这一点在具体的管理决策上常常造成重大差异，如卸载施工方案的冲突。这在管理决策中造成了根本的冲突，而且几乎是不可调和的，最终多是以一方的妥协达成和解。

2）价值观不同。每个文化群体都拥有自己的价值观。不同文化群体在融合其他文化群体的文化特征时，借助群体的优势，更容易缓和其他文化特征带来的冲击。

3）管理行为模式不同。不同组织的个体习惯性地将原组织中常见的做法带到日常管理活动中，由此产生的冲突与矛盾往往是最集中的，这类冲突甚至在同类文化群体中也很常见。作为联营体合作方的中建钢构和中建中东公司经常会由于内部的管理模式差异，造成一些误会和不协调。

4）信息符号的理解差异。不同的语言、文化体系对于不同的符号理解不同，容易造成沟通误解，甚至演变为文化冲突。这类矛盾很普通，解决起来也很容易，关键在于沟通的及时性和准确性。

（2）冲突类别及主要措施。

根据以上分析，公司将冲突的主要类别分为直接冲突和表见冲突。直接冲突是指由于文化符号、价值观的表达等引发的直接冲突；表见冲突是指外表看起来是由于管理目的不同而引发的冲突，实质上是由于价值观、思维模式、行为模式激发的不认同、不配合而产生的结果，最直接的表现是对对方的知识、经验的不信任。根据这两类不同的冲突情况，公司采取"事先识别—过程培训—行为约束—冲突调解"的四步骤机制，但类别不同，具体的约束和解决措施截然不同。

1）以外部行为规范和约束直接冲突。针对日常生活中容易判断且比较敏感的冲突点，开展不同文化群体的员工培训，形成稳定的行为规范，增进彼此的了解，最大限度地达成互相谅解。

①事先识别。这主要是指对一些可能发生的并且能够迅速识别判断的直接冲突点进行归纳，主要涉及语言、肢体行为（握手、拥抱、摇头、点头、各类手势）、宗教礼节（祷告时间和要求等）、特殊节日（斋月饮食、工作时间与休息时间等）等。

②过程培训。计划前往海外工作的人员，无论是管理人员还是劳务人员，都要开展必要的培训，过程中辅助增加特殊培训，比如在斋月前可以增加斋月安全生产工作培训等，加强互尊互爱的意识与氛围。

③行为约束。直接冲突的行为约束主要是制定日常行为规范。针对特定的行为，开展针对性提醒。

④冲突调解。一旦发生冲突，公司应该迅速介入调解，公正处理，避免将个人之间的冲突上升为政治、宗教、社会价值观的冲突。冲突调解后，要根据情况补充培训内容或者规范的内容。

2）以内部价值观念引导表见冲突。

①事先识别。表见冲突非常隐蔽，甚至在爆发后都无法意识到是文化冲突，还是基本的利益冲突，或者两者兼有。以卸载方案的冲突为例，中方企业提出砂箱卸载方案是根据足够的经验支撑，有足够的实证案例分析论证，但是总包、业主及监理都提出反对的意见。表面上看，这种反对是因为双方对方案可行性的争论，但是从更深层次来说，双方对实现项目顺利卸载的总目标是一致的，最大的分歧在于，论证方案的可行性是演绎论证还是实证分析。一般来说，涉及管理决策的分歧行为，背后往往都有文化理念冲突的影子。

②过程培训。针对这类冲突，事先并没有固定的解决模式，但是遇到类似的分歧时仍然有两项基本的准则：第一，要意识到双方争论的实质是什么；第二，要意识到双方是否有根本利益上的分歧。如果没有根本利益上的分歧，就有了合作和妥协的基础。

③行为约束。在具体的冲突中，各方的行为差异很大，但是根据对方关注的焦点，容易进一步理解对方的意图和反对的原因。在就卸载方案与各方沟通中发现，业主、监理方的工程师（主要是欧洲、美国人）对卸载方案的不信任，并不是针对方案的可行性，而是针对方案的严谨性。也就是说，这个方案在他们看来某种程度上成功率很高，有足够多的成功案例支持，但是具体的论证是模糊的，不够科学严谨，他们无法相信没有经过一步步严谨论证的结论。

④冲突调解。经过多次沟通、分析，找到合适的平衡点后，中方企业再次提出新的

方案，按照对方特定的思维过程去推演，其结果就更容易得到对方的认可。关键是，要在对方的角度，试图以对方的价值观念来引导自己的思维。但是这一项对于任何人来说都是很困难的。

任务评价

任务 1：学生自我评价任务的完成情况、所获体验等。

任务 2：各组评价 + 教师评价。评价要点：对各组任务实施的目标、计划、过程和效果进行评判，肯定成绩，提出建议，指导学生进一步总结和提高。

评分参考

《海外企业跨文化冲突管理》案例分析和情境模拟。

内容	分值	占比
案例分析报告书面文本	30 分	50%
案例分析登台演讲	20 分	
案例操作情境模拟演示	30 分	50%
情境模拟沟通脚本	20 分	

项目九　职场沟通综合实训

沟通名言

我们这个时代最伟大的发现是人类可以通过改变心态来改变生活。

——威廉·詹姆斯

成功的第一步就是先存有一颗感恩的心，时时对自己的现状心存感激，同时也要对别人为你所做的一切怀有敬意和感恩之情。

——安东尼·罗宾

在职场中，我们没有必要去计较自己被用这件事。别怕你被用，怕的是你没有用。愿意奉献与付出的人，一定能受到企业的重用。

——佚名

在交谈中，判断比雄辩更重要。

——巴尔塔沙·格拉西安

沟通给点力，职场有活力。

——佚名

学习导航

有效沟通"知易行难"。本项目紧密结合基层管理岗位沟通协调能力的职业技能要求，紧密结合所学过的有效沟通理论知识，对学生就有效沟通技巧进行为期1~2周的集中强化训练。要求学生在实训过程中具有职业意识，进入职业角色，在职业岗位上能够综合运用有效沟通的理论知识，知行合一，与同事、上司、下属、客户等沟通对象进行有效沟通，培养有效沟通素质，培训有效沟通技巧，锻炼团队合作能力。

◆ 知识能力目标

1. 深入理解并掌握与同事和睦沟通的策略与技巧，学会团队协作完成任务，能够在工作中赢得跨部门同事的配合，化解工作中的矛盾和冲突；

2. 深入理解并掌握与上司有效沟通的策略与技巧，协助领导沟通和协调各种关系，化解矛盾；

3.深入理解并掌握与下属高效沟通的策略与技巧，学会激励下属，艺术地批评下属的技巧；

4.深入理解并掌握与客户有效沟通的策略与技巧，学会接待客户、拜访客户、说服客户，妥善处理客户的投诉，能根据商务谈判的程序，运用商务谈判的策略技巧，组织谈判工作；

5.通过有效沟通综合实训，学习并掌握分析、判断、解决沟通问题的能力，具备信息处理、方案策划、书面写作、口头表达等沟通技巧。

◆ 素质素养目标

1.深入理解和领悟有效沟通的基本功在于调整心态，努力修炼尊重、真诚、认同、欣赏、分享这"五心"；

2.具备谦虚稳重、宽容开放、换位思考的沟通素养；

3.能够自觉地参加小组项目的研讨与操作，具有团队合作精神；

4.具有灵活机智的沟通情商和应变素质；

5.理解人际沟通经常会受挫的现实，树立精益求精、终身学习理念。

任务一 《职场新人》情景剧演绎

 实训案例

职场新人

ABC公司是一家世界500强大型跨国企业。其中国区分公司总部设在上海。小王大学毕业后应聘ABC公司某部门经理助理一职。本情景剧以职场新人小王应聘成功进入公司后上下左右沟通的经历为线索展开剧情，全剧分为七幕：

（1）电话求职，应聘面试时考官出难题，小王巧妙回答，应聘成功。

（2）小王第一天上班面见上司和同事，努力留下良好的第一印象。

（3）小王第一次做事圆满完成任务受到上司表扬，有点志得意满，遭到同事白眼。

（4）小王遭办公室同事冷落和嘲讽，巧妙应对，努力赢得同事认可。

（5）工作中偶尔出差错遭上司训斥，小王正确对待。

（6）顶头上司易人，新来的上司与前任风格迥异，小王努力适应。

（7）上司吩咐小王进行跨部门交涉，难度较大，小王想方设法完成任务。

实训任务

任务 1：编写并演绎《职场新人》情景剧。全班分为 7 个小组，每组负责一幕，抽签确定。要求综合运用有效沟通的理论知识，根据提供的主题，编写情景剧脚本，每幕设计 3～4 个场景，并且登台演绎。每组的演绎时间为 6～8 分钟。

任务 2：每组派 1 名代表对别组的演绎进行点评。可以让第 2 组点评第 1 组，让第 3 组点评第 2 组……时间不超过 3 分钟。

任务 3：推荐 1 位同学担任《职场新人》情景剧司仪，沟通各组，串联全剧。

实训提示

《职场新人》情景剧演绎重点：

《职场新人》情景剧的实训目标是学生能够综合运用所学的有效沟通理论知识，全面而深刻地理解并掌握上下左右有效沟通的内涵与策略；全面掌握并综合运用与上司、同事以及跨部门进行有效沟通的技巧。生命中最美好的时光，我们献给了工作，工作几乎成了我们生活中最重要的组成部分。如何与我们的工作相处，成了我们生活质量的决定性因素。既然无法逃避，不如坦然面对。《职场新人》情景剧七幕，就是职场新人入职后的职场七关、人生七课。

招聘面试其实是一次广告。一次面试能否成功，关键在于开始的三分钟，如果在开始的三分钟里应聘者不能吸引住面试官，后面就基本是例行公事了。因此，形象很重要，面试以前，要注意自己的形象。然后就是你的言语，怎么说最能吸引人，需要下功夫做好充分准备。本情景剧中，小王应聘的部门经理助理这一职位较为重要，面试官出难题在所难免。出难题的目的主要是考察应聘者的仪表、气质、语言表达能力、合作能力、善解人意的能力、倾听能力等，判断应聘者是否属于公司所需要的人才。在面试中，面试官常向新人提问录用他的理由。应聘者应该事先对应聘单位有比较深入的了解，抓住应聘岗位所需要的核心能力——比如把学习能力和人际交往能力作为主打优势。需要注意的是，应聘面试者有几十个人，他们会怎么说？如果你和他们说的一样，结果可想而知。提高说话能力，需要先提高对事物的判断和认知能力，你要把话说到点子上，力求说得生动具体。此外，面试的时候身体不要乱动，语速、语调要适中；学会倾听；诚恳礼貌；展示自己的沟通能力，并备有实例说服面试官。

第一天上班面见上司和同事，如何留下良好的第一印象，成为一个讨喜的人？除了衣着得体、谈吐得当外，还可以在以下三方面多下功夫：第一，以自我介绍打响个人品牌。怎样才算好的自我介绍？首先，时间不能太长，通常不超过 1 分钟；其次，要让别人记得自己以及自己的专长，并且让别人知道如果日后有需要，自己很乐意帮忙。第二，态度真诚、虚心请教。第三，手脚勤快，工作主动。要多向身边的人请教，尽快进入自己找事做、帮别人分担工作任务的状态。职场新人必须明白"舍"与"得"的哲理：想要得到多少，就得付出多少，甚至要付出更多。

职场新人在工作中，难免会遭到同事白眼、受到同事排挤等。出现此类情况，要以平和的心态来坦然接受，告诉自己这是进入职场后的"必修课"。尤其是面对嫉妒自己的同事，要以正确的态度对待。嫉妒也是人之常情，嫉妒其实是一种自我防御，因为不如人，却又接受不了自己弱于他人的现实，于是产生一种对他人的贬低或攻击，目的也许不是伤害别人，而是让自己处在劣势中还能快乐。你在各方面都有优势，也要让别人在你身边还能自在自如，所以正确的态度是宽容。宽容之心可以化敌为友。具体对策包括以下几点：第一，发现优点，找出对方独一无二的特质，真心称赞对方。第二，分享绩效，此乃赢得好人缘的关键。第三，主动探询需要。大多数人喜欢被关照、被热情对待，主动帮助同事，相处会顺利许多。

职场新人与上司进行有效沟通十分重要。工作中难免会出错，遭上司训斥时，正确的态度是勇于认错，而不是将过错推卸到别人身上，或者抱怨上司过分苛求自己。职场新人需要不断调整自己，提高逆商。工作中，顶头上司易人也是常有的事，新来的上司与前任的风格迥异，作为下属，应该努力适应。要求别人改变很难，但是你可以改变自己。卡耐基的应酬学有一条原则是：先适合别人的需求进而达到自己的需求。我们不能改变别人，但我们可以改变自己。适应能力也是关键能力。

跨部门沟通其实并不需要很多技巧，关键是主动迈出第一步，主动找当事人去沟通，只要投其所好，动之以情，晓之以理，搞定人就可以搞定一切问题。由于部门不同，大家在认知上难免有差异。怎样和别人发展一种相互支持的关系？不妨转换自己的立场，养成换位思考的习惯，想清楚你和对方是否能达成共识，利弊是否权衡，是否双赢。当部门遇到困难需要与其他部门进行沟通、请求他们给予帮助时，务必设法寻找到共同利益点，这样就可以调动对方的积极性，达成有效沟通的目标。

▣ 任务评价

各组评价＋教师评价。评价要点：对各组任务实施的目标、计划、过程和效果进行评判，肯定成绩，提出建议，指导学生进一步总结和提高。

▦ 评分参考

《职场新人》情景剧演绎。

内容	分值	占比
情景剧编写脚本	40分	40%
情境模拟演绎	40分	40%
情境模拟演绎点评	20分	20%

 **任务二 《江玲职场不顺》缘由剖析**

📞 实训案例

江玲职场不顺

ABC 公司人力资源部近期招了一批新人，都是应届本科生和研究生，江玲就是其中的一个。江玲今年 24 岁，刚刚从某名牌大学的人力资源管理专业毕业。江玲在大学期间就非常优秀，一直是班干部和学生会干部，多次拿到奖学金，各门功课成绩都很优秀，而且家庭条件也比较优越，是个自信大方、性格温顺又不乏独立的女孩子。

江玲是人力资源部钱总亲自点名要的新人，被安排在人力资源部经理助理这一岗位上。钱总私下里跟人力资源部副总老李说过，江玲不仅各方面都很优秀，而且写了一手漂亮的字，这是当时他招江玲进来的一个很重要的原因。钱总觉得现在能写一手漂亮的字的年轻人不多了，女孩子能写一手好字的更是不太多，尤其像江玲这样，看起来很温柔的样子，一手字写得铿锵偶傥，让人不禁对她多了一些好感。

江玲进了人力资源部后，钱总也比较看重她，经常手把手地教她处理工作的方法，从工作流程到待人接物，江玲也学得快，很多工作一教就上手了，一上手就熟练了。而且江玲的性格也比较好，跟其他同事相处得也很融洽。在工作了五个月以后，钱总开始慢慢交给她一些协调性的工作，让她尝试着去处理各部门之间以及各分公司之间的业务联系和沟通。刚开始江玲经常出错，她很紧张，于是去找钱总谈话，钱总告诉她："错了没关系，你放心地按照你的想法去做，遇到问题再来问我，我会告诉你该怎么做的。"江玲仍然出错，又来找钱总，这次的谈话比较深入了，她提出了自己的困惑，那就是为什么总是让她来做这些琐碎的工作。当时钱总就问她："什么叫作不琐碎的工作呢？"江玲答不上来，想了半天，说："我总觉得，我的能力不仅仅能做这些，我还能做一些更加重要的事情。"谈话进行了大约一个小时，钱总知道他说的话，江玲没听进去多少。后来钱总让江玲先把手头的工作做好，先避免一些常识性错误的发生，然后循序渐进，慢慢来。

半年后，公司要在江玲的母校举行一次校园招聘会，请江玲协助副总老李一起担当此事，一来，因为在江玲的母校举行；二来，钱总想看看江玲处理事情的方式、方法是否有进步了。江玲也看出钱总是在考验她，于是工作得很卖力，但毕竟副总老李是上司，而且老李是一个非常细心的人，大小事宜都要经过他同意才行，就连出差的时间、飞机的航班和座位的安排，老李都要亲自决定。江玲每天的工作就是听取老李的布置，处理一些订机票、打电话联系校方学生询问相关事宜安排的工作，然后再转告老李。为此，江玲内心有了怨言。但毕竟老李是前辈，年纪较大，江玲也不好当面抱怨。校园招聘会结束后，就此次的招聘绩效评估做下来，发现效果并不太好，招聘到的几位新人都不太符合几个用人部门的要求，几个部门经理的意见也比较大，多次问到了江玲，江玲将责任推到了老李头上，表示什么事情都是老李说了算的，她只是辅助他而已。老李事后听到了同事们传来的话语，在工作中多多少少对江玲有了一些看法和不满，但碍于情面，一直没有在钱总面前说起这些。

接下来的半年，江玲继续做着钱总的助理。因为没有大型项目，江玲每天手头处理的都是协调出差人员和时间、帮钱总打印和复印客户资料、帮钱总办理出差报销事宜等琐事。煎熬了半年，一天江玲主动去找钱总，第一次提出辞职。钱总为此推掉了约会，跟她谈辞职的问题。问起辞职的原因，江玲直言，她本科四年，功课优秀，大学毕业后找到了工作，却没想到每天处理的事情都是些琐碎的事情，没有成就感。钱总问她："你觉得，在你的工作中，最没有意义、最浪费时间和精力的工作，是什么？"江玲没有思考，马上回答说："帮您贴发票，然后报销，然后去财务上走流程，再把现金拿回来给您。"

钱总听了，笑着问她："你帮我贴发票有半年了吧？通过这件事，你总结出了一些什么信息呢？"江玲待了半天，回答："贴发票就是贴发票，只要财务上不出错，不就行了吗？哪有什么信息？"

于是，钱总将自己以前的经历告诉江玲："六年前我从财务部调到总经理办公室，担任总经理助理的工作，其中每天都有的一项工作就是帮总经理报销他所有的票据，也就是你刚刚说的贴发票。其实票据是一种数据记录，它记录了与总经理乃至整个公司运营有关的费用情况。看起来没有意义的一堆数据，其实它们涉及公司各方面的经营和运作。于是，我建立了一个表格，将总经理在我这里报销的所有票据按照时间、数额、消费场所和联系人等记录下来。我起初建立这个数据库的目的很简单，是想在财务上有据可循，同时万一我的上司来问我的时候，我可以准确地告诉他。通过这样的一份数据统计，我渐渐地发现了一些上级在商务活动中的规律，比如，哪一类的商务活动经常在什么样的场合，费用预算大概是多少，总经理的公共关系常规和非常规的处理方式等。当我的上级发现，他布置工作的时候我会处理得很妥当，有一些信息他并没有告诉我我也能准确而及时地处理，他问我为什么。我告诉了他我的工作方法和信息来源，渐渐地他基于我的这种良性积累，越来越多地将更为重要的工作交给我，一种信任和默契就此产生。我升职的时候，他说我是他用过的最好的助理。"

听到这些，江玲愣愣地看着钱总，钱总直言："我觉得你最大的问题，是你没有用心，在看似简单不动脑子就能完成的工作上，你没有把心沉下去，所以，半年了，你觉得自己没有进步。"江玲默然，收回了辞职报告。

但是，又坚持了三个月，江玲还是提出了辞职，这次钱总并没有挽留。

后来，江玲经常在微信上跟钱总聊天，谈她新工作的情况，一年内，她换了三份工作，每一次都坚持不了很久。

实训任务

任务1：认真感悟，职场新人踏实勤奋和用心做事比什么都重要

（1）作为踏入职场不久的新人，我们首先要端正好工作态度，对工作中的每件事情都不能轻视，切实做到"勿以'事'小而不为"，真正地理解工作中踏实勤奋和用心做事比什么都重要，理解"态度比能力更重要"这句话。

（2）通过网络资源，了解职场新人应如何做好职业生涯规划，并在工作中切实做到沉下心来，认真做事。

任务2：《江玲职场不顺》案例分析与情境模拟

（1）案例分析：以小组为团队，分组研讨江玲屡屡跳槽的原因以及给我们的启示。运用所学的关于沟通的知识进行分析，在进入职场后如何既能发挥自身优势，又能积极处理好人际关系。

（2）情境模拟：从有效沟通的角度，将全班学生分成七个组分别承担以下七幕情景剧，进行情境模拟演示，并制作书面沟通脚本。

1）江玲在面试中适当地表现了自己，从所有应聘者中脱颖而出，并很有自信地回答了钱总提出的刁难问题，赢得了钱总的好感。

2）江玲初次与钱总私下沟通，表示在工作中将努力学习，但遇到了工作方法上的困难，请钱总指点迷津。

3）钱总第一次将出差的发票交给江玲，让江玲做好账，并且去财务报销。江玲第一次处理这类事情，请钱总指教。

4）钱总将多次出差的一堆差旅费发票给江玲，但并没有告诉她每次出差的时间和具体事项，江玲在处理财务的时候，遇到困难，想问钱总，但钱总在外出差，不方便接听电话，于是她去请教老李，老李一口回绝了她，让她等钱总回来再说。被拒绝了，江玲面子上很过不去。

5）钱总出差回来后，第一时间问江玲报销事宜，江玲表示还没处理好，钱总很是生气，训斥了江玲，江玲态度生硬，与钱总不欢而散。

6）江玲第一次提出辞职，钱总主动找江玲询问情况，江玲如实相告，钱总与之交谈。

7）江玲经历了职场不顺，在与钱总一次面谈后，心悦诚服地写电子邮件向钱总表示了感谢。

实训提示

《江玲职场不顺》案例分析重点：

（1）认清自我。职场新人尤其是刚刚从大学毕业的年轻人，较容易出现心高气傲的

情况，在工作中表现出过度自信或自负。但金无足赤、人无完人，年轻人更是如此，社会经验的缺乏、人际关系的不善经营都会成为职场上的绊脚石。

（2）坦诚沟通。在跟上司、同事的沟通中，职场新人应做到坦诚沟通，用真诚去打动别人。

（3）用心做事。职场上的事不分大小，把每一件平凡的事情都做好，那就不平凡了。只有用心做事，才能从中获益，才能真正地提升自己。

📋 任务评价

任务 1：学生自我评价任务的完成情况、所获体验等。

任务 2：各组评价＋教师评价。评价要点：对各组任务实施的目标、计划、过程和效果进行评判，肯定成绩，提出建议，指导学生进一步总结和提高。

🗓 评分参考

《江玲职场不顺》案例分析与情境模拟。

内容	分值	占比
案例分析报告书面文本	30 分	50%
案例分析登台演讲	20 分	
案例操作情境模拟演示	30 分	50%
情境模拟沟通脚本	20 分	

任务三 《林主管上下左右巧妙沟通》缘由剖析

📞 实训案例

林主管上下左右巧妙沟通

主要人物

ABC 公司是一家世界 500 强大型跨国企业。林慧进入 ABC 公司时，任华南大区销售助理，两年后晋升为广州办事处行政主管；小美是 ABC 公司广州办事处前台接待，林慧的下属；李丽是 ABC 公司中国总部的行政经理，林慧的上司；张敏是 ABC 公司北京办事处行政主管，与林慧同级；赵总监是 ABC 公司主管人力资源和行政的总监，李丽的上司。

场景一

林慧大学毕业后，历经民营企业和港台企业的"洗礼"，终于如愿以偿地进入世界 500 强企业 ABC 公司，任华南大区销售助理。这个岗位有点像区域销售团队的管家，负责区域销售数据的管理，协助大区经理监控费用，协调销售团队的日常行政事务，如会议安排等。工作内容琐碎，又需要具有良好的独立判断能力，对哪些事情得报告，哪些事情不要去烦大区经理，遇事该和哪个部门的人沟通，都要清楚准确。要干好这个职位，需要手脚麻利的勤快人，责任心得强，脑子要清楚，沟通技巧要好。林慧在广州办事处工作了两年，这时候，ABC 广州办事处行政主管的职位空缺，需要找个替补。公司人力资源部经过考察，确定林慧可以晋升这个职位。领导看中她，是因为她的聪明能干和责任心早已被证实了，况且她在广州办事处工作了两年，对这个办事处的人和事也熟悉。另外，这个职位需要一个英语比较好的人，而林慧的英语水平在 ABC 广州办事处是数一数二的。于是，林慧成功晋升为 ABC 广州办事处行政主管。她的顶头上司是 ABC 中国总部的行政经理李丽，公司著名的上海美女。

场景二

李丽长驻上海，精明能干，但脾气较大。林慧升任广州办事处行政主管初期，一不留神就得罪了李丽，李丽骂人的电话立刻就到，一顿臭骂，杂七杂八，不带一个脏字，直骂得林慧摸门不着。结果林慧只有把头在电话这边点得鸡啄米般，赶紧说："我刚到这个岗位上，很多东西还不熟悉，您多提醒指点我，我才不会犯错。"林慧如此郁闷了几回，总是不得要领，甚为烦恼。弄得李丽的电话一到，她就神经紧张，唯恐要挨骂，不知道哪里又做错了。现在的问题是，她不能正确地做出判断，到底哪些问题该请示，哪些问题该自己做决定；在公司政策许可的范围内，到底哪些事情的处理只要符合政策就行，哪些又该特别按照李丽的专业经验来处理。有时候她请示多了，李丽就不耐烦起来："林慧，我很忙的，你是广州办事处的主管，你要有自己的决定嘛。"林慧于是自己去做决定，结果一报上去，李丽骂人的电话又到了。林慧能做的只有咬住一条：在没有搞清楚游戏规则之前，将温顺进行到底。于是，每次吃了李丽的教训，林慧都要当场及时做出类似"您老见教得是"的总结。李丽反倒和气地说过几次："林慧，我知道你以前在台资公司做过，对上级总是特别服从。我们是跨国大公司，ABC 的文化很开明的，提倡直接沟通，你要是有不同意见，尽管提出来大家讨论，不必太小心翼翼啦。"林慧心想，我哪敢跟您直接沟通呀！可只是一味地"您老见教得是"也不能从根本上解决问题。林慧决定要设法搞明白和李丽沟通的游戏规则。

场景三

ABC 中国总部的行政经理李丽手下有三位行政主管，其中上海办事处行政主管是个老好人，林慧是广州办事处的主管，还有一个是北京办事处的主管张敏。林慧给北京办事处行政主管张敏打电话，假借横向联络，试探她是如何与上司李丽沟通的。张敏与林慧两个人因为有相同的感受，不免嘀咕了半日。但是，林慧放下电话一总结谈话内容，发现其实有价值的部分不多。她只搞清楚李丽对张敏也是那么个风格。张敏说，林慧的前任，就是和李丽处得不好，结果李丽说服赵总监，把人家给炒了。张敏对李丽显然不服气，她曾经把和李丽的不同意见用邮件发给李丽的上司、主管人力资源和行政的赵总监，但是，赵总监又把张敏投诉李丽的邮件转发给了李丽处理。张敏怂恿林慧说："单我一个人提，赵总监可能会认为我有问题，也可能会认为李丽有问题；要是你和我一起提，都说李丽有问题，赵总监就会想，总不会所有的行政主管都有问题吧？"林慧一愣，未置可否。

场景四

连续几天，北京办事处行政主管张敏主动几次打电话联络广州办事处行政主管林慧，怂恿林慧一起向公司主管人力资源和行政的赵总监投诉顶头上司行政经理李丽。张敏的逻辑推断是多人告状以证明行政经理李丽确实存在问题，这状告得赢。林慧当然明白张敏的逻辑。但是，林慧想，直接和赵总监沟通，就是越级申诉李丽了。越级可是企业最严重的行为之一。林慧工作了六年，见过的越级行为多半以失败告终。也许当时就那件事情本身而言，你能赢，但从长远来看，基本上你还是输了。跨国企业人力资源管理制度中的越级申诉制度，林慧总以为更多的意义是起到预防和告诫的作用，让那些做领导的人，做到慎独。一旦有人当真踏上那条申诉通道，只是用自己的前途来维护了企业文化的开明形象。申诉本身，得到公正结论的成数很高；被申诉的主管固然受到重创，而对申诉者而言，在未来，没有人愿意重用一个申诉过自己主管的人，这很可能是他将要面对的结局。林慧觉得自己刚到任不久，还远远未到需要走越级申诉这最后一步棋的时候，多方设法和上司李丽磨合才是正道。另外，林慧隐约觉得，本部门领导赵总监并无兴趣来为下属主持公正、评判是非，他更希望的是手下的人好好合作，别给他找麻烦。赵总监把张敏的投诉邮件转发给李丽处理，就表明了他的立场。赵总监是美国人，年近六旬。他在 ABC 工作了二十几年，调来中国区并不很久。对他而言，安全地在任上熬到退休，是他最重大的战略目标，一切都要围绕"安全"二字。平时工作中，他尽量避免做决定。遇到事情总是让手下的经理去找各相关部门，甚至不相干的部门也最好全扯上，挨个儿地问过总监们的意见，最后得出个集体的决定。面对变化的时候，他总是能拖则拖，尽量等到把局势全面看清楚后再决定行动方向。林慧刚升职的时候，到上海总部晋见过赵总监。他的领带打得整整齐齐，头发纹丝不乱，腰挺得直直的，虽然不年轻了，做派却像好莱坞的大牌明星。他对谁都客客气气的，早上上班一进公司，先亲切地和前台打招呼，然后一路"hello"到自己的办公室。对于赵总监而言，行政经理李丽比行政主管张敏、林慧更重要，假如李丽离职，至少两年内，张敏或者林慧都无法承担起李丽的职责，这才是硬道理。ABC 是林慧所经历过的最好的公司。所谓好，一是收入，二是环境，三是未来。其间的很多好处，不是钱所能衡量的。比如和你一起工作的同事都是素质高且专业的人，让你在工作中更有愉悦感和成就感,这就是一种无形的福利。500 强,全球也就 500 家,其中又有一多半尚未在华投资,在进入中国的 500 强里面,再刨除其中的劳动力密集型企业,剩下的也没有多少可以选择了。对于林慧而言,这样一个年薪 18.5 万元的小主管的职位并不是那么容易获得的。顶头上司李丽虽然不太好,但只是一个好的选择中的一个小遗憾,她可以设法避开李丽;而要是意气用事地失去在 ABC 的工作机会,以后就难保再能进入类似 ABC 这样的公司了。总之,林慧找张敏,只是试图找到一个游戏规则,并非奢想联手把李丽撤掉,那可是一个麻烦的念头。林慧试图劝说愤怒的张敏。但是,张敏比较骄傲和自信,她对林慧的劝告完全听不进去。由于几次婉转的提醒都没有好的效果,林慧也就不敢和张敏多说什么了。林慧越来越明显地感到张敏的逻辑不够好,而且比较自我。为了避免不必要的是非,她不再与张敏交流。张敏来电话,林慧就吩咐下属小美帮着挡驾。

场景五

林慧没有从张敏那里获得解决之道,只得自己动脑筋、想法子,寻找与上司李丽顺畅沟通的游戏规则。她让小美取得上海办事处行政报告的格式,经研究确认大致适合广州办事处使用后,她就直接采用上海办事处的格式取代了广州办事处原先的报告格式。这一举措果然讨得李丽的欢心。由于林慧使用了李丽惯用的格式,使得李丽在查阅数据的时候方便了很多,也让李丽获得了被追随的满足感。对林慧来说,李丽自然不会挑剔一套她本人推崇的格式,因此林慧也就规避了因为报告格式不合李丽心意而挨骂的风险。这是典型的双赢。除了与李丽建立一致性之外,林慧还认真研究了李丽主要控制的方面,找出规律后,林慧就明白了哪些事情要向李丽请示并且一定要按李丽的意思去做,只要李丽的主意不会让自己犯错并成为替罪羊,她便绝不多嘴,坚决执行;哪些事情是李丽不关心的没有价值的小事,林慧就自己处理好而不去麻烦李丽;还有些事情是李丽要牢牢抓在手里的,但是林慧可以提供建议的,林慧就积极提供些善意的信息,供李丽做决定时参考。几个回合下来,林慧就基本没再接到李丽那些令她惴惴不安的电话了。

场景六

广州办事处改用上海办事处行政报告的格式让具体操作的前台小美颇为不满。小美是个大美女,性格开朗乐观,却不思进取。别的小姑娘当前台,只是为了有个进大公司的跳板,干上一两年,就要想办法在公司里另谋个助理之类的职位了,而小美,一干三年,没啥进一步的打算,她觉得在 ABC 当前台就挺好。小美用惯了原来广州办事处的格式,改用新格式花了她不少时间去适应,密密麻麻的表格搞得本来就不擅长数据的她头昏脑涨。小美想,好端端的,为什么要改?心里不由地鄙夷林慧拍李丽马屁。林慧一眼瞧出小美腹诽自己,把小美请到自己的座位边,问她:"如果你是李丽,你是愿意几个办事处每个月的报告各有各的格式,还是更希望大家用统一的格式呢?"小美不假思索地说:"那当然是统一的格式方便啦!"林慧说:"既然得统一,你是喜欢用你自己用熟了的格式呢,还是更愿意用你不熟悉的格式呢?"小美说:"肯定选自己用熟的格式啦!"林慧继续说道："那不结了，李丽也会喜欢用自己熟悉的格式嘛！"小美无话可说，憋了半天又不服气，说道："我们原来的格式没有什么不好。现在这一换，要多花好多时间去熟悉表格。"林慧憋住笑，摆出循循善诱、诲人不倦的架势说："那你就多努力，早日获得提升，当你更重要的时候，你的下级就会以你为主，和你建立一致性啦！谁叫现任经理是李丽不是你呢？"小美愣住了，一时说不出话来。林慧让她拿出年初设立的本年度绩效考核目标，在行为方面，公司对全体员工的考核指标里有一条，叫作"建立一致性"。林慧让小美给自己在这方面做个记录。林慧说："年终总结的时候，你就能以这个实例证明你在这方面的表现和贡献啦！"小美最怕这些个文字功课，她对公司的核心文化向来一知半解，每年写年终总结，小美就央求要好的同事帮她写了胡乱交功课，主管和她回顾面谈的时候，她咬住一条，拼命点头就对了。现在一经林慧提醒，她觉得可不是嘛，更换报告格式虽然麻烦点，换了就能搞明白啥叫"建立一致性"，年终总结又能有个实例，小美觉得还是合算了，赶紧把这一条实例记录下来。林慧趁热打铁继续提示她的优点，指点她如何写总结。小美特别擅长与陌生人沟通。林慧上班的第一天，走进接待处，一报姓名，小美一面热情地说"欢迎、稍坐"，一面通知里面的人出来接待林慧，又忙着自我介绍，搞得林慧心里暖洋洋的。林慧告诉她，这叫"有亲和力"，可以在年终总结中作为自己的优点写进去的。小美十分感谢林慧的友善提醒。

实训任务

任务 1：案例分析。 运用有效沟通的理论知识，分组研讨本案例的六个场景。林慧任 ABC 公司华南大区销售助理两年后便晋升为广州办事处行政主管，为什么？面对顶头上司李丽的骂人电话，林慧是如何应对的？林慧为什么没有答应北京办事处行政主管张敏一起越级申诉李丽？林慧为什么要采用上海办事处的行政报告格式取代广州办事处原先的报告格式？林慧说服下属小美与上司建立一致性的过程采用了哪些技巧？详细分析林慧进行巧妙沟通时所用的技巧；同时分析李丽、张敏、小美、赵总监在沟通方面所存在的问题。本案例几位主要人物或沟通成功或沟通失败的缘由是什么？其成功的经验和失败的教训对我们有什么启示？以小组为团队，每组制作一份本案例的分析报告；派代表登台演讲，时间不超过 5 分钟。

任务 2：案例操作。 从有效沟通的角度，结合本案例的内容，进行补充细化，分组情境模拟，演示应该如何进行巧妙的沟通。

实训提示

《林主管上下左右巧妙沟通》案例分析重点：
责任心强、做事认真踏实又聪明能干是职场人立足于职场的重要条件，也是本案例中林慧由 ABC 公司华南大区销售助理晋升为广州办事处行政主管的主要缘由。

理顺与上司的关系，是职场人需时时注意、处处谨慎的关键，也是表现工作艺术的地方。尤其是与顶头上司进行沟通，必须调整好自己的心态。即便对方态度冷淡，甚至蛮不讲理，也不可意气用事。在上司发火骂人时，下属要控制住自己，不要当面顶撞上司，因为上司的发火有时是没有什么依据的。作为有见识、有境界的职场人，要理解上司也是普通人，不要对上司期望过高，以为上司就应该友善、谦虚、耐心、脾气很好不乱骂人，总是能看到你的努力和成绩，总是在你失败的时候循循善诱，总是会给你公平的待遇，总是能体谅你的苦衷——这属于过高的期望值。如果我们的期望值过高，巨大的落差会带来巨大的失落感，觉得这公司真糟糕，怎么会让这么个人做领导？如果你的期望值比较低，原来就预计他有 40 分坏，结果他只有 20 分坏，反而你会觉得这份工作还不错，没你预期的那么糟糕。

"了解上司，主动适应，灵活变通"是与上司有效沟通的重要策略。人在性格上的差异很大，上司的性格也各不相同。作为下属，要学会从上司的言行中了解其个性心理，了解其行事风格，依照他的行事方式并适应他的个性风格做事，才能顺畅沟通，合作也会愉快得多。本案例场景五中，林慧采用上海办事处的行政报告格式取代了广州办事处原先的格式，与顶头上司建立一致性，这一举措十分有效，讨得上司的欢心，避免挨骂，为自己建立了一个和谐的工作环境。

如何提升下属积极接受任务的意愿？首先，要想清楚，别人若照你的意思去做，会有什么好处；你所给予的好处，是否是对方真正所需的。其次，要关心下属，激励下属，认可和赞美下属的优点。每个人都有一种被渴望、被认可的心理。作为上司要充分认识到这一点，这种方法简单易行，起到的效果也比较理想。

📋 任务评价

各组评价 + 教师评价。评价要点：对各组任务实施的目标、计划、过程和效果进行评判，肯定成绩，提出建议，指导学生进一步总结和提高。

📅 评分参考

《林主管上下左右巧妙沟通》案例分析和情境模拟。

内容	分值	占比
案例分析报告书面文本	30 分	50%
案例分析登台演讲	20 分	
案例操作情境模拟演示	30 分	50%
情境模拟沟通脚本	20 分	

任务四 《林经理组织有效的会议沟通》缘由剖析

实训案例

林经理组织有效的会议沟通

主要人物

林慧：原任世界500强大型跨国企业ABC公司广州办事处行政主管，因工作努力、业绩突出晋升为公司人力资源部华南大区人事经理。

陈诚：ABC公司商业客户部华南大区经理。

李实：商业客户部华南大区销售一区新任经理，陈诚的下属。

姚杨、卢秋、刘洪、苏浅等：均为李实手下的高级销售代表。

案例背景

ABC公司商业客户部华南大区销售一区经理跳槽，公司决定内部招聘销售一区经理。同在销售一区的金牌销售李实和姚杨均报名竞聘。结果，李实晋升为销售一区经理，姚杨落选。李实的优点是特别敬业，属于勤勤恳恳全身心奉献公司的类型，完成指标的能力和意愿超强，而且帮带年轻人真心实意，比如手把手教会新来的销售员苏浅许多销售技巧，使得苏浅进步飞速，一年内从销售员晋升为高级销售代表。李实的缺点是不够大气，有时过于固执，会在细节上纠缠不清，抓重点的能力不如姚杨，在小组里的威望和影响力也比姚杨稍逊一筹。姚杨今年已32岁，名校出身，因职场竞争，结婚五年还没敢要孩子。进入ABC公司三年来，姚杨的发展挺顺利，特别是最近一年来，姚杨感觉自己离经理的职位越来越近了。这样关键的时刻，姚杨自然不敢怀孕，以免耽误前程。姚杨的计划是，32岁当上经理，再好好干两年，然后抢在35岁之前完成生孩子的任务。然而，事不遂意，她在销售一区销售经理的竞聘中未能胜过李实。落选后，姚杨十分郁闷而且不服，原先她与李实同在一区平起平坐，同为经理的候选人，有竞争关系，暗自较劲。而现在，她不太瞧得起的李实竟然成了她的上司，这个心理落差不小。她是金牌销售，能力很强，对李实的管理能力本不以为然，加之李实晋升后表现出来的那些拘谨固执的管理手段，令姚杨十分厌烦。她觉着，要是换了自己，肯定比李实更能服众。在发现李实的嫡系苏浅也对李实强烈不满后，姚杨惊喜不已，她一时没忍住，在李实升职三个月后挑起了"倒李事件"——利用销售代表们对经理在细节上管得太严的不满情绪，怂恿大家在一封投诉信上签名，造成李实小组全体销售人员揭竿而起的状况。

正在北京出差的林慧接到姚杨的电话，说他们全组的同事想一起和人力资源部负责人谈谈。

林慧诧异地问："想谈什么？"

姚杨在电话里解释了一通，林慧这才明白，原来大家都对李实的管理风格强烈不满，准备要求和公司进行集体对话。

姚杨在电话里把"集体对话"四个字咬得特别重，然后表白说，她有心不参加，又怕组里别的同事对她有意见；真参加吧，又觉得似乎不妥，担心事情闹大了——她感到自己的位置很尴尬，思来想去还是决定给人力资源部报个信。

林慧马上问姚杨："这事儿你和陈诚说过没有？"

姚杨解释说："老板今天下午好像有点不舒服，提前走了，我打他手机一直占线，等下我会再联系他。"

陈诚向来身体很好，林慧估计他就临时得个感冒发烧之类的小毛小病。

林慧表扬了姚杨几句，说是当晚就赶回广州，她会先和陈诚碰个面，尽快给大家一个答复。

林慧马上给陈诚打电话，陈诚倒是很快就接了。林慧单刀直入地问他是否知道李实组的事情，电话里传来陈诚一如既往沉着的声音，他说："李实刚才和我说了，我也正想给你打电话。估计是新经理管理方法不太老到，引起下面人的不满。"

林慧问他："那你打算怎么办呢？"

陈诚略作思忖道："既然销售代表们已经这么正式提出来了，回避反而不好，我想还是请你和我一起，跟大家坐下来开个小组会，面对面听听大家的意见。"

林慧心里对这事儿很惊讶，她关切地问："怎么会搞得这么严重？李实自己对起因有什么估计？"

陈诚告诉林慧："李实只知道大家是对他的管理方式有意见，但是具体的问题出在哪里，他还理不出个头绪。我看他压力很大，很紧张。"

林慧说："这事儿李实是听谁说的？"

陈诚说："他说是卢秋告诉他的。卢秋到底是个老员工，知道分寸。据说他先做了做大家的思想工作，但是压不下去，他看看不对劲，所以就赶紧通知李实了。但是，卢秋也没有说得很具体，不知道是他不愿意多说细节，还是李实心烦意乱不知道怎么问。"

了解卢秋的人都知道他心不坏，处事圆滑，业务水平比较一般。李实上任后，卢秋确实也对李实的管理有意见，他曾私下找李实沟通过两次，李实嘴上客气，行动却固执己见。按卢秋的意思，有问题私下里和领导反映反映就是了，工作中有点磕磕碰碰在所难免，但没啥了不起的深仇大恨，大家都不过是打工而已，何必把事情搞大。在卢秋看来，集体越级上诉显得过于有组织、有计划了，似乎有点造反的味道，而且他听来听去，感到年轻人认为可以拿集体离开做筹码，逼迫公司撤换李实，这不是"要挟"吗？卢秋担心把公司逼急了，大家都没有好果子吃，搞不好，参与闹事的全给干掉也难说。卢秋已经在

ABC 公司服务了 16 年，从 25 岁的青涩小伙子，到 41 岁的中年男人，他经历了很多，知道好歹，也早没有了多余的火气，因此他本能地不愿意参与到那帮二三十岁的年轻销售代表们中去，但眼看群情激昂，滑头的他，还不太好意思明着跟大家划清界限。为难之下，卢秋和李实透了口风，暗示李实赶紧去找陈诚想办法，免得那帮年轻人干脆把事情闹到上海总部去，这个娄子就捅大了。

林慧问陈诚："你觉得李实到底是在什么方面出了问题？"

陈诚沉吟道："指标和费用是永恒的话题，估计这两条跑不了，也许还有别的问题，比如不够尊重下面的人。但是糟糕的是，现在所有的人都反对他。一般情况下，如果费用和指标方面有问题，总是有受害者，也有受益者，不该大家一起反了。"

林慧迟疑了一下问道："是谁带的头？李实心里有数吗？"

陈诚说："我问过他，他自己估计是姚杨，但没有证据。"

林慧忽然想起一个人，追问道："刚才你说是'大家一起'反了，苏浅也参与了吗？"

陈诚很肯定地说："是的，她也参与了，销售代表们已经托我的助理交给我一封信，正式提出要求安排集体面谈，信上有苏浅的签名。"

林慧"哦"了一声，大感意外。

陈诚建议说："如果你时间安排得开，不如我们通知销售代表们明天下午回来开会如何？"

林慧爽快答应道："没问题，就明天下午四点半吧，这样也不会影响他们跑业务。"

会前准备

李实组的 8 位销售代表就新任经理李实的管理风格提出了集体申诉，要求上级领导集体对话。陈诚和林慧商量决定下午召开李实组全体人员会议进行沟通以解决问题。会前，两人与李实谈话。李实两个眼圈发青，明显没睡好。林慧见李实一副尴尬又失落的样子，便微笑着好言安慰道："李实，你不用给自己太大压力，新经理碰到这样的事情不奇怪，前半年，都是这么过来的。"

陈诚也说："李实，下午的会，你可以自己决定参加还是不参加。"语气颇为体谅。

自打前一天知道这事儿后，李实的思想压力就很大，又着急又担心。他不知道上面会有什么看法和结论，他很担心上面会认为他没有能力当好这个经理，姚杨肯定在等着看他出丑。到底是谁在挑唆大家呢？而最令他难受的是，小组里所有的人包括苏浅都在给陈诚的信上签了字，他孤零零的，连一个支持者都没有！这会儿，李实见陈诚和林慧都对自己和颜悦色，没有什么怪罪的意思，他才放心一些，却不由地一阵酸楚在喉头翻滚，平缓了一下自己的情绪才说："我想，问题终究要去面对，我还是和你们一起去开会吧。而且，我希望是由我自己去通知大家开会。"

陈诚说："那也好，到时候你可以先花 10 分钟和他们做一个简单的沟通。"

林慧提醒说："李实，我建议你下午开会的时候以倾听为主，不要让自己站到销售代表们的对立面去。即使听到非常不能接受的言论，也可以先记录下来，过后再澄清，千万不要当场陷入争吵。抱着了解问题的心态去开会比较好，你不是也很想知道到底为什么他们会有这么大的情绪吗？"

李实点头保证说："你们放心吧。我一定好好聆听，我真的很想知道问题到底出在哪里——您二位都了解我，我只是一心一意想把工作做好，实在没有想到会出这个事情。"他心里一阵难过，有点说不下去了。

陈诚说："先不要想那么多，下午开会就能知道大家心里在想什么，以后就知道如何对症下药了。"

李实起身道："那我先出去了，给领导添麻烦了。"

俩人都笑着说没问题。

陈诚明确表态说："下午开会我们一起听听到底李实有什么不对的地方——无论如何，只要他没有原则性的大问题，大方向上，我肯定会支持销区经理，哪怕回头关起门来骂他个半死。"

林慧赞同说："那是，李实那么努力，应该给他成长的机会。说实在的，我刚才看了一下销售代表们给你的这封信，你注意到了吧，'集体对话'四个字还标了着重号，让人看了不太舒服，似乎有点咄咄逼人——反映问题不该是这样的口气，又不是谈判。"

陈诚也指着那封信道："还有这句，'我们要求一个尊重我们的经理'，这话说的！我们这种公司，经理是任命的，不是选举的，照他们这个说法，不是成竞选了！"

林慧凑过去一看也笑了："真的，调换个用词顺序，'我们要求经理尊重我们'，还说得过去。"

陈诚点头说："销售代表们到底还年轻，有点搞不清楚状况。李实就算有天大的错处，换不换经理也不可能由下面的人说了算。"

林慧想了想，主动说："要不下午我来主持会议？我是人力资源部的，立场容易保持中立，说话比你方便。"

陈诚疲惫地点点头说："那最好不过了。本来今天想休病假，但李实这个事情又不能拖，不处理好我放心不下。"

会议情景

下午四点半前，销售代表们陆续回到公司，李实先和大家简单沟通了 10 分钟后，陈诚和林慧一起走进会议室。林慧一进会议室，就感到坐的位置有点问题：会议室的正中是一张 18 人用的长方形会议桌，8 个销售代表一个挨着一个坐在会议桌的一边，李实一个人，面对着众人独自坐在会议桌的另一边。这种坐法，似乎进一步暗示了李实和销售代表们之间的对立，空气中弥漫着尴尬的味道，大部分人的脸上都写着准备战斗。林慧想，如果换了自己是李实，宁愿选择坐在会议桌的侧面。

林慧和陈诚在李实边上坐定，刚和众人打了个招呼，姚杨就指着桌面上的一封信，抢着说："这是我们全体的要求，请领导过目。"

林慧和陈诚交换了一个眼色，面带笑容望着姚杨说："姚杨，今天大家推你做代表吗？"

姚杨有点后悔自己的动作快了一点，正待解释，一个年轻的销售代表抢着说："信是大家一起写的，每个人都参与了，这是我们全体的意思，不需要指派代表。"

陈诚接过姚杨递给他的那封打印在 A4 纸上的信，下端有每个销售代表的亲笔签名，黑色蓝色笔迹各异的水笔签名，赋予了这封信一种类似授权书之类的法律文件的意味。

陈诚很快地扫了几眼，不置可否地把信递给林慧，林慧低头一看，信的内容和上午在陈诚办公室看到的大同小异。

林慧再抬起脸时，众人看到她刚才的笑容不见了，取而代之的是一脸严肃。她不紧不慢地说："先说一下会议目的吧。今天请大家来开这个会，是因为陈诚经理收到各位的信，希望反映对李实管理上的意见。公司向来鼓励直接沟通，一定会认真听取大家的说法。工作中观点不同很正常——开会的目的就是解决问题，创造愉快的工作环境，以便把工作做得更好。各位大可放心，绝不会秋后算账，只要你是如实、善意地表达观点。"林慧把"善意"两个字咬得格外重，谁都不傻，都知道她在开场白的一堆场面话中，只有"善意"两字是重点，暗含告诫。

有两个年轻销售代表望向姚杨，似乎征询是否发言的样子，姚杨假装没看到两人的眼神，坐在那里不动。

林慧把这几个人的表情都看在眼里，一面不动声色地说："今天的会议时间预计 1 个小时左右，待会儿先花 10 分钟确定需要解决的有哪些问题，中间 40 分钟讨论解决方案，最后 10 分钟做总结。"说到这里，林慧稍微停顿了一下，似乎在给与会者一点过滤信息的时间，大家都专注地听她讲话，没有人插嘴，她便继续说道："我有一个流程提议：为了避免跑题，现在我发给各位每人一张白纸，请你写下三条你认为李实在管理上问题最大的或者让你觉得最不舒服的地方。不要多，就三条。不必署名，匿名是为了确保每个人都放心地说真话，而且不受他人影响，独立表达自己的观点。五分钟后，我把各位的纸条收集起来，然后大家一起在这些问题中圈定交叉程度最高的三条，进行集中讨论。一旦确定了今天讨论哪三条，我马上当场销毁所有纸条。大家看，这样是否可以？"

林慧准备着有人会跳出来说为什么要限制"三条"，但没有人质疑这一点，有两个人不安地调整了一下坐姿，似乎有话要说，但最终还是选择了保持沉默。林慧于是接着说："我们需要一个人来做会议记录。"她环视了一圈，见没有人自告奋勇，就点派说："要不，苏浅，就你来吧。"

纸条很快就交回给林慧，卢秋自告奋勇说："我来协助唱票。"林慧照着纸条上的内容一条条地念，卢秋则在白板上写，最后的结果一目了然，按得票数从高到低排列，问题主要集中在三条：费用，指标，小组事务参与度。

林慧征询意见道："大家看一下，是否同意这三条是最主要的问题？"众人都表示同意。林慧又望向陈诚，他赞成地点了点头。林慧说："现在，请大家就这三条，阐述各自的意见。"

销售代表们此前私下里开过两次小会，他们开出一个清单，罗列了李实的种种不是，准备把问题一条条摆出来，让上面看着办。他们甚至做好了分工。会上谁先说谁后说，你说哪一条，他说哪一条。

但是销售代表们没料到，林慧上来就让大家背靠背地写纸条，在他们自己提供的答案中圈出最主要的三个问题，规定就谈这三个——这一来，包括姚杨在内，都有点儿慌了阵脚，一是计划好的思路被打乱了，二是摸不清陈诚和林慧的底牌到底是什么。人都有自私的一面，即使是再年轻的人，也知道要适当保护自己，销售代表们你看我，我看你，一时没人说话。

陈诚的嗓子疼得更厉害了，他等了等见没人说话，便语调不高地说了一句："现在就是给大家一个充分表达个人意见的沟通平台。有什么想法，都可以摆到桌面上来讨论；不说出来，或者背后说，公司就当你的意见不存在了。"

林慧跟着微笑道："谁愿意先说？正如你们说过的，开这个会是'全体'的意愿，先说后说都一样。实在没人愿意先说，那就从左到右，挨个轮下去也是个办法。"

苏浅忽然清了一下嗓子，鼓足勇气说："要不，我先说吧。"

那一瞬间，林慧瞥见李实眼里闪过一丝复杂的表情，神情十分紧张。林慧很理解李实的感受：他真心实意手把手带了一年半的新人，现在带头批斗自己，将心比心，个中滋味，换了谁都不好受。

李实确实没有想到打开头炮的会是苏浅，这再次给了他一个打击，他不由自主地睁大了双眼望着苏浅，等待她来揭晓谜底：他李实到底做错了什么，使得苏浅招呼都不打一个就挥刀倒戈，让他在所有人面前出丑。

苏浅说："每逢月初，李经理都会先和我讲好，当月我能拿到多少费用，我们会讨论好投资计划，我也都是严格按照计划和指示来做的，可是到了月底报销的时候，他总是很细地一笔一笔查问费用情况，即使是非常非常小的数字——这令我感到很不舒服，觉得他就像防贼一样防着我。从小到大，我一直接受做人要诚实的教育，诚实是我为人的基本信条，这样的盘问真的让我感到很不被尊重。"

苏浅说着，满脸都是委屈。林慧避开她的委屈情绪，没有进行安慰，而是直接问她："你提到'非常非常小的数字'，可不可以给个概念，多小？"

苏浅说："比如两百来元的餐费。"

林慧点点头问别的人："关于费用，哪位还有补充？"

卢秋举了一下手示意要发言，等林慧冲他点了个头，他站起身先冲所有人打招呼似的点了个头赔笑道："希望经理在管理中能适当授权，每个月你到底希望我做多少指标咱们说清楚，给多少钱办多少事。月初定好费用和指标后，我觉得经理就不必管得太细致了。现在我们花一点小钱都要先打电话请示李经理，有时候，李经理可能太忙，半天不方便接电话，我又不好对客户说，您等一等，等经理批准了，我再请您去吃饭——说实在的，人家肯让我们请客，是给面子了！大家都知道的，现在的客人不容易伺候，对吧？稍微一迟疑或者动作慢一点，他就会觉得我们不识趣，说变脸就变脸。而且，我们要是不去，竞争对手的人分分钟等着挤上来呢。"他说话的内容自然是在提意见，语气却又更像一个和事佬在打圆场。

陈诚说："月初你们都做了费用计划，当然，计划毕竟是计划，不可能把所有的可能性都考虑到，对于一些突发性的小费用，你们就按费用的性质、类别，定个额度，说好多少钱以内的，销售代表可以自主。这样能解决你们的问题吗？"

大家都认可陈诚的办法，林慧转向李实："李实，你看呢？"

其实，苏浅刚一开口，李实就愤怒得想还击了，但是陈诚和林慧事先交代过他，会上以倾听为主，不要当场发生争执，他只好一直强忍着，听林慧问他意见，他赶紧面朝陈诚把身子往前倾了倾说："嗯，陈经理，单笔单笔的费用，也可以积少成多，就怕最后累计总额失控。"

陈诚心中对李实的顾虑也有些不耐烦，认为他太死板，太小家子气：每个月指标是一定的，费用总额也是一定的，月初费用计划做得周到点，费用的大头就控制住了，剩下的那点儿机动，只要符合公司的商业行为准则和财务制度，大家讲清楚游戏规则，还能有什么大的纰漏呢？谁有事情他自己负责不就完了！在陈诚看来，做经理的，第一要紧的是对业务的把控，别回头指标没做出来钱却用掉了就行了。如何保证投入和产出的匹配，才是经理该花心思的地方，只要销售代表投资的大方向对，小的地方，不用管得太细，否则销售代表不舒服，经理的精力也受到牵扯。

林慧见陈诚面色不悦，马上就估计到他是嫌李实管得太细，但林慧觉得李实的顾虑也有他的道理，便打圆场道："我说个建议不知道妥当不妥当，除了事先规定好单笔费用的额度外，根据指标达成的进程，以周为单位，限定当月小笔费用的比例——这样，就能避免钱都花了，指标却没完成的风险。"

林慧这个建议基本解除了李实的担心，他马上说："这个办法可以，我没问题。"但是销售们心里不太情愿，他们觉得这样做未免太麻烦，于是大家扭扭捏捏地不肯爽快答应。

陈诚见状说："大家不能只图自己方便，管理就是要控制，不可能样样遂大家的心，毕竟这是工作，民主要讲，纪律更要讲，否则不是乱套了？你们有意见可以提，但是，经理可能采纳，也可能不采纳——这样吧，要么维持费用管理的现状，要么每两周核查一次指标完成进度，你们回头到小组会上讨论，自主决定，二选一。"他说话的时候，语气很平和，同时让人觉着他的立场很强硬。

卢秋一听，就彻底明白陈诚的底线了——老板既希望纠正销售一区经理的不当之处，也不喜欢大家以为可以对经理指手画脚——他马上表态说："我个人意见，就由李经理定一个我们可以自主的额度吧，不必再到小组会上讨论了，大家每两周核查一次指标进度，以此为据，控制小额费用的累计。"

陈诚对卢秋的明理微微颔首以示认可。

林慧征询众人的意见："怎么样？大家满意这个方案吗？"

苏浅注意到，林慧建议"每周核查一次指标进度"，大家没有表示赞同后，陈诚把"每周"改成"每两周"了。林慧问大家的意见，姚杨率先表示"满意"，大家跟着表示满意。

会议讨论下一个问题，关于指标。

陈诚和林慧又听了两个人的发言才搞明白，原来大家倒不是嫌李实分配得不公平，是他不肯预先告诉大家当月的指标到底是多少，销售代表们只得每个月都蒙着头做，到了靠近月尾李实才会揭开谜底。

陈诚非常惊讶，因为李实刚上任的第一个月，他曾参加过李实的小组会议，看他是怎么分配指标和费用的，当时明明指标分配是透明的，陈诚对他的分配思路也很认可，没想到李实后来改成暗箱操作了。

李实尴尬地向陈诚解释道："我到每个月的下旬也是让大家知道指标的，这么做是为了更好地进行全面掌控。"

林慧想不透李实的"全面掌控"到底是什么意思，又不好当场追问，便做了一个记号，准备会后私下里再问李实。

陈诚沉吟了一下道："每个经理有自己的工作方法，我知道在 ABC 公区，确实也有少数经理是不公开指标和费用的，我不想硬性规定我下面的销区经理公开或者不公开，但是我本人的做法是公开指标和费用的。"他这个说法实际上已经在要求李实公开指标了。

李实赶紧表示没问题，他以后每逢月底公布下个月的指标和费用。

销售代表们听了都舒了一口气，今后再不用猜测每个月的任务到底是多少了。

最后一个问题是关于小组事务参与度的。

有一个叫刘洪的销售代表说："有时候我们有些和李经理不同的想法——毕竟我们是在第一线的，比李经理更了解某些具体情况——但是李经理多半听不进任何不同的意见，大事小情，一概都要按他的意思办。这样，销售代表一点主观能动性都没有了，就像经理手中的牵线木偶。两个月前，我有个活动没有完全按李经理的意思办，事后李经理很快就给我调换了区域，这还不算，有关我负责的区域的事情，本来李经理都是直接和我联系的，自打那事儿后，他有什么话老让姚杨转告我，特别是关于这个月的两个大活动。上周一，我实在憋不住了，打了好几个电话才找到李经理，结果李经理只是很简单地让我有问题找姚杨，之后就把电话给挂了，说话的语气也冷冰冰的，搞得我很郁闷。当时我问姚杨为什么是你来带我搞活动，姚杨说，她也不知道为什么李经理要这样安排，既然李经理交代了她，又不好不照办。"刘洪越说越激动，停了一下才接着说："姚杨是高级销售代表，我也是高级销售代表，为什么我的工作不是由经理管理，而要由和我平级的同事来管理呢？我觉得这是在变相修理我！说穿了，不过是因为我有件小事没有完全照李经理的意思去做嘛！公司的文化不是讲究包容、鼓励兼收并蓄吗？李经理这样做，符合公司的价值观吗？"刘洪说到最后一句，明显是在质问李实了，看来刘洪本人也气得不轻。

李实面对刘洪气势汹汹的质问终于憋不住了，他对陈诚和林慧举手道："我能澄清一下吗？"林慧点了点头，同时用告诫的眼神看了李实一眼。李实尽量保持自己语气的平和对刘洪说道："先说给你调换区域的事情，这是事先得到陈经理同意，在你说的那个活动之前就决定了的事情，我可以保证和你说的那件事情没有关联。"

刘洪马上反击说："就算是陈老板同意的，也是你向陈老板提议的，否则我在田野手上做得好好的，为什么一到你手上我就得换区域呢？"

陈诚脸上未动声色道："这事是我同意的。现在这一组的经理不是田野，而是李实，每个经理都有他自己的业务思路，李实作为销区经理，要对这一组的业绩负责，他对销售代表的区域提出调动建议是非常正常的。如果每组的调动都要我来安排，那就不需要设销区经理了。"

他这一说，刘洪马上意识到自己用质问的口气对销区经理李实说的话似乎过头了，嘴里虽然没说什么，脸上还是明显收敛了一些气势。

李实见陈诚给自己撑腰，心里很痛快，激动的情绪也舒缓了一些，他继续对刘洪解释说："在那个活动之后，我也并没有让姚杨来管你，只是这个月你计划中的两个重大活动都是姚杨的区域最近刚做过的，她有经验，了解可能会碰到哪些问题。我就事先交代她和你做经验分享，也和她说了这样安排的原因。那天你打电话找我，我因为正在和客户开会，不方便和你多讲，才让你直接找姚杨的。"

林慧忽然说："不好意思，打断一下——姚杨，李实交代你跟刘洪分享经验的时候，对你说了这么安排的原因，你理解李实的意思吧？"

姚杨正一声不吭地看刘洪和李实的热闹，猛然听林慧点她的名，她吓了一跳，下意识地避开林慧的目光，却瞥见陈诚严肃的眼神正望着自己，她知道不能撒谎，犹豫了片刻，终于脸色有点不太自在地轻轻点了一下头。

刘洪一看深感诧异，几个年轻的销售代表也吃了一惊，林慧马上对姚杨说："那你对刘洪说你不知道为什么李经理要这样安排，就有点问题了。对吗？"

刘洪下意识地代姚杨点了点头，林慧也并不需要姚杨的回答，她转过头对李实说："李实，这件事情发生在你给刘洪换区域之后，你多少也应该知道刘洪对换区域是有点不开心的，这样的情况下，建议你最好能先主动向刘洪交代清楚，而不是由第三者去转达，一来免得加深误会，二来也能让刘洪感受好一些。"

刘洪嘟囔道："我就是这个意思。"李实也表示接受。

林慧笑道："那就建议大家今后双方都加强沟通，一来消除误会，二来也能发现更多好点子。李实你不妨多带头。"

李实连连点头道："应该的应该的，其实我特别感谢刘洪，要不是今天他说出心里话，我真的还没有意识到问题的严重性。我今后会努力的，也请大家多提醒我，我们一起把小组的工作做好。"

李实说话的语气很诚恳，众人觉得即使无法判断其中有多少心服口服，起码是很谦虚的。

苏浅等几个比较自我一点的，从中感受到胜利者的自豪和乘胜追击的意愿，而以卢秋这样老成一点的心里都明白，让李经理这么低声下气，该见好就收了。

于是卢秋带头表示配合李经理工作是应该的，让领导费心了云云，销售代表们纷纷跟着说"领导费心"，姚杨也勉强让自己微笑。

林慧总结道："第一，关于费用，一是由李实按费用类别确定销售代表可自主的限额，二是为了控制投入和产出的匹配，今后每两周核查一次指标进度，据此控制小额费用的总额。第二条，关于指标，今后每逢月底，李实都会公布下个月的指标。这点大家刚才都已经表示满意了。最后一条，其实就是沟通的问题，一个是要有沟通的意识，二是要有沟通的诚意。沟通，一是说一是听，是双向的。你们不妨也在小组会上讨论一个小组事务的沟通制度。"

李实连连说："是的，是的"。卢秋也说："林经理说得对，我们都明白。"

林慧最后诚恳地说："经理也是人，会犯错，每个新经理都有一个成长的过程，李实需要大家的协助。李实的任劳任怨有目共睹，一个人能做到他那样全情奉献，可想而知背后付出了很多，我个人对此表示敬意。听陈诚说，你们组的指标完成得挺好，这不容易，值得每个人骄傲，其中有经理的贡献，也离不开你们每个人的努力。趁着大家都在，恭喜一下，辛苦啦！你们销售部业绩做得好，我们支持核心业务的各职能部门今年的年终奖才能好嘛！"

林慧转头征询陈诚散会前是否给大家说几句，陈诚调侃道："不用啦，我想说的你都已经替我说了，比我说得还好，大家更愿意听你讲。总之，希望你们组保持士气，让业绩继续维持良好的增长势头。"陈诚的几句调侃逗得年轻的销售代表们都露出了真实的笑意，李实抓紧时机带着众人再次表示："谢谢！让领导费心了。"

大部分人的问题得到了解决，加上陈诚和林慧最后又说了几句鼓励和放松的话，会议便还算喜气地结束了。

会后沟通

会后，林慧与李实单独沟通。林慧问李实："我很好奇，你之前为什么不公开指标呢？"

李实不好意思地解释道："我每个月都做好指标分配计划，但是实施中各区的情况都有可能发生变化，当某个区域碰到困难不能完成预计指标，就需要别的区域额外多做贡献来弥补这个空缺，才能完成全组的指标。如果我事先把每个人每个月的指标都告诉他们了，我怕多做的人不愿意，毕竟不是每个人都有那么高的思想境界，有的人会自私一点。"

林慧这才明白李实的思路，她担心地想，看来李实的领导力中缺乏信任和授权还真不是一般的严重。

李实见林慧沉思着没有表态，就不安地问林慧："我这么想是不是有问题？"

林慧点点头说："有点问题——要说自私，不论是总监、大区经理、销区经理，还是销售代表，每个人多多少少都会有点儿，可是不能因为担心这一点，就不告诉大家指标到底是多少。作为管理者，很重要的一个任务就是为下属指明前进方向，明确奋斗目标，你这个做法，是把目标都模糊化了。将心比心，要是陈诚也因为担心销区经理们不肯多做贡献，而不告诉你们指标到底是多少，让你们蒙头做，猜着做，你会是什么感受？要是全公司的管理者都这样来管销售，不是乱套了吗？"

李实本来一直觉得自己的办法挺有道理，也很聪明，是考虑周全的表现。听林慧这么一说，他一下愣住了，原来这是个很明显的错误呀！

林慧见李实似乎满腹纠结，就说："你心中还有什么结，要是愿意和我讨论，不妨都说出来，看我是不是能帮你出出主意。"

李实心中有千言万语，沉默了一下沮丧地说："林慧你说，像苏浅这样的人，该怎么带才好？坦率说，我真的觉得自己很失败。我不知道是苏浅没有良心，还是我太蠢。"

李实的眼神里流露出明显的苦恼，一肚子的烦心事让他失去了条理，他想到什么算什么地说："对姚杨，我不知道怎么和她相处下去，其实我一直都在忍着她。记得我刚上任，你和陈老板就提醒过我，让我用好姚杨。其实，就是你们不说，我也知道该和她好好相处。她的区域很重要，如果她的业绩不稳住，我这组就很难有华丽表现。对姚杨，我一直在工作上尽量多给她自由空间，既发挥她的作用，也想让她感觉好一点——比如像刘洪会上说的事情，我的本意就是想给姚杨授权，让她有带人的感觉，结果却被她利用了。我不是说我就没有问题，但是，就会上大家说的那几条，我觉得都不是原则性的大问题，管得严一点，下面的人不舒服是正常的，可是如果没有姚杨在中间挑，怎么会有所有人一起反对我这一出呢？"

林慧点点头表示理解："要处理好这层关系确实不太容易。"

李实说："昨天开会前我非常担心，因为我知道他们事先都做好了安排，谁打头炮、谁策应什么的——可后来看到你把场面控制得很好，我真不是恭维你林经理，我想问问，这里面有什么诀窍没有？有几次开小组会的时候，我都不满意自己对场面的把控，特别是一到要对下面的人提要求的时候，老是有人挑战我，让我有点镇不住场。"

林慧的身体微微前倾，非常专注地听着李实讲话，嘴里不时地"嗯"一声，她的身体语言鼓励了李实，李实鼓起勇气说："此外，虽然陈老板已经拍了板，对放开小额费用我还是有点不放心。这点我不知道怎么说服自己——暂时我就想到这几条想问你的。"

林慧说："我听下来你一共提到了四点，第一点是你诚心诚意带人，对方却不领情；第二点是组里的老员工比如姚杨有意和你作对，甚至对团队施加了不好的影响；第三是你对费用管理适当放开心存担忧；第四是你想学习一下如何把控会议——你看看我的理解对不对？有没有遗漏？"

李实连连点头说："是的是的，林经理记性真好。其实，我事先也没有系统地去想今天要问你些什么问题，就是想到什么问什么，林经理你知道，我一直都很信任你，特别是我上任这几个月来，每次和你聊下来我都觉得很有收获，我总结出一点，找你能解决问题。"

林慧笑道："谢谢信任。通常情况下，比如你去找陈诚谈话，甚至和级别更高的老板谈话，最好避免想到什么问什么，对方能给你多少时间，你打算谈哪些问题，最好事先有个考虑。这样，谈起来能抓住重点，避免遗漏，也不会不必要地占用对方的时间。"

李实不好意思地说："你提醒得很对，我今天心里太乱了。"

林慧笑道："没问题。我有两点建议给你，一是管理好时间，二是谈话或者开会要有一个明确的主题，避免话题发散或者时间失控。"

李实承认说："我确实是有这两个问题，自己也意识到了，我会注意的。"

林慧说："那我们讨论一下你刚才提出的几个事情。先说姚杨，你有证据是她挑动大家的吗？"

李实肯定地说："我没证据，但肯定是姚杨。除了她，组里谁还能有那么大的能量？让8个人都在那封信上签名，一起坐到会议桌前，又没有什么了不起的问题。"

林慧说："那你为什么不可以也去影响大家呢？按说，指标和资源都在你手上抓着，你说服大家的筹码不是应该比姚杨多吗？"

李实被林慧这话一下噎得愣在半空中："她是在背后搞突然袭击，我没有防备。"

林慧笑了，李实无奈地说："还是我做人失败。现在我该怎么办才好？"

林慧笑道："李实，姚杨肯定有问题，你也有你的问题。"

李实无奈地说："我一直非常小心地和她沟通，事事考虑她的感受，林经理你可以问问陈老板，我在资源的分配上是很向姚杨倾斜的，问题是她刀枪不入、油盐不进呀！"

林慧想了想，问李实道："听你说起来，似乎你们上下级之间已经很难相处了，你有没有想过向陈诚申请给姚杨换一个组？"

李实愣了一下道："如果可以，那再好不过了。"

林慧又提到苏浅，李实的眼睛里又闪过一丝迷惘："这是我很困惑的地方，所以我今天第一个问题就是关于这一点的。"

林慧说："会上我看苏浅也很委屈的样子。你是否管得太细了，以致让大家觉得不舒服——如果一个人说你管得太细不好说，现在是8个人一致这么说，而且陈诚也有这个担心，你自己觉得呢？"

李实坚持说："我刚上任的时候，你不是对我说过，一个经理首要的任务就是对业务的把控，不管得细一点我怕会失去把控。"

林慧一听笑了："我还说过，新经理上任的头一关就是稳住团队的核心队员，不然你怎么把控业务，靠你一个人是不行的。"

见李实沉默，林慧又说："李实，我这儿有一个数据供你参考，70%的人曾因被管得太细而考虑过跳槽，其中半数的人采取了行动。这说明，管得太细会让很多人难以忍受。"

李实吓了一跳，他是个重视数据分析的人，而他知道林慧说话向来可靠，于是嗫嚅道："那就是说大约35%的人会切实采取行动跳槽。"

林慧提醒说："是的。所以，不排除你的团队中有人已经在考虑跳槽了，也许现在他们正在观望这次会议后的变化。我给你两个建议：一个是认真考虑管理上哪些地方应该授权；二是给自己的下属排排队，看看哪些人是你一定要保留的，哪些人的离开是你可以承受的——那些关键队员你得注意和他们及时进行沟通，了解他们的动向，知道他们需要什么，不满意什么。比如这次他们的行动，你刚才说是突然袭击，说明你事先毫无察觉，直到卢秋和你通气，这算得上是一个有分量的失控了。"

李实尴尬道："不好意思，我知道了。"

经林慧这么一分析，李实脑子里清晰了很多，对接下来该怎么做心里有了一些底。他真心实意地道了个谢："不好意思，耽误你不少时间。"

林慧提醒说："你再听听陈诚的意见，自己也总结一下，想清楚以后就要拿决定了，别因为怕失控，就总把什么都抓在自己手里不放——经理不能靠自己一个人把全组的业绩做好，一定要你下面的人都做好了，你的业绩才会上去，你再能干，一个人能干多少活儿呢？我们在做招聘时可以观察到，越有本事的人，对老板的要求越高，其中，老板是否管得太细是他们很关注的一点。所以，李实，这一点上，你的管理风格一定得变一变。"

李实连连点头称是。

🧑‍💼 实训任务

任务1：案例分析。分组研讨本案例会前、会中、会后几个场景，详细分析林慧是如何组织有效的会议沟通的；作为沟通高手，林慧是通过哪些具体的沟通技巧来有效地化解矛盾冲突的。另外，从沟通的角度，分析本案例中其他几位主要人物，包括陈诚、李实、姚杨等在沟通方面的表现。以小组为团队，每组制作一份本案例的分析报告；派代表登台演讲，时间不超过5分钟。

任务2：案例操作。从有效沟通的角度，结合本案例的内容，进行改编细化，分组情境模拟，演示如何组织有效的会议沟通，如何化解矛盾冲突。

💡 实训提示

《林经理组织有效的会议沟通》案例分析重点：

（1）工作中难免要开会。一提开会，很多人就头大，觉得既浪费时间，又解决不了问题。令人讨厌的会议，多半目的不明、效率不高，缺乏主题控制和会议规则，造成东拉西扯，时间拖得很长，到最后也没有个相关结论，等会开完了，人也散了，才发现问题并没有解决。这样的会议是无效的。从理论上讲，会议沟通是组织中相互交流意见的一种形式，也是沟通信息的主要手段，在管理工作中起着十分重要的作用。会议既是一个集思广益的过程，也是一种信息传递的方式。通过会议，可以将许多人聚集在一起，就某些问题与员工互相交流思想并提出相应的对策。本案例即典型的有效会议沟通。本来李实组的全体销售代表集体投诉经理李实，矛盾十分尖锐。而通过会议沟通，澄清了误会，处理了矛盾冲突，营造了民主的气氛，给管理者提供了共同参与和共同讨论的机会，最终做出了正确的决策。

（2）会前准备很重要。有效沟通必须做好充分的准备工作。会议沟通也不例外。会前准备工作包括确定会议的目标、会议主持人等。头脑清楚、逻辑性好、沟通能力强的林慧主动承担会议主持人的角色，这是会议有效的重要原因。会议的准备工作还包括与销售代表们矛头所指的对象——李实进行沟通，既安慰他不用给自己太大的压力，又叮嘱他调整好参加会议的心态，关照李实参会的主要任务是倾听，不要让自己站到销售代表们的对立面去。即使听到非常不能接受的言论，也可以先记录下来，过后再澄清，千万不要当场陷入争吵。抱着了解问题的心态去开会比较好，有利于解决矛盾。

（3）会中主持很关键。会议沟通是否有效，除了要运用一些会议技巧外，还要有一个优秀的会议主持人。本案例中，林慧主持会议十分给力，包括开场白、澄清观点、展开讨论、推动达成一致、最后总结——整个过程非常完整，堪称有效会议沟通的经典之作。在会议上，会议主持人的角色是引导者。会议主持人始终要保持冷静、清醒的头脑，要善于鼓励、引导与会者发言，并严格控制议程。第一，开场白清楚阐明会议目的。通过直接沟通来解决问题，创造愉快的工作环境，以便把工作做得更好。第二，会议主持人需要提出流程建议，林慧巧妙地用头脑风暴的方式，让每个人都写出三条自己认为最主要的问题，然后圈定其中重叠最多的三条以便集中讨论，让大家围绕这个主题展开讨论，以免跑题。第三，在讨论过程中，会议主持人需要不断地去澄清并确认各方的观点，当大家的意见僵持不下或者众说纷纭的时候，会议主持人要推动各方达成协议。如果发现有人的发言跑题，就要设法引导发言者回到正题上。当会场出现纠纷，或有不同意见时，会议主持人要及时协调，果断处理，会议主持人需要一流的控场能力和应变能力，保证会议开得圆满成功。第四，会议主持人要做出总结，我们今天的会议做了什么决定，在这个决定中，每个人的任务是什么等。

（4）会议沟通讲究技巧。怎么控制好会议过程，特别是当对方和你的意见不一致的时候，怎么去说服其接受你的观点并跟你合作，这中间，沟通技巧比较重要，因为很多时候，当对方接受了你这个人，你的观点就比较容易被接受。假如因为你的方式和态度使他讨厌你，你的观点再正确，他也可能就是不理你。在沟通中，首先，尊重对方是基础，得维护对方的自信。其次，倾听很重要，听比说更高级。倾听是一个动作，更是一种态度，你用心地听，能让对方觉得你重视他的意见，至少给了他表达的机会；不要被动地听，要去理解、澄清，并给予回应。不仅要听明白对方的话语，而且要听明白话语背后深层的观点和动机。当然，要注意，你理解他不代表你同意他的观点，比如，当销售代表们不愿意两周核查一次完成进度的时候，陈诚就表达了这样一个意思：我理解两周核查一次进度有点麻烦，但是该做的还是得做。

（5）会后沟通十分必要。一次会议并不能解决所有问题。尤其是林慧发现李实心中的结并未消除时，便单独与李实沟通交流，进一步开导他，帮他分析四个问题，并提出解决问题的建议。经林慧这么一分析，李实头脑里清晰了很多，对接下来该怎么做心里有了一些底。最要紧的是，林慧通过数据与例证分析，辅导李实应该如何做销区经理，提醒李实"管理风格一定得变一变"。

✅ 任务评价

各组评价＋教师评价。评价要点：对各组任务实施的目标、计划、过程和效果进行评判，肯定成绩，提出建议，指导学生进一步总结和提高。

📅 评分参考

《林经理组织有效的会议沟通》案例分析和情境模拟。

内容	分值	占比
案例分析报告书面文本	30分	50%
案例分析登台演讲	20分	
案例操作情境模拟演示	30分	50%
情境模拟沟通脚本	20分	

任务五　《苏浅坚持调动但两头不着》缘由剖析

📞 实训案例

苏浅坚持调动但两头不着

主要人物

林慧：世界500强大型跨国企业 ABC 公司人力资源部华南大区人事经理。

陈诚：ABC 公司商业客户部华南大区经理。

李实：ABC 公司商业客户部华南大区销售一区经理，陈诚的下属。

苏浅：销售一区高级销售代表，李实的下属。

孙建：ABC 公司大客户部华南大区经理。

梁诗：ABC 公司大客户部华南大区销售一区经理，孙建的下属。

吴凯：ABC 公司大客户部华南大区销售二区经理，孙建的下属。

案例背景

一年前，李实负责的销售一区的 8 位销售代表就李实的管理风格提出了集体申诉，事情平息之后，姚杨和苏浅都提出了换组。华南大区经理陈诚问李实怎么想。李实同意姚杨调离，而不愿放走苏浅。李实没敢和陈诚明说，他是不会原谅姚杨的，而姚杨也是不会跟他和解的。李实把与姚杨的明争暗斗定性为一山不容二虎，而把和苏浅之间的这场伤心看成家务事，顶多算一本难念的经。那场集体申诉在姚杨是有预谋地发动"政变"，而苏浅不过是一时不服管教的孩子跟着人家瞎喊口号罢了。大家都说苏浅是李实的嫡系也是有道理的。苏浅进入 ABC 公司后，一直由李实负责带她。苏浅确实聪明好学，干活儿卖力，李实便真心实意且格外用心地带她，公司里的人时常看到苏浅跟在李实后面进进出出，十分紧密。为了带好苏浅，李实可谓掏心掏肺，恨不得把自己会的都教给她，就算是对亲侄女也不过如此了。李实觉得苏浅到底是自己一手带起来的人，师父徒弟的感情摆在那里，况且苏浅年轻，二十几岁的人心机能深到哪里去。因为李实自己有信心和意愿继续带好苏浅，因此，陈诚也就没有同意苏浅的换组申请。陈诚和李实一起找苏浅谈了一次话，表明了对她的器重和信任，希望她能向前看，继续在李实小组做好销售。苏浅也做了积极的表态。

可是，那以后，苏浅就下决心一定要走。然而，下决心容易，做起来何其难！世上有几个 ABC 公司！500 强企业，全球也就 500 家。越是走不了，苏浅就越觉得李实的管束令她憋气。

看到李实经常带着苏浅忙里忙外、进进出出，一副老母鸡带小鸡的模样，陈诚和林慧都以为，随着时间的推移，两颗受伤的心都在慢慢复原。李实自己也这么以为。有一两次，林慧问李实现在怎么样了，李实摇摇头笑道："90 后，就是自我点，慢慢来吧——苏浅毕竟和姚杨不一样，她的愿望都是好的。"

然而，这只是李实一厢情愿的想法。表面上苏浅在李实跟前安心地做着乖乖女，暗地里却时时留意着 ABC 公司内外的工作机会，而李实的破绽，她也不动声色地都记在了心里。

场景一

机会终于被苏浅等着了。在大客户部梁诗组里有人离开，她需要招一个人。大家都知道梁诗和吴凯是孙建大区的红人，这两个销区经理的组是苏浅最想去的了。于是，苏浅毫不犹豫地向梁诗表明了自己想调到她的组里。

对苏浅的销售能力，梁诗早有耳闻。梁诗仔细地和苏浅谈了两个小时，发现她对大客户的把握很到位，客户关系非常好，特别是陈诚大区年底的一次活动中，苏浅一个小小的销售代表，居然请到了W公司的岳总！这让梁诗大为惊讶——岳总可不是个轻易能请得到的主，他的不好说话梁诗本人是多有领教的。

孙建的大区属于大客户部，销售人员对大客户的把握能力非常重要。梁诗大喜过望，当即表示愿意要苏浅，并催她尽快办理调动手续。苏浅本意是想等大客户部的华南大区经理孙建表态，确定愿意要她，她再去和商业客户部谈调动的事情。她不怕销售一区经理李实，可对于商业客户部的华南大区经理陈诚，她还是心怀敬畏的。苏浅知道，说出去的话是泼出去的水，只要和商业客户部这边一开口说要调到大客户部那边，与李实面子上的这块薄纱就算彻底撕破了。要是处理不好，不但大客户部去不成，商业客户部也待不下去了。她不能不防着万一大区经理孙建不愿意要她的情况，毕竟，要两边的大区经理孙建和陈诚都在调动表上签字同意才算数。

苏浅沉吟着，不敢答应梁诗。梁诗着急用人，不愿意拖延时间，她看穿了苏浅的担心，就给她吃定心丸道："苏浅，你放心！我和吴凯看中的人，一般孙经理都会同意的。等他出差回来，我立即找他谈，不会有任何问题的。"

苏浅还在犹豫，梁诗给她压力道："苏浅，我这儿急等用人，你要是迟迟不能定下来，那我可得考虑其他人了。"

苏浅赶紧说："梁经理，您放心！我会马上和我老板谈调动的事情的。"

场景二

越是想不到，就越是恨。越是投入了感情，就伤得越深。李实一听苏浅提调动的事情，当时就愣住了，过了一会儿他态度生硬地说："这事儿回头再说吧，我得和陈诚经理商量一下再回复你。"

苏浅才不肯如此轻易就被打发，她追着李实问道："那你什么时候去找陈经理？"

李实强压着情绪说："我现在马上得去客户那里开会，暂时没空处理你这件事情。"

苏浅觉得反正一摊牌，面子就撕破了，没必要再对李实客气。她提高嗓门，强硬地说："李经理，我现在正式向你提出调动申请，你没有权力拖延不办！"

李实见苏浅一副翻脸不认人的模样，再也控制不住自己的情绪了，他的脸色越来越苍白，但仍试图和苏浅讲道理："我怎么拖延了？不是跟你说了我现在得马上出去开会嘛！"

苏浅咄咄逼人地说："那你到底什么时候去找陈经理谈？"

李实说："我什么时候有空了，自然会去找他。用不着向你报告我的时间表吧！"

苏浅白了他一眼，宣布说："你不找陈经理，我自己去找他！你想刁难我只能是白费心机！"

论起吵架，李实明显不是苏浅对手，人家苏浅没动一点气，李实却气得声音都发颤了，说道："我怎么刁难你了？难道我放人不放人，要听你的命令吗？！"

李实说罢，撇下苏浅转身就走。这下，苏浅也急眼了，她追到走道上，压低嗓子挤出一句话道："李经理，大家都是打工挣碗饭吃，你别做得太过分了！我不过就是想太太平平地离开。"

李实转回脸来，难以置信地说："我简直难以相信你就是我一手带出来的苏浅。你是威胁我喽？行业就这么大，就算你不在 ABC 公司做了，你还是会碰到这些客户。你想怎么做人是你的决定。随你便吧。"

两人不欢而散。

李实非常伤心。苏浅闹着要走，他虽然愤恨，但还是能理解。然而，苏浅年纪轻轻居然学会威胁自己的经理了，这就令李实伤心得如窒息一般。

场景三

苏浅也很委屈，她想不通李实为什么要这么待她——你看不惯我，我另谋生路还不行吗？难道非要对我赶尽杀绝？人都说，合则聚，不合则散，那结了婚合不来的还可以离婚，你不过是我的经理，怎么我做了你的手下就不能再投奔别的人了？苏浅想马上就找陈诚谈，但是陈诚的助理说他要下午才回公司。苏浅一想，那我找人力资源部谈去！她掉头往林慧办公室走去。

苏浅一脸委屈地坐在林慧对面。林慧听苏浅低声细气地把事情一说，就猜到了八分。林慧说："小苏，我先问你个问题，假如陈经理给你在商业客户部内部换一个组，比如换到施南生，或者黄海涛那里，你愿意吗？"

苏浅一脸诚恳，说："林经理，真的非常谢谢您这样替我考虑。不过，我真的觉得这样换没什么意思。一年前我就要求过换组，可当时陈经理只给姚杨换了，却把我留在李实组里不动。既然那时候不肯给我换组，现在我自己在大客户部找到了机会，才答应给我换组，我觉得，这样的换组，不换也罢！这一年来，李实还是那个管得很细很死的领导风格，在他手下，销售只能是没有自己的思想机械地执行指令，我一再地委曲求全，确实适应不了他的风格。我不是说李经理的风格不好，只是确实不适合我。我希望商业客户部，能放我一条生路！"林慧笑道："没有那么严重，来去自由，谈不上谁放谁一条生路。"

苏浅马上说："林经理，那您能帮我和陈经理说一下吗？请他尽快签字放我。"

林慧一愣，随即笑道："小苏，你太着急了！你刚才和李实谈的时候是不是也是这么着急的？我劝你一句，和陈诚经理谈的时候，你可别再逼得这么紧了，你着急，我们都明白，可经理也有经理的事情，他不是坐在那里就等着处理你的调动的。你要是想早点办好，就不要太过逼迫，这会让经理觉得你不尊重他，你说呢？"

苏浅连连点头道："林经理，谢谢您的提醒，我和陈经理谈的时候一定会注意的。"

林慧说："就是呀，别说你这是公司内部调动，就算你是辞职不干，按《劳动法》的规定，你也得提前 30 天提出辞职，是吧？"

苏浅说："是的是的。不过林经理，麻烦您跟陈经理提一提，我这次是下定决心要去大客户部了，我不想在商业客户部内部转组。如果这次陈经理不放我调走，我也会跳槽去别家公司。"

林慧没理苏浅这个茬，她笑一笑，叮嘱苏浅道："你再仔细考虑考虑，怎么和陈诚谈。我也会和他打声招呼的。这几天，你还是得认真工作，正常和李实沟通呀！"

苏浅保证道："请您和陈经理放心！我在一天，就一定会认真工作一天，李经理交代我的每一项任务我都会努力做好！经过您刚才一提醒，我感到上午我和李经理谈的时候，是着急了一点，回头我向他道歉。"

林慧说："你这么有风度，李实一定会高兴的。小苏，李实是真心栽培你的，这个我都看在眼里。希望你们能好聚好散。"

苏浅连连点头说："是的，我知道李经理为我付出了很多，我真心感激他教会了我那么多！"

林慧担心地想，该说什么你显然都知道，问题是你心里真能领会到人家对你的一片苦心吗？

场景四

李实当天在客户那里开完会，下午赶回公司，找陈诚汇报了和苏浅之间的争吵。陈诚马上劝李实道："李实，强扭的瓜不甜——我看苏浅是铁了心要离开你的组，你就放手算了，你说呢？"

李实愣了半晌说："大客户部怎么可以这样？都是一个公司的，他们这不是挖我们墙脚吗？"

陈诚说："这个事情不能怪大客户部，关键是苏浅自己想离开。即使没有这个机会，她也会找别的机会。"

李实说："那我这边怎么办？"

陈诚说："我们再招人呀！人员总是会有流动的嘛！"

李实不说话，过了一会儿，他气鼓鼓地说："她居然威胁我，这个我没法接受！我就是不放人！"

陈诚笑道："你这又何必？李实，苏浅还年轻，她多半是因为担心你不放她，要错过大客户部那边的机会，着急了，才口不择言的。你不要太计较她的态度。"李实还是感到咽不下这口气，他叹息一声道："老板，我不是不放她走——要走就走吧，好聚好散嘛，哪里有她那个样子的？你没看到今天上午她逼我的样子，一路追我到走道上，当时大客户部的吴凯正好从我们旁边走过，我真是颜面扫地！扪心自问，这几年来，我一心一意想把她带好，没想到到头来，搞得跟仇敌似的，我真是失败呀……"

李实非常难过，说不下去了。陈诚宽慰他道："苏浅还年轻，再过几年，她就会明白你对她的心意了。现在她一心想走，你再阻挠，不仅对工作没有一点好处，对你个人的情绪也不好。要我说，早走早了。"

场景五

林慧回到自己的办公室，马上打电话找大客户部华南大区经理孙建。孙建正在上海开会，乘着会间休息出来给林慧回电话。

林慧劈头就问他："孙经理，苏浅你面试过了吗？"

孙建一头雾水，说："苏浅？好像是李实组里的销售代表吧？我还不知道她想到我大区来——是我的哪个销区经理想要她？"

林慧一听就明白了，还真是梁诗一个人的主意。她简单地告诉孙建，梁诗面试了苏浅，并让苏浅马上递交调动报告，现在苏浅已经和她的老板提出来了，而且谈得非常急，商业客户部这边可能感受不太好。

孙建听了就有点烦了，他"唉"了一声道："我这次出差前，已经告诉梁诗让她暂缓这个空缺的招聘，没想到我才离开两天，她就面试了陈诚的人！林经理，是这样的，这个人头我们不给梁诗组了，而要转给吴凯，因为今年吴凯这边的 RD 项目非常重要，我们要加强这条线，而且他下面有一个销售代表下个月就要开始休产假了，我老板江波今天已经明确指示了，我正准备回广州就告诉你呢。"

林慧当然是吃了一惊，忙问道："那，你打算把苏浅给吴凯吗？"

孙建坦率地说："是的，RD 项目非常重要，当然，吴凯觉得不合适的人，我是不会硬塞给他用的，关键还是要看吴凯怎么想。"

林慧说："既然已经确定要把这个人头从梁诗组转给吴凯，那你能不能马上打个电话给吴凯呢？现在苏浅和李实已经闹僵了，你们这边最好早做定夺。"

孙建沉吟了一下问道："林经理，陈诚是什么态度你了解吗？"

林慧说："今天上午苏浅找过我，我就问了陈诚的意见，原则上，他应该是同意放人了。不过，孙经理，我实话实说，如果说得不妥当你多包涵——这个事情，你们这边是考虑得不太周到，而且逼得太紧了。将心比心，总该给商业客户部一点时间来考虑考虑是否放人吧？他也有不放人的权力吧？就算人家肯放人，他也要花点时间去招人，好顶苏浅的缺嘛！而且，现在你们这边其实还没有完全确定要苏浅，万一吴凯不肯接受苏浅，那让商业客户部怎么办？"

孙建马上表示接受说："你批评得对。我回广州后，马上当面去和陈诚道歉。梁诗我也会好好管教她。现在我马上打电话给吴凯，让他面试一下苏浅，要还是不要，都马上给出明确答复。林经理，你要是方便，也跟吴凯说一下这个事情吧！"

放下电话，林慧马上让助手帮忙去找吴凯。

场景六

在林慧和孙建沟通的时候，苏浅正使劲地缠着陈诚，要他在自己的调动报告上签字以示同意。苏浅虽然表面上答应林慧，不再催逼陈诚，但她其实一个下午都在陈诚办公室附近转悠，就等着一有空子就钻进去。无奈先是李实找陈诚谈了半天，李实刚出来，林慧又进去了。好不容易林慧出来了，苏浅立马箭一样蹿了过去。

陈诚听到敲门声，一看是苏浅站在门边，心想，这小姑娘怎么这么着急呀？！看来不是一般的自我。

苏浅开门见山地问陈诚："陈经理，我申请调动到大客户部的事情，李经理和您说了吗？"

陈诚笑道："李实和林慧都跟我说了。能说说是为什么吗？"

苏浅摆出一副铁了心的样子说："还不是那些老问题嘛！反正，李经理的性格就那样，我的性格也改不了。我想来想去，走是迟早的事情。就算这次去不了大客户部，我也会跳槽去别家公司。陈经理，留得住人留不住心，我真的希望您能成全我。我想我走了，对李经理也是件好事，他以后可以再招风格和他本人更匹配的下属。这样，您也能少一点头痛的事情。"

陈诚本来还想让苏浅和李实都再冷静两天，看事态是否能有转机，死马当活马医罢了。见苏浅一副自以为是的态度，陈诚一下就没了耐心，他接过苏浅递给他的两张纸看了看，说："既然你已经考虑得这么透彻了，我就不好再留你了。你的调动报告我现在就签字，至于员工岗位变动表，不能由你发起，这个表也不是一下就到我这里来签字，得调入部门先签字，然后你的销区经理签字，然后才流转到我这里。"

陈诚说完，在调动报告上签上了自己的名字。苏浅没想到一点周折也没费，就拿到了陈诚的签名。她大喜过望，如获至宝般马上把调动报告小心地想要收走。陈诚说："哎，这个原件要给人力资源部备案的，你不能拿走。"

苏浅一听，犹豫着没有把原件还给陈诚，她怕商业客户部变卦。陈诚看透了她的心思，淡淡一笑道："你要的话，可以复印一份拿走。或者一式两份，我再给你签一个字，你就能保留一份原件了。"

苏浅马上精神一振，掩饰地解释道："我主要是想，给李经理看一下您的签名，他就好给我办手续了。陈经理，我现在马上就再写一份一模一样的原件，麻烦您给我再签一份。"

陈诚懒得和她再多说什么，只笑着点了点头。

苏浅生怕陈诚走开，她花了几分钟，飞快地又写了一份调动报告。陈诚接过去，瞥了两眼，一句话也没说就签了字。苏浅如愿以偿拿到了一份原件，兴高采烈地去找梁诗报喜了。

场景七

吴凯来到林慧办公室，一坐下就干脆地说："林经理，我老板刚才电话里都告诉我了。苏浅，我不要！"

林慧愣了一下，诧异地问："你不面试一下就决定不要了吗？她做销售可是把好手，本来商业客户部还舍不得放人呢！"

吴凯摆了摆手说："我知道她做销售是把好手，听说建立客户关系的能力很强，就连运营商 W 公司的岳总，出了名难搞的客户，她都能说得上话。"

林慧说："那不得了，你怎么一下就否决了她呢？"

吴凯说："她这样的人我不敢用。今天上午她在走道上怎么逼李实的，我都看到了。我可不想，要是我用了她，哪天她也这么对我。"

林慧这才明白吴凯为什么一口否决了苏浅。林慧劝道："苏浅确实太着急了点，李实也有李实管理上的弱点。一个巴掌拍不响的，不能全怨苏浅。"

吴凯摇摇头道："哪个经理没有缺点？我也一身的毛病。可我今天在旁边看苏浅，根本不是着急不着急的问题，她那个态度，让人寒心呐！李实这几年怎么带她的？做人怎么能翻脸不认人呢？这样自私自大的销售代表，能力再强，我也不碰！"

林慧只好说："你想清楚了吗？孙建知道你的态度吗？"

吴凯说："我刚才在电话里马上就跟老板讲得清清楚楚了，我也知道不能拖泥带水，得给人家商业客户部一个痛快的答复。我老板说，等他回来自己去和陈诚道歉，让我马上开始招人。"

林慧叹了口气，头痛地说："这下麻烦了！我得赶紧去和陈诚说一下。"

吴凯说："你就说我心里另有合适的人选了呗，省得还要跟苏浅解释了，为难。"

林慧挥挥手说："我有什么好为难的。现在是梁诗要为难怎么和苏浅解释了。我也不知道商业客户部还肯不肯再留苏浅。得了，你甭管了。忙你的去吧！"

陈诚听林慧一说，马上声音高了起来："大客户部又不要苏浅了？那他们自己去和苏浅说好了。我这里又不是收容所，还真当是来去自由了。搞得跟儿戏似的！"陈诚手里拿着苏浅的调动报告抖了一抖，不客气道："喏！刚刚才追在我屁股后面，非让我签的字。我这里反正已经批了。谁发起的这个事情，谁自己去安置。"

林慧接过陈诚手里苏浅手写的调动报告看了看，才知道苏浅根本不听自己的劝告，又来逼陈诚了。林慧叹息了一声道："这孩子，也真是自信到膨胀了。"

陈诚说："让社会去教育她吧。她这样做人，早晚碰壁。人教人不如事教人。"

场景八

林慧刚回到自己办公室，苏浅就失了魂似的一下推门而入，连门都没有敲。林慧一看她的脸色，就猜到她已经听到了风声。

果然，苏浅慌张地说："林经理，刚才梁经理和我说，她那个人头转给吴经理了？"

林慧说："是呀，我也是刚刚才收到通知。"

苏浅说："刚才我找了吴经理，可他说他已经有合适的人选了！"

林慧一听，心想，小姑娘反应还真快！她说："是呀，我一收到转人头的通知，第一时间就找了吴经理，他也是这么和我说的。"

苏浅说："那我怎么办呢？"

林慧问她："苏浅，你是不是下午去逼着陈诚马上给你签字了？"

苏浅心虚地辩解说："我没有逼陈经理呀！我是看他正好在，就和他谈了这个事情，没想到陈经理很爽快，当场就给我签了字。"

林慧见苏浅六神无主的样子，不由地生出些同情，但又觉得她纯粹自找。林慧现在无法给苏浅什么明确的说法，只得无奈地说："你呀！上午我是怎么和你说的？你当时又是怎么答应我的？你得站在别人的角度考虑考虑嘛。这下不是自己把自己弄得进退两难吗？"

苏浅这一天经历了冰火两重天。苏浅想，人力资源部的人总会比销售部的人中立，便央求林慧道："林经理，我可是您亲手招进 ABC 公司的，这些年我是怎样一点一点成长起来的您最清楚！您给我一点指导吧，现在我该怎么办？"

林慧想了想说："事到如今，我也不好给你瞎出主意。明天就放假了，万事都只有等元旦后再说了。我觉得，你可以先去给李实为上午的事情道个歉，你上午跟我说要去道歉的，还没行动吧？"

苏浅摇摇头。林慧心想，你找吴凯倒动作挺快，至于说要给李实道歉，恐怕只是顺口糊弄糊弄我。苏浅还在使劲央求："林经理，麻烦您指点一下，现在谁有可能帮助我？这不算人力资源部的意见，算您个人帮我一把。"

林慧说："吴凯已经说了有人选了，我觉得你再去勉强他是没有用处的。孙经理在出差中，你不妨等他回来，就尽快找他沟通一下，看看他是否能帮助你，比如安置到大客户部别的组——不过，这都是我的个人建议，不是人力资源部的意见。"林慧特别强调了最后一句，她也生怕苏浅去求孙建的时候瞎说是人力资源部让她去的。

李实听说苏浅转调大客户部受挫的消息，觉得很解气。他坚定地和陈诚说："打死我也不要她回来了。我傻了一次就够了，不想再傻第二次！不可能她要走我就得马上放她走，现在人家不要她，她想回头我又得收留她，我这里又不是收容所！"

场景九

元旦刚过，一上班，苏浅径直去找孙建。孙建公事公办地说："苏浅啊，我会问问下面这些销区经理，看看谁手上的空缺适合你。不过呢，我的风格向来是尊重用人经理的立场，销区经理的意见是很重要的，你如果和我这边的哪位销区经理比较熟，自己也不妨积极地打听打听。你可能得做好两手准备，也许需要继续留在李实组里。当然，以后如果有合适的机会，我们不是不可以再谈。"苏浅听了他这个调子，心里顿时凉了半截，只得快快地告退出去。

孙建打发走苏浅，马上让助理找下面的销区经理问了一圈，看看有谁愿意考虑用苏浅的。然而，苏浅元旦前和李实在走道上吵闹的事情，早已经不胫而走，孙建下面的销区经理们没有人肯碰苏浅这个颇有争议的人物。

孙建的几个销区经理中，但凡还能说得上的话的，苏浅都一一给人家打了电话，结果令她非常失望。苏浅这回算是彻底看明白了局势，她牙一咬心一横，谁也不求了。

苏浅转身来找林慧，一落座就问林慧："林经理，现在大客户部没有职位安排给我，李实又根本不给我安排工作，我该怎么办？"

林慧沉默了一下说："那你希望我怎么帮助你呢？"

苏浅摆出一副决一死战的架势说："劳动者有劳动的权力！如果公司继续不安排我的工作，我就只好请律师了，该打官司就打官司。"

林慧想了想说："这样吧苏浅，我再和销售部商量商量。不过，有一点咱们还是得说明白的，不是你改变心意，公司就要迎合你的每一个心意的。公司有公司的管理，管理是严肃的。"

苏浅叹息一声说："嗯，那么林经理，麻烦您了。您也知道的，我这次其实很冤——我根本没有想离开 ABC 公司的意思。要不是梁诗给我施加压力，我本来也是要等到孙建点头才会提出调动申请的，是梁诗害了我。不过，我现在也不怪她，她不是有意的，再说，我自己长脑袋，谁叫我听她的呢？"

林慧批评苏浅说："苏浅，不是我说你，你想调动就好好申请呗，关键你对现任经理的态度太过分了。就算你哪天离开 ABC 公司了，行业圈子就那么点儿大，山不转水转，这些人哪天又碰到一起是很正常的。俗话说，做事留一线，日后好见面。这个道理是不会过时的。"

苏浅又叹了口气，点了点头。林慧说："好啦，你也不用垂头丧气，天又塌不下来，今后做事别太绝就是了。要是你完全不觉得这次你申请调动的过程有什么问题，那我就没有什么好再劝你的了。"

林慧劝说了陈诚好半天，动之以情，晓之以理。陈诚终于点头了，说："李实和我提起过，再过几个月，苏浅的合同就到期了。到时候我不会再跟她续签了。眼下先把她换到别的组，负责一个不重要的区域，生意上她做多做少我都不指望，全当白养活她几个月好了。"

至此，苏浅折腾调动的事儿，总算是以陈诚的让步而收场。苏浅暂时安全了，不过，她心里也明白，接下来几个月得抓紧找工作了。

实训任务

任务 1：案例分析。分组研讨本案例，重点分析苏浅坚持调动但最后两头不着的缘由。其失败的教训对我们有什么启示？同时，对案例中其他几位主要人物林慧、李实、陈诚、孙建、梁诗等，也从沟通的角度进行分析。以小组为团队，每组制作一份本案例的分析报告；派代表登台演讲，时间不超过 5 分钟。

任务 2：案例操作。从有效沟通的角度，结合本案例的内容，进行改编细化，分组情境模拟，演示苏浅应该如何做人做事、如何与上司进行有效沟通。

《苏浅坚持调动但两头不着》案例分析重点：

有效沟通须以修身为本。沟通最重要的基本功是调整沟通心态，保持良好心态。这不仅是技能问题，更需要具备良好的人文素养。古人云："施人慎勿念，受施慎勿忘。"我们每个人的人生旅途中，都可能遇到帮助自己的贵人，都会有令人难忘的感恩之事，这些都值得我们用心去铭记。会做人，应该有一颗善心，懂得感恩。感恩是做人的一种境界，感恩是一种良知，良知不可磨灭。懂得感恩是性格健康的表现。懂得感恩才会有积极的人生观，才能有健康的心态，职业生涯才会充满阳光。本案例中，苏浅却是一个不知感恩为何物的忘恩负义之人，有一颗冷酷绝情的心。李实带她真可谓掏心掏肺，而她却完全不在乎李实的帮助之恩。正是她的忘恩负义，不仅让李实心寒，也让所有人避而远之，这是苏浅坚持调动但最终两头不着的根本原因。苏浅的失败充分说明人要想成功，应该学会感恩，感恩不仅是一种人生的境界，而且是生活中的大智慧，也不失为一种处世哲学。

在职场上，态度比能力更重要。领导在用人时不仅仅看重个人能力，更看重其为人处世的态度。态度是内心的一种潜在意志，是个人的能力、意愿、想法、感情、价值观等在工作中所体现出来的外在表现。无论在什么地方工作，职场人之间在竞争智慧和能力的同时，也在竞争态度。本案例中的苏浅销售能力很强，对大客户的把握很到位，客户关系非常好。但是，她做人做事的态度非常糟糕，总是以自我为中心，乃至于自我意识畸形发展，走向极端。第一，不管什么情况，她都是以自己的利益为做事的准则，凡事都只希望满足自己的欲望，要求人人为己，却置别人的需求于度外，不愿为别人做半点牺牲，不关心他人痛痒，表现为自私自利，损人利己。第二，她对别人的意见和建议都听不进去。第三，她自己总觉得自己有道理，固执己见，唯我独尊，总是以自己的态度作为别人态度的"向导"，认为别人都应该与自己持一样的态度。当她下定决心要调到大客户部时，就对李实翻脸不认人，不仅威胁李实，甚至威胁大区经理陈诚。这样的态度，是让大客户部销售二区经理吴凯不接受她的主要原因："这样自私自大的销售代表，能力再强，我也不碰！"苏浅一心一意要调到大客户部最终失败的经历提醒我们：态度决定一切。

从沟通技巧的角度上看，与领导沟通应该尊重领导，委婉交谈，尊重权威，勿伤领导自尊。人人都渴望被理解、被尊重，更何况领导，领导的权威不容挑战。有了尊重，沟通就有了良好的基础。有些领导的能力虽然平平，但不要因此认为这样的领导就是不中用的，他一定是有某种优点，所以他的领导才会提拔他。不论领导是否值得下属敬佩，下属都应该尊重他。与领导谈话时，要采取委婉的语气，尊重权威，勿伤尊严。然而，本案例中的苏浅，为了达到马上调动的目的，在与领导沟通时放任自己的情绪，不顾一切地态度强硬，言辞咄咄逼人，强迫领导接受她的调动要求。到头来，反而把事情越弄越糟。这给了我们启示：我们在与领导沟通时不要急着说、不要抢着说，绝对不要逞口舌之快而把事情办砸。在我们碰到棘手的问题时，必须先冷静下来，勿冲动行事，要努力做到先处理心情，再处理事情，学会换位思考，将心比心，与领导沟通时，有话要好好说，这样，问题才可以得到圆满解决。

任务评价

各组评价 + 教师评价。评价要点：对各组任务实施的目标、计划、过程和效果进行评判，肯定成绩，提出建议，指导学生进一步总结和提高。

评分参考

《苏浅坚持调动但两头不着》案例分析和情境模拟。

内容	分值	占比
案例分析报告书面文本	30 分	50%
案例分析登台演讲	20 分	
案例操作情境模拟演示	30 分	50%
情境模拟沟通脚本	20 分	

任务六 《销售部新来的经理助理》编写演绎

实训案例

销售部新来的经理助理

ABC 公司是一家世界 500 强大型跨国企业，近期又在成都设立西南大区，要招聘一批新人。小李成功应聘为 ABC 公司西南大区销售部经理助理。小李任职后认真协助销售部张经理，绩效显著，赢得了大家的赞赏。本案例以小李任职后与客户、上司、同事以及跨部门进行有效沟通的经历为线索展开剧情，全剧分为七幕：

（1）接到 2 个投诉电话：1 个指责产品质量有问题，1 个指责某销售员态度不好。小李巧妙应对，努力沟通协调。

（2）接待上门投诉客户 2 人。其中 1 位客户非常难缠，指责公司的产品质量存在严重问题，声称要到媒体去曝光。小李耐心倾听，巧妙应对，化解矛盾冲突。

（3）小李将近期客户对产品质量问题的投诉整理成一份书面文件，向张经理汇报，提出解决问题的建议，并与张经理一起去质量部门沟通协调。

（4）公司要举行新产品推介会。任务紧急，张经理关照小李本周六加班召开销售部会议。通知与会人员周六加班时遇到麻烦，小李设法说服。

（5）公司此次新产品推介会采用的是展销模式，在卖场内现场展示产品的性能。小李在现场主动与几位客户攀谈，做市场调研。

（6）销售部张经理决定拜访重庆代理商王老板，期望王老板的年度销售额从 100 万元提升至 260 万元。小李根据张经理的要求做拜访前的准备工作。

（7）小李跟随张经理到重庆拜访王老板，成功说服王老板将年度销售额提升至 280 万元。

🧑‍💼 实训任务

任务 1：编写并演绎《销售部新来的经理助理》情景剧。全班分为 7 个小组，每组负责一幕，抽签确定。要求综合运用有效沟通的相关理论知识，根据案例提供的情境主题，编写情景剧脚本，每幕设计 3～4 个场景，并且登台演绎。每组的演绎时间为 6～8 分钟。

任务 2：每组派 1 名代表对别组的情境演绎进行点评。可以采用让第 2 组点评第 1 组，第 3 组点评第 2 组……的方式，时间不超过 3 分钟。

任务 3：推荐 1 位同学担任《销售部新来的经理助理》情景剧司仪，沟通各组，串联全剧。

💡 实训提示

《销售部新来的经理助理》案例分析重点：

不是所有的人都适合在公司销售部工作，因为销售部的工作压力很大，在这里工作必须具有战胜一切困难的勇气和能力。假如你大学毕业像小李一样成功应聘为公司销售部经理助理，这应该是一份不错的职业。如何在任职后协助销售部经理工作，与上司、同事、客户以及跨部门进行有效沟通，尤其是与客户进行有效沟通，这是很大的考验。本任务的实训目的就是让学生全面而深刻地理解并掌握内外沟通——内部上下左右沟通和外部与客户有效沟通的内涵与策略；全面掌握并综合运用与上司、同事、跨部门尤其是与客户进行有效沟通的技巧。其中，与客户进行有效沟通的要点提示如下：

（1）客户接待、客户服务已经成为主宰企业生死存亡的关键。从沟通的角度而言，客户永远是第一位的。麻烦的是客户经常会抱怨，而更麻烦的是每一位抱怨的客户背后还有20个不满意的客户（他会告诉亲朋好友以及同事）。因此，务必正确认识客户投诉问题，应该树立"投诉是金"的理念，通过了解客户投诉产生的原因、目的，来妥善解决问题，将坏事变好事。因此，尽最大努力让客户满意是处理客户抱怨时的积极态度。要相信并自信——具备足够的诚意，运用沟通技巧，世界上没有沟通不了的客户。处理客户投诉的要点是寻找双赢的平衡点。通过耐心倾听、协调处理让客户满意。而更高层次的客户服务是不仅让客户满意而且让客户感动，这是超越客户期望的优质服务。其带来的回报也是非常可观的，比如赢得客户的忠诚，而忠诚的回头客会为公司带来更多的利润。

（2）销售部的工作复杂多变，销售市场更是千变万化。因此，市场调研是常规工作，要敏于观察，善于捕捉市场信息、行业信息、竞品信息等。做到眼观六路，耳听八方。要用眼睛去观察，用心去思考。只有勤奋上进，多思多想，勤于学习，善于总结，学会在复杂的事物中抓住事物的本质，才能提高自己的销售能力。进行市场调研时，顾客未必乐意配合你。遭到挫折时，要具备乐观向上、不怕困难的心态，苦练内功，在实践中千锤百炼才能真正强大自己。

（3）拜访客户是销售部的重要工作。拜访客户要想达到目标，主要程序和要点包括以下几个方面：

1）做好沟通前的准备工作是实现有效沟通的基础。第一，要明确拜访客户的目的。任何一种沟通都要有目的，目的是沟通的核心，只有具备清晰的目的，才能在整个沟通过程中始终围绕目的去陈述，才能控制整个沟通的过程，从而使沟通获得成功。本案例中，销售部张经理拜访重庆代理商王老板的目的就是期望王老板的年度销售额从100万元提升至260万元。第二，在拜访沟通前要做好调查研究。比如，要充分了解客户，对客户进行分析，了解客户的背景、销售潜力以及可能影响销售情况的各种关键因素，从而有针对性地制定拜访沟通策略。调研工作还包括了解市场情况，了解自己的产品在区域市场中的定位。第三，要充分掌握公司的销售政策、价格政策、促销政策，尤其是在企业推出新的销售政策、价格政策、促销政策时，更要了解新政策的详细内涵。第四，要做好一套完整的沟通方案，并且明了沟通方案在操作中会面临哪些问题，针对客户提出的问题你有哪些解决方法等。当你对每一个细节的问题都考虑到了，那么在与客户沟通时便可以做到游刃有余，有的放矢。

2）营造融洽的沟通气氛为有效沟通做铺垫。拜访客户时，要善于营造融洽的沟通气氛，要主动问候客户，找到合适的开场白，用恰到好处的赞美、用对方感兴趣的话题来拉近彼此之间的距离，给对方留下美好的第一印象。

3）双赢的策略才能说服客户实现有效沟通。单赢策略是短线公司的短期销售策略，不会做大、做久、做强。从长计议应该采取双赢甚至是多赢的策略。满足客户的需求才能实现销售。销售的心态要放在帮助客户上，在帮助客户的前提下，把产品卖出去。最后，客户满意了，你也销售了产品。因此，只有更多地帮助客户，才能真正说服客户，获得成功。

任务评价

各组评价＋教师评价。评价要点：对各组任务实施的目标、计划、过程和效果进行评判，肯定成绩，提出建议，指导学生进一步总结和提高。

评分参考

《销售部新来的经理助理》案例分析与情境模拟。

内容	分值	占比
情景剧编写脚本	40 分	40%
情境模拟演绎	40 分	40%
情境模拟演绎点评	20 分	20%

参考文献

1. 康青. 管理沟通 [M].6 版. 北京：中国人民大学出版社，2022.

2. 徐静. 秘书实训 [M].2 版. 北京：高等教育出版社，2012.

3. 杨锋. 秘书工作案例与分析 [M].2 版. 广州：暨南大学出版社，2016.

4. 赵洱崇. 管理沟通 [M]. 北京：高等教育出版社，2017.

5. 马歇尔·卢森堡. 非暴力沟通 [M]. 北京：华夏出版社，2021.

6. 科里·帕特森，约瑟夫·格雷尼，罗恩·麦克米兰，等. 关键对话 [M]. 毕崇毅，薛香玲，译. 北京：机械工业出版社，2023.

7. 李可. 杜拉拉升职记 [M]. 西安：陕西师范大学出版社，2008.

8. 马艺. 职场取胜的艺术 [M]. 北京：中国华侨出版社，2013.

9. 邹楠，高志刚，葛向宇，赵舟. 职场沟通能力研究 [J]. 黑龙江教育（理论与实践），2015（6）.

10. 吴晓雯，钟淑杯，崔晓莉，等. 职场沟通技巧 [M]. 北京：清华大学出版社，2015.

11. 吕靖安. 非暴力沟通实践手册 [M]. 阮胤华，译. 北京：华夏出版社，2015.

12. 王建民. 管理沟通实务 [M].6 版. 北京：中国人民大学出版社，2023.

13. 毛国涛，田华. 商务谈判 [M].2 版. 北京：北京理工大学出版社，2018.

14. 李品媛. 现代商务谈判 [M].4 版. 大连：东北财经大学出版社，2020.

15. 窦卫霖. 跨文化商务交流案例分析 [M].2 版. 北京：对外经济贸易大学出版社，2014.

16. 靳娟. 跨文化商务沟通 [M].2 版. 北京：首都经济贸易大学出版社，2014.

17. 田耘. 跨文化背景下沟通有效性研究 [J]. 全国商情（理论研究），2012（16）.

18. 周庆. 群狼战术：华为销售团队建设与激励法则 [M]. 北京：中国人民大学出版社，2018.

19. 董小英，晏梦灵，胡燕妮. 华为启示录：从追赶到领先 [M]. 北京：北京大学出版社，2018.

20.程江波．高效工作：职场新人蜕变的 13 课堂 [M].北京：人民邮电出版社，2020.

21.冯莉颖．迪士尼系列动画片《花木兰》的中国化元素移植与美国式改造 [J].郑州轻工业学院学报（社会科学版），2015（4）.

22.靳婉玉．从逆向传播问题看中华文化的跨文化传播——以电影《花木兰》（2020）为例 [J].美与时代，2023（2）.

23.张妍．韩国在华企业的跨文化管理——以三星电子公司为例 [J].企业改革与管理，2019（2）.

24.张林．海外企业跨文化冲突管理 [J].施工企业管理，2018（9）.

职场沟通技巧 （第三版）

　　本教材紧密围绕文秘、行政管理、人力资源管理、市场营销、电子商务等专业的就业方向和范围，广泛调研基层管理岗位的工作任务和工作内容，以及在工作中所遇到的沟通对象和沟通障碍，基于项目化理念，设计教学内容和知识板块。全书共包括9个项目：职场沟通基本功、与同事和睦沟通、与上司有效沟通、与下属高效沟通、跨部门有效沟通、与客户有效沟通、商务谈判技巧、跨文化沟通技巧、职场沟通综合实训。

ISBN 978-7-300-32310-7

9 787300 323107 >

策划编辑　陈冰梅
责任编辑　韩　珏
封面设计　

定价：45.00元